Roland Fröhlich

Grundkurs Kirchengeschichte

Roland Fröhlich

Grundkurs
Kirchengeschichte

Herder

DRITTE AUFLAGE

Alle Rechte vorbehalten – Printed in Germany
© Verlag Herder Freiburg im Breisgau 1980
Imprimatur. – Freiburg im Breisgau, den 22. August 1979
Der Generalvikar: Dr. Schlund
Herstellung: Freiburger Graphische Betriebe 1986
ISBN 3-451-18537-7

Inhalt

Einführung

Überblick ist zum dringenden Bedürfnis geworden in einer Zeit, in der Spezialisten mit der Fülle von Details den Nichtkundigen faszinieren und entmutigen. Auf dem Gebiet der Kirchengeschichte stehen eine Reihe ausgereifter Handbücher zur Verfügung[1]. Was bisher noch fehlt, ist eine knappe, sich am Datum orientierende Darstellung – sie wird mit dem vorliegenden Buch versucht.

Nach vielen Seiten mußte hierbei ein Kompromiß eingegangen werden – dies bedarf wohl keiner ausführlichen Begründung. Eine reine Orientierung am Zeitpunkt hätte eine Sammlung bruchstückhafter Fakten hervorgebracht; die stärkere Bevorzugung thematischer Zusammenhänge dagegen ließe die parallel verlaufenden Geschehnisse zurücktreten. Eine Zwischenlösung wurde in der Grundeinteilung „Kirche und Umwelt" und „innerkirchliche Entwicklung" gesucht, wie auch durch den Rahmen jeweils eines Jahrhunderts. Zwar lassen sich geschichtliche Epochen nicht nach Jahrhunderten gliedern, doch das gedächtnismäßige Assoziieren – mit Hilfe eines dem Jahrhundert beigegebenen Titels – wird auf diese Weise wesentlich erleichtert.

Parallel zur fortlaufenden Darstellung (rechte Seite) werden wichtige Aspekte durch Karten, Tabellen, Dokumente (linke Seite) verdeutlicht. Die meisten der Karten waren bisher nur in dem – sicher nicht jedem zugänglichen – Atlas zur Kirchengeschichte[2] greifbar; unter den Dokumenten werden bekannte und doch schwer in ungekürzter Übersetzung auffindbare Texte angeführt (so z. B. die Capitulatio de partibus Saxoniae; die Bulle „Unam Sanctam" Bonifaz' VIII.; die ‚Hexenbulle' „Summis desiderantes affectibus" Innozenz' VIII. u. a.).

Für den Leser, auf den die Darstellung abzielt, sollte Kirchengeschichte kein absolutes Neuland sein. Gedacht ist an Erinnern, Auffrischen, zeitliches Einordnen, an das Herstellen von Zusammenhängen. Aber auch wer nur mit der Neugier des Entdeckers blättert, wird – so

hoffe ich – wenig Unverständliches finden (Fachausdrücke, die nur dem Theologen verständlich sind, wurden nach Möglichkeit vermieden oder erklärt), jedoch viel Merkwürdiges, Überraschendes, Ergreifendes, das eine nähere Beschäftigung mit der Kirchengeschichte lohnt.

Tübingen, im September 1979   *Roland Fröhlich*

Zur 3. Auflage

Die freundliche Aufnahme, die der „Grundkurs" in den letzten Jahren gefunden hat, zeigt, daß sein Anliegen dem Bedürfnis vieler Leser entsprach, und sie ermunterte den Verfasser, die Entwicklung nunmehr bis Ende 1985 weiterzuführen. Eine – im Vergleich zur vorausgehenden Zeit – detailliertere Darstellung soll auf das verstärkte Engagement der Kirche im sozialen Bereich, im Einsatz für den Frieden, in der ökumenischen Bewegung aufmerksam machen. Der Einschätzung, wieweit die Kirchen in Kernfragen zu gemeinsamen theologischen Aussagen gekommen sind, will das neu aufgenommene Dokument des Ökumenischen Rates über „das kirchliche Amt" dienen. – Das Register wurde entsprechend der Erweiterung überarbeitet.

Tübingen, im Mai 1986   *Roland Fröhlich*

[1] Zum Beispiel: Handbuch der Kirchengeschichte. hrsg. von H. Jedin, 7 Bde. (Sonderausgabe: Freiburg i. Br. 1985); Bihlmeyer-Tüchle, Kirchengeschichte, 3 Bde. (Paderborn [18]1956–1969); K. Heussi, Kompendium der Kirchengeschichte (Tübingen [16]1981); K. D. Schmidt, Kirchengeschichte (Göttingen [8]1984); Ökumenische Kirchengeschichte, hrsg. von R. Kottje und B. Moeller, 3 Bde. (Mainz [4]1983); Geschichte des Christentums, hrsg. von C. Andresen u. a., 3 Bde. (Stuttgart 1975ff); Kirchengeschichte in Einzeldarstellungen, hrsg. von G. Haendler, K. Maier und J. Rogge (Berlin 1978ff); K. Kupisch, Kirchengeschichte, 5 Bde. (Stuttgart 1973–1975) (Urban-Tb 168–172); A. Franzen, Kleine Kirchengeschichte (Freiburg i. Br. [12]1984) (Herder-Tb 237).
[2] Atlas zur Kirchengeschichte. Die christlichen Kirchen in Geschichte und Gegenwart, hrsg. von H. Jedin u. a. (Freiburg i. Br. 1970).

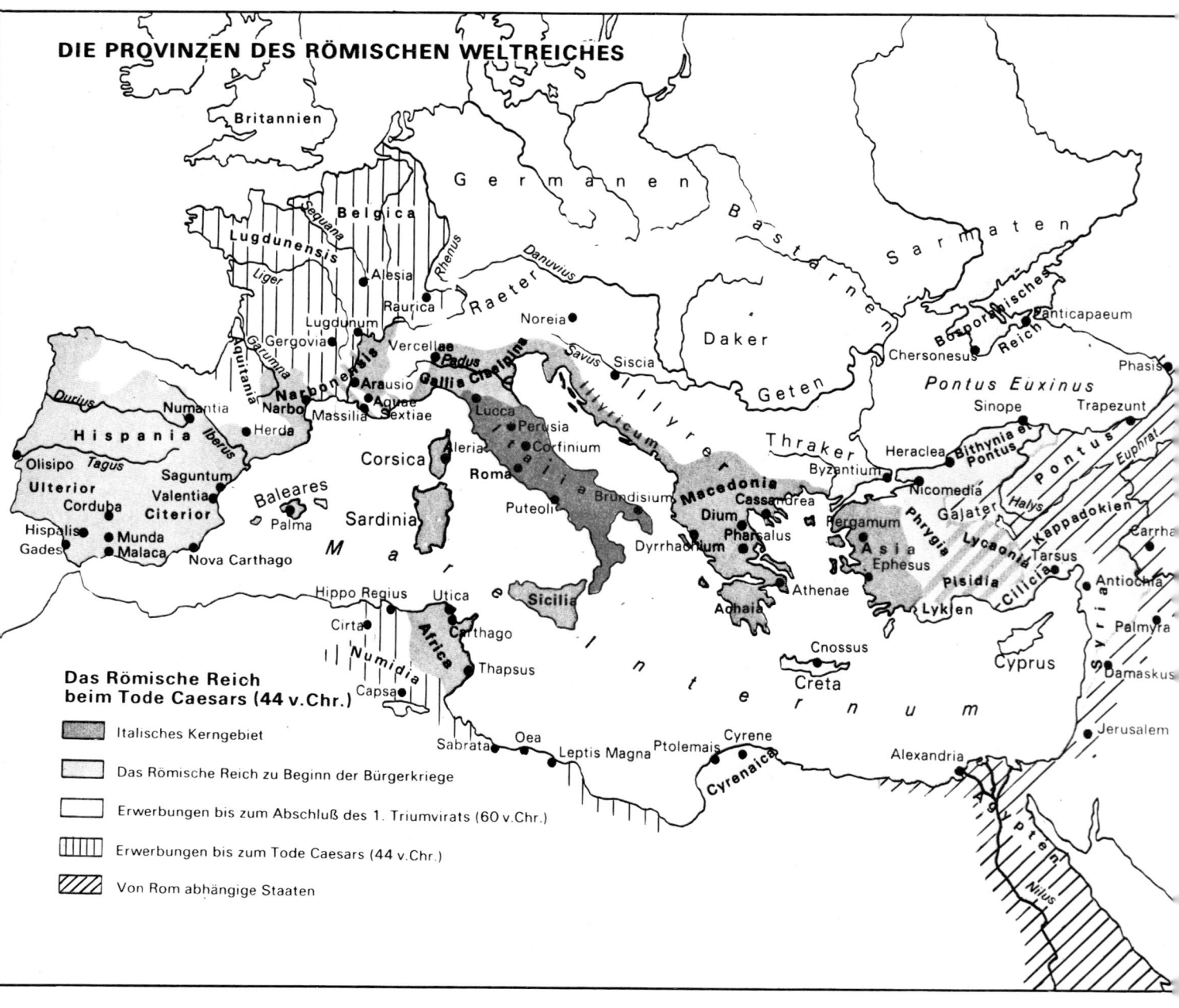

DIE PROVINZEN DES RÖMISCHEN WELTREICHES

Britannien

G e r m a n e n

B a s t a r n e n

S a r m a t e n

Belgica

Sequana

Lugdunensis

Liger

Alesia

Raurica

Rhenus

Danuvius

Raeter

Noreia

Daker

Geten

Bosporanisches Reich

Panticapaeum

Chersonesus

Phasis

Lugdunum

Vercellae

Savus

Siscia

Pontus Euxinus

Sinope

Trapezunt

Gergovia

Padus

Gallia Cisalpina

Illyricum

Illyrer

Thraker

Heraclea

Bithynia et Pontus

Pontus

Euphrat

Aquitania

Garumna

Narbonensis

Arausio

Aquae

Sextiae

Lucca

Perusia

Corfinium

Byzantium

Nicomedia

Gajater

Halys

Kappadokien

Carrha

Narbo

Massilia

Numantia

Herda

Aleria

Roma

Brundisium

Macedonia

Cassandrea

Pergamum

Phrygia

Ephesus

Lycaonia

Tarsus

Cilicia

Antiochia

Durius

Tagus

Iberus

Hispania

Corsica

Sardinia

Dyrrhachium

Dium

Pharsalus

Asia

Pisidia

Lykien

Palmyra

Olisipo

Ulterior

Corduba

Saguntum

Valentia

Citerior

Baleares

Palma

Puteoli

Athenae

Achaia

Cyprus

Damaskus

Hispalis

Gades

Munda

Malaca

Nova Carthago

M a r e

Hippo Regius

Utica

Cirta

Carthago

Africa

Numidia

Capsa

Thapsus

Sicilia

Cnossus

Creta

Jerusalem

Das Römische Reich beim Tode Caesars (44 v.Chr.)

- Italisches Kerngebiet
- Das Römische Reich zu Beginn der Bürgerkriege
- Erwerbungen bis zum Abschluß des 1. Triumvirats (60 v.Chr.)
- Erwerbungen bis zum Tode Caesars (44 v.Chr.)
- Von Rom abhängige Staaten

Sabrata

Oea

Leptis Magna

Ptolemais

Cyrene

Cyrenaica

Alexandria

Ägypten

Nilus

1. Jahrhundert

Von Jerusalem nach Rom

A. Kirche und Umwelt

Die Geburt Christi fällt in die Zeit, als das Römische Reich unter Kaiser Augustus seltene Jahrzehnte des Friedens erlebte. Nach zwei Jahrhunderten stürmischer Expansion folgt nun eine Phase der Konsolidierung – das Reich bedarf dazu, neben Verwaltungs- und Heeresreformen, auch ideeller Werte. Eine neue Aufgeschlossenheit für Religiosität, andere Kulte und Religionen kennzeichnen nun den Römer, der schon immer das staatliche Wohlergehen der Gunst der Götter zuschrieb. – Judäa stand seit 63 v. Chr. unter römischer Herrschaft – die Selbstverwaltung erfolgte unter Aufsicht eines römischen Prokurators. Im Volk galten die Pharisäer mit ihrer streng durchgeführten Gesetzesbeobachtung und Absonderung von den Unbeschnittenen als Führer; weniger Anhang fanden die Sadduzäer, die nur die geschriebene Thora, nicht ihre mündliche Weiterbildung anerkannten. Das Auftreten Jesu begegnete so zwei Haltungen, die sein Scheitern wahrscheinlich machten: die messianische Erwartung war mit der Vorstellung politischer Freiheit verknüpft, und der Anbruch des Reiches Gottes schien gebunden an die vollkommene Erfüllung des Gesetzes. Beides widersprach dem Sendungsbewußtsein Jesu.

7 oder 6 vor unserer Zeitrechnung (so die meisten; die Datierungsversuche schwanken zwischen 7 v. – 7 n.) **Geburt Jesu** in Bethlehem. (525 zählt Dionysius Exiguus, Mönch in Rom, zum erstenmal die Geschichte von der Geburt Jesu an; dabei unterlaufen ihm Fehler in der Festsetzung des Geburtsjahres.)

26 – 36 Pontius Pilatus Prokurator in Judäa.

um 29 Auftreten Johannes' d. Täufers.

um 30 **Kreuzigung Jesu.**

um 40 † Philo v. Alexandrien, jüdisch-hellenistischer Religionsphilosoph. Sein umfangreiches Werk (fast vollständig erhalten) besteht zu einem großen Teil aus Kommentaren zum Pentateuch; die biblischen Berichte werden **allegorisch** gedeutet (z. B. Adam als Symbol der menschlichen Vernunft, Eva als Sinnlichkeit). – Im Jahre 39 reist Philo nach Rom, um für die Juden von Alexandria das römische Bürgerrecht zu erlangen.

um 42 Hinrichtung Jakobus' d. Älteren durch Herodes Agrippa.

um 50 Nach Sueton († ca. 150) vertrieb Kaiser Claudius „Juden, die unter Anstiftung des Chrestos ständig Unruhen verursachten, aus Rom" (Vita Claudii 15, 4).

64 Brand Roms. Als Kaiser Nero in Verdacht gerät, Rom zugunsten neuer Bauprojekte angesteckt zu haben, beschuldigt er die Christen der Brandstiftung. Zahllose sterben, ohne daß irgendeine Schuld erwiesen wurde, zur Volksbelustigung in der Arena oder in den Gärten Neros als lebendige Fackeln bei abendlichen Festen.

66 – 70 Jüdische Erhebung gegen die römische Oberherrschaft. Der Aufstand endet mit der Eroberung Jerusalems durch Titus (70) und der Zerstörung des Tempels.

68 Im Verlauf des jüdisch-römischen Krieges wird auch Qumran zerstört, das Zentrum der **Essener.**

Päpste und römische Kaiser im 1. Jahrhundert

Petrus	†64 (67?)	Augustus	30 v.–14 n. Chr.
Linus	64 (67?)–79?	Tiberius	14–37
(Ana)kletus	79?–90/92?	Caligula	37–41
Clemens I.	90/92–99/101?	Claudius	41–54
		Nero	54–68
		Galba, Otho, Vitellius	68–69
		Vespasian	69–79
		Titus	79–81
		Domitian	81–96
		Nerva	96–98
		Trajan	98–117

Die Gemeinde nach Paulus

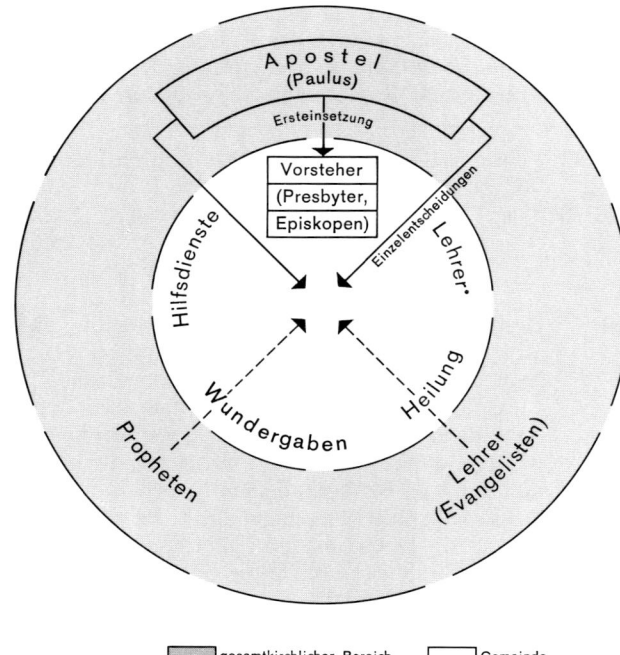

Apostel (Paulus)

Ersteinsetzung

Vorsteher (Presbyter, Episkopen)

Hilfsdienste

Einzelentscheidungen

Lehrer.

Wundergaben

Heilung

Propheten

Lehrer (Evangelisten)

gesamtkirchlicher Bereich   Gemeinde

Die Nachricht des Tacitus über die Christenverfolgung durch Nero

„Trotz alledem erhielt sich das infame Gerede, daß der Brand auf höheren Befehl angelegt sei. Um diesem Gerücht entgegenzutreten, schob Nero die Leute, die vom Volke Christianer genannt wurden und wegen ihrer Übeltaten allgemein verhaßt waren, als Schuldige vor und ließ sie unter den ausgesuchtesten Martern hinrichten. Der Name stammte von Christus, der unter der Regierung des Tiberius von dem Landpfleger Pontius Pilatus mit dem Tode bestraft war. Jetzt lebte der verderbliche, damals für den Augenblick unterdrückte Aberglaube wieder auf, und zwar nicht bloß in Judäa, dem Ursprungsland dieses Übels, sondern auch in Rom selbst, wo ja alle Scheußlichkeiten und Gemeinheiten zusammenströmen und in Blüte stehen. Man verhaftete also zunächst die, die sich öffentlich dazu bekannten, und auf ihre Anzeige hin wurde dann eine ungeheure Menge nicht sowohl der Brandstiftung, sondern des Hasses gegen das Menschengeschlecht überführt. Noch im Tode wurden sie verspottet, indem man sie in Tierfelle einnähte und von Hunden zerreißen ließ (viele wurden ans Kreuz geschlagen und verbrannt); andre dienten, sobald der Tag zu Ende ging, zur nächtlichen Beleuchtung. Seine Gärten hatte Nero zu diesem Schauspiel hergegeben, und zugleich veranstaltete er ein Zirkusspiel, wobei er in der Tracht eines Wagenlenkers bald sich unter die Menge mischte, bald auf seinem Wagen stehend zuschaute. Obwohl es sich nur um Schuldige handelte, die die schwerste Strafe verdient hatten, so regte sich doch ihnen gegenüber das Mitleid, da sie nicht im Interesse des öffentlichen Wohles untergingen, sondern um die Grausamkeit eines einzelnen zu befriedigen."

Cornelius Tacitus, Annales, Buch XV, 44. Übers. nach Thomas Lenschau, Altertum (R. Oldenbourgs geschichtliches Quellenwerk, Tl. 1), München: R. Oldenbourg 1930, S. 141.

Es ist zu unterscheiden zwischen Gemeinde- und allgemeinen kirchlichen Diensten. Innerhalb der Gemeinde gibt es noch keine Hierarchie, die verschiedenen Dienste stehen nebeneinander, wenn sich auch die Leitung zu institutionalisieren und in den Vordergrund zu schieben beginnt. Paulus hat als Apostel nach dem Bericht der Apg. in den von ihm gegründeten Gemeinden die ersten Presbyter (besser: Episkopen) eingesetzt. Sein Verhältnis zu seinen Gemeinden ist juristisch nicht fixierbar: Er fordert sowohl Respekt für seine Entscheidungen, wie er auch selbst die Freiheit der Gemeinde respektiert.

Die Sekte, deren Blütezeit die Wende vom 2. zum 1. Jh. v. Chr. ist, hatte sich zugunsten einer strengeren Gesetzesbeobachtung abgesondert und in der Nähe des Toten Meeres niedergelassen. Sie verwarf den Jerusalemer Tempelkult, den Eid, die Sklaverei; von Vollmitgliedern wurde Ehelosigkeit erwartet. – In ihrem Oberhaupt, dem „Lehrer der Gerechtigkeit", vermeinten einige Forscher – trotz nur sehr vager Ähnlichkeit –, die Gestalt Christi wiederzuerkennen.

81 – 96 Kaiser **Domitian.** Als erster beansprucht er für sich den Titel **„Dominus et Deus"** (Herr und Gott) und macht den schon üblichen Eid ‚beim Genius des Kaisers' zur Pflicht. Mehrere Römer – wahrscheinlich Christen – wurden unter der Beschuldigung des „Atheismus" bzw. der „Verirrung zu jüdischen Sitten" hingerichtet, darunter der ehemalige Konsul Titus Flavius Clemens (seine Frau Domitilla wurde verbannt). Unter seiner Regierung soll auch der Apostel Johannes nach Patmos verbannt worden sein.

um 93 **Flavius Josephus,** jüdischer Geschichtsschreiber, spricht in seinem Werk von Jakobus d. Jüngeren, dem „Bruder Jesu, welcher Christus genannt wird" (Antiquit. XX, 9, 1), und erwähnt an anderer, vielleicht von christlicher Hand überarbeiteter Stelle (Antiquit. XVIII, 3, 3), daß Jesus auffallende Werke vollbracht habe und von Pilatus zum Tod am Kreuz verurteilt worden sei; er sei seinen Anhängern am dritten Tag wieder lebend erschienen; „noch bis jetzt hat das Geschlecht der Christen, welche nach ihm benannt werden, nicht aufgehört".

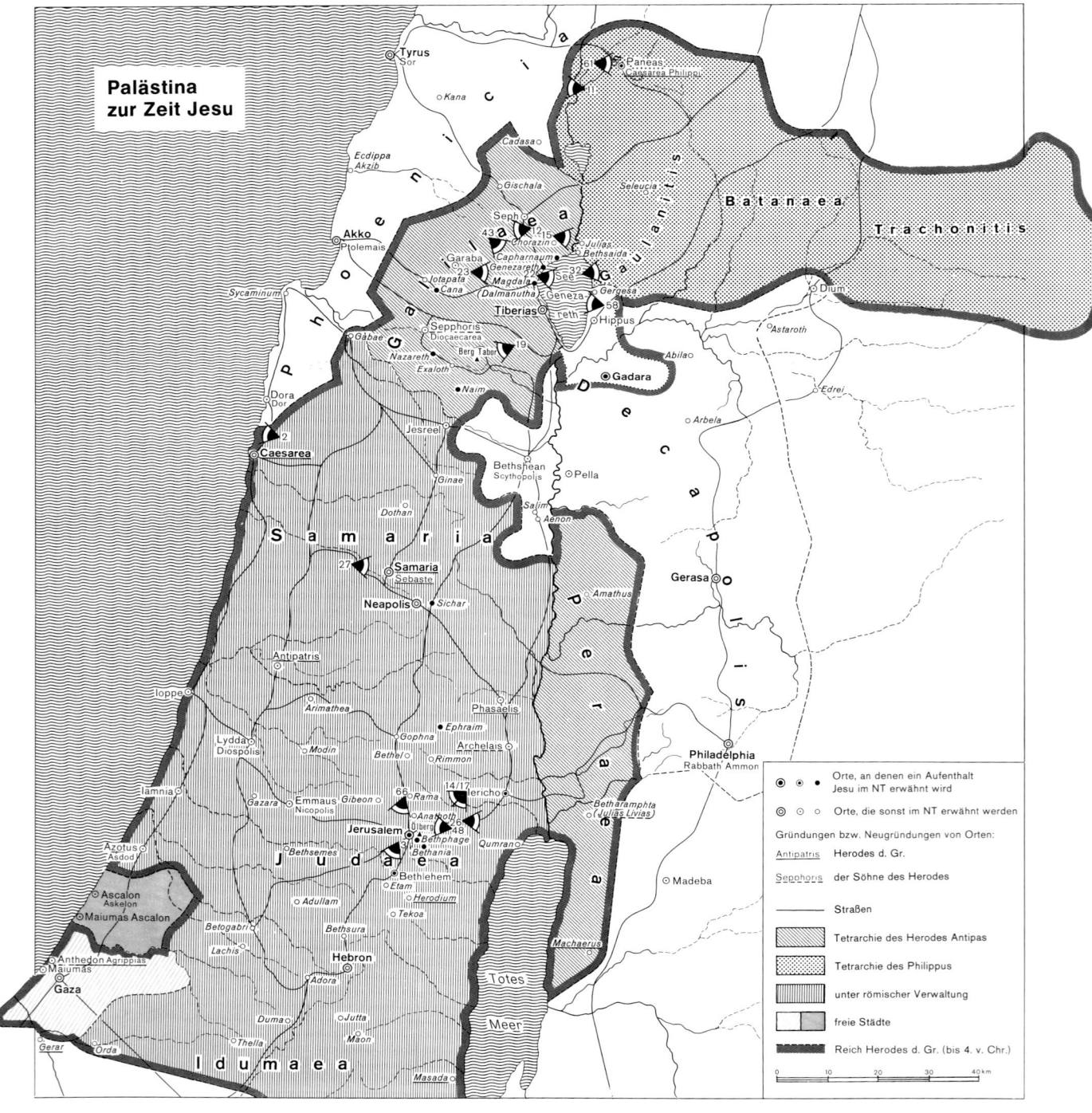

Palästina zur Zeit Jesu

Tyrus
Sor

o Kana

Ecdippa
Akzib

Cadasa o

Akko
Ptolemais

o Gischala

Sepho
Chorazin
Julias
Bethsaida

Garaba
Capharnaum
Genezareth
Magdala
Dalmanutha
Tiberias
reth
Hippus

Jotapata
Cana

Sycaminum

Gabae
G
Sepphoris
Diocaecarea

Dora
Dor

Nazareth
Berg Tabor
Exaloth

Naim

Gergesa

Dium

Paneas
Caesarea Philippi

Seleucia

Batanaea

Trachonitis

Astaroth

Abila

Edrei

Gadara

Arbela

Caesarea

Jesreel

Ginae

Bethshean
Scythopolis

Pella

Salim
Aenon

Dothan

Gerasa

Samaria
Samaria
Sebaste

Neapolis
o Sichar

Amathus

Philadelphia
Rabbath Ammon

Antipatris

Ioppe

Arimathea

Phasaelis

Lydda
Diospolis

Gophna
Bethel

Ephraim

Archelais

Rimmon

Betharamphta
(Julias Livias)

Iamnia

Gazara
Emmaus
Nicopolis

Gibeon
Rama

Jericho

Madeba

Jerusalem
berg
Bethphage
Bethania

Bethsemes

Qumran

Azotus
Asdod

Judaea

Bethlehem

Ascalon
Askelon

Maiumas Ascalon

Adullam
Etam
Herodium

Tekoa

Machaerus

Betogabri

Bethsura

Lachis

Anthedon Agrippias

Maiumas

Gaza

Hebron

Adora

Idumaea

Duma

Jutta

Maon

Thella

Masada

Totes
Meer

Gerar

Orda

B. Innerkirchliche Entwicklung

Die unerschrockene, von persönlichen Interessen freie Predigt der Apostel führt noch während des Pfingstereignisses zur Taufe – und damit zur Anerkennung Jesu als Messias – mehrerer tausend Juden. Als sich die jüdische Führung weiterhin von den Christen distanziert, sie aus den Synagogen ausschließt und verfolgt, entwickeln sich eigenständige christliche Gemeinden, die untereinander in enger Verbindung stehen. Die Verbindlichkeit des jüdischen Gesetzes wird allmählich aufgegeben, da

(vor allem gefördert durch die Predigt des Paulus) bewußt wird, daß Gottes Heil – die Befreiung von der Macht der Sünde und des Todes – durch das Bekenntnis zu Christus geschenkt wird. Paulus ist es auch, der die Universalität der Sendung Jesu als seine persönliche Aufgabe erfaßt und die Mission unter den Nichtjuden beginnt. Der Übergang von Jerusalem nach Rom, von der jüdischen zur allgemeinen Kirche, wird dadurch in die Wege geleitet.

um 32 Bekehrung des Paulus.

ca. 45 – 48 Erste Missionsreise des Paulus nach Zypern und Kleinasien (Südgalatien).

ca. 48 (andere: 44) Treffen der Apostel in Jerusalem (sog. „Apostelkonzil"): nichtjüdische Christen werden nicht der Beschneidung und der Beobachtung des mosaischen Gesetzes unterworfen.

50 (49) – 52 Zweite Missionsreise des Paulus nach Kleinasien, Mazedonien und Griechenland.

53 – 58 Dritte Missionsreise des Paulus (Kleinasien, Griechenland).

um 57 In Rom besteht bereits eine christliche Gemeinde, an die Paulus einen Brief richtet, um seinen Besuch vorzubereiten.

58 Verhaftung des Paulus in Jerusalem, als er einen Nichtjuden in den Tempel mitnimmt. Sein Appell an das kaiserliche Gericht (als römischer Bürger) veranlaßt seine Überführung nach Rom.

64 Tod des Paulus in der Christenverfolgung durch Nero. (Möglicherweise hat er vorher noch eine Missionsreise nach Spanien durchgeführt.)

zwischen 70 und 100 Niederschrift der Evangelien nach Markus, Matthäus, Lukas und Johannes.

um 96 Clemens, dritter Nachfolger des Petrus als Bischof von Rom, schreibt einen (uns erhaltenen) Brief an die Korinther (sog. 1. Klemensbrief), in dem er auf den Märtyrertod von Petrus und Paulus hinweist; letzterer sei „bis an die Grenze des Westens" (wohl Spanien) gelangt.

13

Die Päpste des 2. Jahrhunderts

Wegen der unvollständigen Überlieferung sind die Jahresangaben in diesem Jahrhundert nicht völlig sicher.

80/92–99/101	Clemens I.
99/101–107	Evaristus
107–116	Alexander I.
116–125	Xystus (Sixtus I.)
125–136	Telesphorus
136/138–140/142	Hyginus
140/142–154/155	Pius I.
154/155–166	Anicetus
166–174	Soter
174–189	Eleutherus
189–198	Victor I.
198–217	Zephyrinus

Die römischen Kaiser

98–117	Trajan
117–138	Hadrian
138–161	Antoninus Pius
161–180	Marcus Aurelius
180–192	Commodus
193–211	Septimius Severus

Kirchenschriftsteller des 2. Jahrhunderts

Ignatius von Antiochien († um 110)
Papias von Hierapolis (schrieb um 130)
Aristides aus Athen (um 130)
Polykarp von Smyrna († 156)
Justinus († um 165)
Tatian der Syrer (schrieb um 170)
Melito von Sardes (um 172)
Athenagoras von Athen (um 177)
Irenäus von Lyon (um 180)
Theophilus von Antiochien (um 180)
Hegesippus (um 180)
Tertullian von Karthago († nach 220)

Der Briefwechsel zwischen Plinius und Trajan

Trajan (Kaiser 98–117), Plinius der Jüngere (Statthalter in Bithynien 111/113:

Plinius an Trajan

Ich habe es mir zur Regel gemacht, Herr, mich in allen zweifelhaften Fällen an Dich zu wenden. Denn wer könnte mich in meiner Unsicherheit wohl besser auf den rechten Weg führen, wer mich in meiner Unkenntnis wohl besser unterweisen? Ich habe an den Untersuchungen gegen Christen noch nie teilgenommen und weiß daher nicht, was und wie weit man dabei zu bestrafen oder überhaupt zu untersuchen pflegt.

Auch war ich nicht wenig in Verlegenheit, ob man einen Unterschied im Alter machen sollte oder ob ganz jugendliche Personen ebenso wie Erwachsene behandelt werden müßten; ob den Reuigen Verzeihung gewährt oder dem, der überhaupt jemals ein Christ gewesen ist, der Abfall vom Christentum gar nicht angerechnet werden dürfte; ob schon der Name an sich,

2. Jahrhundert

Die Apologeten

A. Kirche und Umwelt

In verschiedenen Teilen des Reiches kommt es – trotz frommer und philosophischer Kaiser – zu Ausschreitungen gegen die Christen, an denen die Behörden teilnehmen. Eine Erklärung dafür ist die Unbeliebtheit der Christen: das Fehlen bei öffentlichen Feiern (die immer auch kultischer Art waren), die Nichtchristen unzugänglichen Versammlungen, die zur Schau getragene Überlegenheit über die Götter – das alles mußte zu Abneigung und Verdächtigungen führen. Hinzu kam, daß ihre Ablehnung, den Genius des Kaisers zu verehren, als Feindschaft gegenüber dem Staat verstanden werden mußte.

Erklärlich sind deshalb die zahlreichen Eingaben führender Christen, die dem Kaiser ihren Glauben und ihre Moral darlegen wollen. Verständlich ist auch die unschlüssige und unlogische Antwort Trajans an Plinius (117): die Christen sollen (bei Anzeige) mit dem Tod bestraft werden – und doch soll man sie nicht aufspüren wollen. – Ihrerseits betonen die Christen immer wieder ihre Treue zu Kaiser und Staat – eine Haltung, welche die spätere Toleranz, ja die Übernahme des Christentums als Staatsstütze vorbereitet.

um 110   Christenverfolgung in Antiochien. Der Bischof der Stadt, **Ignatius**, wird nach Rom verschleppt, um dort – zur Volksbelustigung – den Tieren vorgeworfen zu werden.

um 112   Auf eine Anfrage des Statthalters von Bithynien (Kleinasien), Plinius d. Jüngeren, antwortet Trajan, daß Christen, die das Götteropfer und die Verehrung des Kaiserbildes verweigern, hinzurichten sind; doch sollten sie ohne Anzeige nicht verfolgt noch anonyme Hinweise berücksichtigt werden.

117   Zu Beginn der Regierungszeit Hadrians erreicht das Römische Reich seine **größte Ausdehnung**. Es umfaßt, nach den Eroberungen Trajans, nun auch die Provinzen Dakien (Rumänien), Armenien, Mesopotamien, Assyrien, Arabien.

zwischen 117 und 138   **Aristides**, christlicher Philosoph in Athen, verteidigt in einer Schrift an Hadrian den christlichen Glauben: alle Religionen seien an der Erhabenheit ihres Gottesbegriffes zu messen; neben ihrem wahren Gottesbegriff zeichneten sich die Christen durch Sittenreinheit aus.

nach 117   † **Tacitus**. Der bedeutendste römische Historiker berichtet in seinen Annalen, daß Nero, um dem Verdacht der Brandstiftung Roms zu entgehen, Christen als Schuldige vorschob: „ihr Name stammt von Christus, der unter der Regierung des Tiberius von dem Landpfleger Pontius Pilatus mit dem Tod bestraft wurde" (Annalen XV, 44).

132 – 135   Aufstand der Juden unter Bar Kochba. Nach der Niederwerfung untersagt Hadrian den Juden das Betreten Jerusalems. Die Stadt, jetzt „Aelia Capitolina", wird mit griechischen Tempeln versehen.

139   Die **Engelsburg** in Rom wird als Grabmal Hadrians erbaut.

um 150   **Justinus** (vgl. S. 19) schreibt an Kaiser Mark

auch wenn er sonst frei von Verbrechen ist, oder ob die mit dem Namen zusammenhängenden Verbrechen allein strafbar seien. Vorläufig bin ich gegen die, die mir als Christen bezeichnet wurden, folgendermaßen verfahren:

Ich fragte sie, ob sie Christen wären. Gestanden sie das ein, so fragte ich sie unter Androhung der Todesstrafe zum zweiten und dritten Male; blieben sie dann noch verstockt, so ließ ich sie hinrichten. Denn ich zweifelte nicht, daß man, einerlei wie es auch sonst um ihr Vergehen stände, jedenfalls ihre Hartnäckigkeit und ihren unbeugsamen Trotz bestrafen müßte.

Andere, die von demselben Wahnsinn befallen waren, ließ ich, weil sie römische Bürger waren, vermerken, um sie nach Rom zu schicken. Da sich nun das Verbrechen, wie gewöhnlich, gerade durch die Verhandlung über immer weitere Kreise ausdehnte, so ergaben sich bald mehrere Abstufungen.

Man legte mir ein anonymes Schreiben *(libellus sine auctore)* vor, das die Namen zahlreicher Personen enthielt. Doch diese leugneten zum Teil, überhaupt jemals Christen gewesen zu sein, riefen nach der Formel, die ich ihnen vorsprach, die Götter an, opferten Deiner Büste, die ich zu diesem Zwecke mit den Bildnissen der Götter hatte herbeibringen lassen, mit Wein und Weihrauch und lästerten außerdem Christus: alles Dinge, zu denen sich, wie es heißt, wahre Christen nicht zwingen lassen; diese glaubte ich freilassen zu können.

Andere, die von dem Angeber mitgenannt waren, gestanden anfangs zu, Christen zu sein, leugneten es jedoch dann wieder und behaupteten, sie seien es allerdings gewesen, aber wieder abgefallen, und zwar einige vor drei, andere vor noch mehr und manche sogar vor zwanzig Jahren. Alle diese haben ebenfalls Deine Büste und die Bildnisse der Götter angebetet und Christus gelästert.

Dabei versicherten sie jedoch, ihre Hauptschuld oder vielmehr ihr Hauptfehltritt habe darin bestanden, daß sie immer an einem bestimmten Tage vor Sonnenaufgang zusammengekommen wären, auf Christus wie auf einen Gott *(Christo quasi deo)* abwechselnd ein Lied gesungen und sich durch einen feierlichen Eid *(sacramento)* nicht etwa zu einem Verbrechen verpflichtet hätten, sondern dazu, daß sie keinen Diebstahl, keinen Raub, keinen Ehebruch begehen, kein Wort brechen und kein anvertrautes Gut unterschlagen wollten. Danach wären sie auseinander gegangen und hätten sich wiederum versammelt, um eine – jedoch gewöhnliche und unschuldige – Speise zusammen zu genießen. Aber auch das hätten sie nach meinem Edikte unterlassen, worin ich, Deinen Befehlen entsprechend, alle geschlossenen Vereinigungen verboten hatte.

Gerade diese Angaben ließen es mir noch nötiger erscheinen, von zwei Mägden, die dort Dienerinnen *(ministrae)* genannt wurden, die Wahrheit auch durch Martern zu erpressen. Allein ich konnte nichts anderes finden als einen verkehrten maßlosen Aberglauben. Daher habe ich die Untersuchung aufgeschoben und mich dazu entschlossen, Dich um Deinen Rat zu bitten; denn der Fall schien mir einer Anfrage wohl wert zu sein, besonders wegen der großen Anzahl der Gefährdeten. Aus jedem Alter, jedem Stande und aus beiden Geschlechtern sind viele Personen der Gefahr ausgesetzt und werden es auch noch künftig sein, da jener ansteckende Aberglaube sich nicht nur in den Städten, sondern auch in den Dörfern und auf dem platten Land verbreitet hat; indes wird man ihm allem Anschein nach doch noch Einhalt tun und ihn vielleicht wieder ganz ausrotten können.

Fest steht wenigstens, daß wieder die schon beinahe verödeten Tempel sich zu beleben beginnen, die gewohnten, lange unterbrochenen Opfer stattfinden und allenthalben Opfertiere verkauft werden, die bisher nur äußerst selten einen Käufer gefunden hatten. Daraus läßt sich leicht schließen, wie viele Menschen sich bessern können, wenn man ihnen nur Gelegenheit zur reuigen Umkehr gewährt.   96. Brief

Trajan an Plinius

Bei dem Verfahren gegen die Dir als Christen bezeichneten Personen hast Du, mein Secundus, vollkommen Deine Schuldigkeit getan. Ein bestimmtes, allgemein gültiges Gesetz läßt sich in diesem Falle gar nicht aufstellen.

Aufgespürt sollen sie nicht werden; wenn sie angezeigt und überwiesen werden, so sind sie strafbar, jedoch mit der Ausnahme, daß jeder, der seine Zugehörigkeit zu den Christen leugnet und es auch durch die Tat, d. h. durch Anbetung unserer Götter, beweist, ohne Rücksicht auf seine frühere Verdächtigkeit wegen seiner Reue Verzeihung erlangen soll. Anonyme Anklagen aber dürfen bei keiner Beschuldigung beachtet werden; das wäre ein sehr schlechtes Beispiel und des Geistes unserer Zeit nicht würdig.   97. Brief

Plinius der Jüngere, Briefwechsel mit Trajan. Übers. von Werner Prollius, Halle: O. Hendel 1909.

Aurel eine Verteidigungsschrift des Christentums (Apologie), in der er die Vorwürfe gegen die Christen entkräftet und Beweise für die Gottheit Christi vorlegt.

156 Der über 80jährige Polykarp, Bischof der Gemeinde von Smyrna, der in seiner Jugend noch den Apostel Johannes kennenlernte, stirbt in Rom in der Arena.

um 172 Apologie des Bischofs **Melito von Sardes** (Lydien) an Mark Aurel: ein gutes Auskommen von Staat und Kirche sei für beide Seiten von großem Segen.

176 Das seit Nerva (98) geltende Prinzip, den Besten durch Adoption zum Kaisernachfolger zu machen, wird von Mark Aurel – dem „Philosophen auf dem Kaiserthron" – zugunsten seines Sohnes Commodus durchbrochen. Letzterer wird nach ausschweifenden Jahren umgebracht (192).

177 Ein Bittgesuch an Mark Aurel und Commodus bezüglich der Christen verfaßt der christliche Philosoph **Athenagoras** aus Athen.

177 Die Volkswut ereifert sich in Lyon – während eines Festes – gegen die „atheistischen" Christen. Etwa fünfzig werden – nach Folter und Gerichtsverhandlung – den Tieren vorgeworfen.

um 178 Der Platoniker **Kelsos** (Celsus) greift mit seiner Schrift „Wahrer Logos" gelehrt und polemisch den christlichen Glauben an eine Schöpfung der Welt aus dem Nichts ist undenkbar, auch würde sie gegen die Unveränderlichkeit Gottes verstoßen; das gleiche gilt für eine Menschwerdung Gottes. – Origenes schreibt später (um 245) eine ausführliche Erwiderung.

180 Sechs Christen aus Scili (Nordafrika) werden wegen ihres Glaubens vom Prokonsul Saturninus zum Tod verurteilt. Der Bericht über das Verfahren ist der erste christliche Text in lateinischer Sprache.

um 185 Nach dem Zeugnis des Irenäus gibt es auch in den römischen Provinzen Germaniens bereits Christen.

um 197 **Tertullian**, Jurist und Rhetor aus Karthago, schreibt nach seiner Bekehrung eine Verteidigung des Christentums (das sog. „Apologeticum") an die Statthalter des Reiches. Er greift die Rechtsverletzungen bei den Prozessen gegen die Christen an: kein Verteidiger; Anwendung der Folter nicht für ein Geständnis, sondern für eine Abschwörung; Verurteilung nicht wegen eines Verbrechens, sondern wegen einer Bezeichnung („nomen christianum"); heidnische Philosophen dürften dagegen ungestraft die Existenz der Götter leugnen. Dennoch: durch Hinrichtungen werde der Glaube nicht vernichtet, sondern verbreitet („semen est sanguis christianorum").

Die Ordnung der Gemeinde nach Hippolyt v. Rom (um 200)

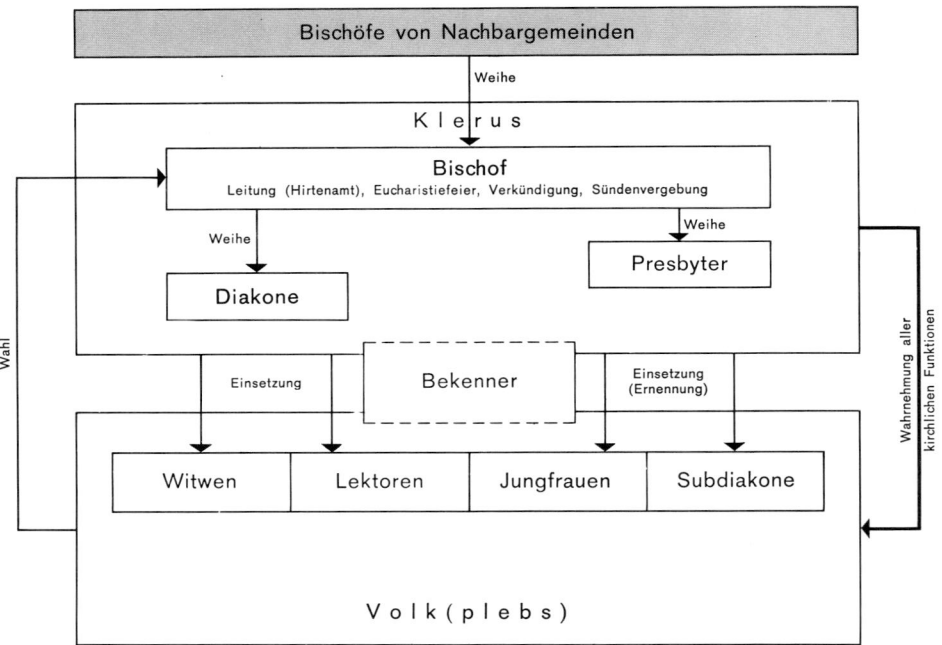

Bei Hippolyt ist die grundsätzliche Trennung in einen Priester- und einen Laienstand vollzogen. Einziges Bindeglied zwischen beiden Ständen sind die Bekenner, die bei der Berufung zu Diakonen oder Presbytern nicht geweiht zu werden brauchen, weil sie die durch die Weihe vermittelte Gnade durch ihr Bekenntnis schon besitzen.

Tertullian von Karthago: über das Gemeindeleben der Christen (um 200)

Eine Körperschaft sind wir durch die innere Verbundenheit im Glauben, durch die Gemeinsamkeit unserer Zucht (disciplina), durch das Band unserer Hoffnung. Wir kommen zusammen zu inniger Gemeinschaft, um Gott gleichsam in geschlossenem Trupp, im Gebet mit Bitten zu bestürmen. Solch eine Gewaltsamkeit ist Gott willkommen. Wir beten auch für die Kaiser, für ihre Beamten und die Mächtigen, für den Bestand der Welt, für die allgemeine Ruhe, für den Aufschub des Weltendes. Wir kommen zusammen zur Verlesung der göttlichen Schriften, wenn die augenblickliche Lage Anlaß gibt, etwas im voraus zu bedenken oder sorgsam zu prüfen. Zumindest geben wir unserm Glauben mit den heiligen Worten Nahrung, richten unsere Hoffnung empor, festigen unsere Zuversicht und stärken gleichermaßen unsere Zucht durch Einschärfung der Gebote. Ebenda ist auch der Ort für Ermahnungen, für Bestrafungen und für die Prüfung im Namen Gottes. Denn auch gerichtet wird

gestalt der verständ

B. Innerkirchliche Entwicklung

Die Christen verfügen bereits über eine ansehnliche Zahl gebildeter und herausragender Persönlichkeiten, die literarische und juristische Mittel einsetzen, um ihre Minorität vor Diskriminierung zu bewahren. Die Bemühung, gesellschaftlich mehr akzeptiert zu werden, wird begleitet von der wissenschaftlichen Auseinandersetzung: gegen die gewagten Spekulationen der Gnosis in den eigenen Reihen wie auch gegen das Welt- und Menschenbild der heidnischen Römer. Die Öffnung für die geistige Tradition der Griechen läßt – gegen Ende des Jahrhunderts – die ersten theologischen Klippen auftauchen: wie ist die Gottheit Christi mit der Einzigkeit Gottes zu vereinbaren? Die Kontroverse darüber entwickelt sich voll im 3. Jahrhundert.

vor 110 Die Schrift **„Didache"** (Lehre der Apostel; Verfasser unbekannt) enthält Anweisungen über Taufe (im Notfall wird die Taufe durch Aufgießen statt durch Untertauchen gestattet), Gebet (dreimal täglich soll das Vaterunser gesprochen werden), Fasten (am Mittwoch und Freitag), Gebete zur Eucharistiefeier.

seit 120 Die im griechischen Raum beheimatete Strömung der **Gnosis** – die rechte, Erlösung bewirkende Erkenntnis – gewinnt auch unter den Christen Anhänger. Auf dem Hintergrund eines unversöhnlichen Gegensatzes zwischen Materie und Geist soll dem Menschen durch Aufklärung über den Ursprung seiner irdischen Situation der Weg zur Befreiung des Geistigen gezeigt werden. Die Abwertung des Körperlich-Materiellen führt als Konsequenz entweder zu strenger Askese (Körper als Hindernis der Seele) oder zur Zügellosigkeit (Unwichtigkeit und Vergänglichkeit des Körpers).

Cerinth vertrat (um 100 in Kleinasien), daß nicht Gott, sondern ein Zwischenwesen (Demiurg) die Welt geschaffen habe. Christus war nur ein Mensch, auf den bei der Taufe der Geist Gottes herabkam – vor dem Leiden hat er ihn wieder verlassen.

Basilides (um 120–145 in Alexandrien): Aus der Urfülle (Pleroma) entspringen zahlreiche geistige Wesen (Archonten, Äonen), welche die Welt beherrschen. Christus wurde auf die Erde gesandt, um die Menschen aus der Gewalt der Archonten zu befreien. Seine menschliche Gestalt war nur Schein (= Doketismus).

Valentinus (um 135 in Alexandrien): Alles Irdische strebt danach, zur höchsten Fülle (zum Pleroma) zurückzukehren. Das pneumatische Element im Menschen wird durch die wahre Erkenntnis (Gnosis), die der Erlöser brachte, gestärkt; am Weltende vereinigt es sich wieder mit dem Licht.

Markion (aus Kleinasien, seit 140 in Rom) unterscheidet zwei verschiedene höchste Wesen: den Demiurg – Schöpfer der Welt, Gott des Gesetzes, gerecht statt barmherzig – und den Gott der Liebe, der sich in Christus offenbart. Da Markion den Demiurgen mit dem Gott des Alten Testamentes gleichsetzt, verwirft er von den neutestamentlichen Schriften alle, die zuviel Einfluß des Demiurgen verraten. Er anerkennt nur das Lukasevangelium (ohne Kindheitsgeschichte) und die ersten zehn Paulusbriefe (ohne Hebräerbrief und Pastoralbriefe). – Von der römischen Gemeinde wird er 144 ausgeschlossen.

165 † **Justinus** (geb. in Neapolis, Palästina). Die Beschäftigung mit der platonischen Philosophie bleibt für ihn unbefriedigend. Erst im Christentum, das im Gebet den Zugang zu Gott eröffnet, findet er „die allein zuverlässige und brauchbare Philosophie" (Dial. 8). Als Wanderlehrer gründet er in Rom eine Schule, wird dort mit sechs Gefährten wegen seines Glaubens enthauptet. Neben seinen Schriften zur Verteidigung des

mit großem Nachdruck – wir wissen dabei Gottes Augen auf uns ruhen – und höchste Vorwegnahme des künftigen Gerichtes ist es, wenn jemand so schwer gesündigt hat, daß er von der Teilnahme am gemeinsamen Gebet, an den Zusammenkünften und an jedwedem heiligen Verkehr ausgeschlossen wird.

Den Vorsitz führen jeweils Ältere, die sich bewährt und diesen Ehrenplatz nicht durch Geld, sondern durch das Zeugnis ihres Lebens erlangt haben; auch sonst ist ja nichts, was Gottes ist, für Geld feil. Wenn es auch eine Vereinskasse gibt, wird sie nicht etwa durch Eintrittsgelder gefüllt, so als wäre die Religion etwas Käufliches. Ein bescheidenes Scherflein steuert jeder einzelne bei, an einem bestimmten Tag im Monat, oder wann er will, und falls er überhaupt will, und falls er überhaupt kann. Denn niemand wird gezwungen, sondern man zahlt aus freien Stücken. Dies sind gewissermaßen Darlehen der Frömmigkeit. Denn davon wird nichts für Schmausereien und Trinkgelage oder unnütze Freßwirtschaften ausgegeben, sondern für den Unterhalt und das Begräbnis Armer, für Knaben und Mädchen, die kein Vermögen und keine Eltern mehr haben, und für ans Haus gefesselte Alte; ebenso für Schiffbrüchige und für jene, die in Bergwerken oder auf Inseln oder in Gefängnissen zu Pfleglingen ihres Bekenntnisses werden – vorausgesetzt, daß sie dort sind wegen ihrer Zugehörigkeit zur Gemeinde Gottes.

Doch eben solcher Liebe Werk drückt uns in den Augen Vieler ein Mal auf: „Seht", sagen sie, „wie sie einander lieben" – sie selbst nämlich hassen einander „und wie sie füreinander zu sterben bereit sind" – sie selbst nämlich wären eher einander umzubringen bereit. Auch daß wir einander Brüder nennen, macht sie, glaube ich, aus keinem andern Grunde toll als deshalb, weil bei ihnen selbst jeder Verwandtschaftsname nur geheuchelter Liebe entspringt. Brüder aber sind wir auch von euch, durch die Natur, unsere *eine* Mutter, wenn ihr auch kaum rechte Menschen seid, weil schlechte Brüder. Doch mit wieviel mehr Recht heißen und sind uns Brüder alle, die Gott als ihren *einen* Vater erkannt haben, die aus dem *einen* Leib derselben Unwissenheit zu dem *einen* Licht der Wahrheit schaudernd emporgestiegen sind!

Unseren bescheidenen Mahlzeiten werft ihr nicht nur Schändlichkeiten vor, sondern brandmarkt sie auch als verschwenderisch. Auf uns hat man ja das Wort des *Diogenes* angewandt: „Die Megarer schmausen, als sollten sie am morgigen Tag sterben; sie bauen aber, als sollten sie niemals sterben." Doch den Strohhalm im fremden Auge sieht man eher als den Balken im eigenen. Wenn so viele Stadtbezirke, Kurien und Dekurien sich erbrechen, so wird die Luft verpestet; wenn die Salier ein Essen geben wollen, brauchen sie einen reichen Geldgeber; bei den Opfern und Schlemmereien zu Ehren des Herkules müssen Rechenmeister den Aufwand addieren; für die Apaturien, die Dionysien, die attischen Mysterien wird eine Musterung von Köchen ausgeschrieben. Beim Anblick des Qualmes eines Serapisessens wird die Feuerwehr alarmiert – einzig und allein über das Bankett der Christen regt man sich auf.

Unsere Mahlzeit gibt ihren Sinn schon durch ihren Namen zu erkennen: Sie wird mit einem Ausdruck bezeichnet, der bei den Griechen „*Liebe*" bedeutet (Agape). Wie teuer der Aufwand sich auch stellen mag, es ist ein Gewinn, um der Frömmigkeit willen Aufwendungen zu machen; denn es sind jedesmal Arme, die wir mit dieser Erquickung stärken – nicht in der Weise, wie bei euch Parasiten nach dem Ruhme gieren, ihre Freiheit knechtisch ihrem Bauch zu verdingen und dafür beim Fressen jede Entwürdigung hinzunehmen, sondern insofern bei Gott den Schwachen größere Beachtung zuteil wird.

Wenn der Anlaß des Gastmahls anständig ist, dann beurteilt die übrige Abfolge, die vorgeschrieben ist, von dem Anlaß aus. Da sie sich aus einer religiösen Verpflichtung herleitet, duldet sie nichts Niedriges, nichts Ungehöriges. Nicht eher legt man sich zu Tisch, als ein *Gebet* zu Gott im voraus genossen ist; man ißt soviel, wie man für den Hunger braucht; man trinkt soviel, wie anständig und zuträglich ist. So sättigt man sich wie jemand, der daran denkt, daß er auch zur Nachtzeit zu Gott beten muß; so spricht man miteinander wie jemand, der weiß, daß Gott es hört. Nachdem das Wasser für die Hände gereicht ist und die Lichter angezündet sind, wird jeder aufgefordert, wie er es aus den Heiligen Schriften oder aus eigenem Können vermag, vor den Ohren der anderen Gottes Lob zu singen; damit wird geprüft, in welcher Weise er getrunken hat. Ebenso löst ein Gebet die Tischgesellschaft auf. Von da geht man auseinander, nicht um truppweise Gewalttaten zu verüben oder in Scharen umherzuschlendern oder lüsternen Begierden freien Lauf zu lassen, sondern so, daß man wie zuvor Ordnung und Anstand wahrt – wie jemand, der weniger eine Mahlzeit genossen hat als vielmehr eine Unterweisung (Disciplina).

Tertullian, Apologeticum. Verteidigung des Christentums. Lateinisch und deutsch. Hrsg., übers. u. erl. von Carl Becker, München: Kösel ²1961, 183f. (Kap. 39).

Christentums ist die Verbindung von antikem Logosdenken und christlichem Glauben von Bedeutung: Der Logos Gottes trat zum Zweck der Weltschöpfung aus dem Vater hervor und wurde zur eigenen – allerdings dem Vater untergeordneten – Person (Subordinatianismus). Jeder Mensch besitzt in seiner Vernunft einen Keim (Sperma) des göttlichen Logos, der in Christus in seiner ganzen Fülle erschienen ist. – Seine 1. Apologie enthält wichtige Ausführungen über Taufe und Eucharistie.

Der Schüler des Justinus in Rom, **Tatian** (geb. in Assyrien), schreitet zur völligen Verachtung der griechischen Philosophie. Der Mensch kann sich vom Einfluß der Dämonen nur durch strenge Abtötung des Körpers befreien. – Nachdem ihn die römische Kirche ausgeschlossen hat (um 172), gründet er in Syrien die Sekte der **Enkratiten**: die Ehe wird als Sünde verworfen, Wein- und Fleischgenuß abgelehnt. – Als erster versucht Tatian (im sog. Diatessaron) die vier Evangelienberichte in einer einzigen Darstellung zu verschmelzen.

um 170   **Montanus** aus Phrygien verkündet nach seiner Taufe – unterstützt von den beiden Prophetinnen Priszilla und Maximilla –, das Weltende und die Wiederkunft des Herrn stünden unmittelbar bevor. Von den Gläubigen verlangt er ständiges Fasten, Verzicht auf die Ehe und verbietet jede Flucht vor dem Martyrium. – Die Bischöfe stehen dieser Prophetie, die bald von Tertullian wirkungsvoll vertreten wird, zunächst unschlüssig gegenüber. Erst um die Mitte des 3. Jh. erfolgen die ersten Verurteilungen des **Montanismus.**

177   **Irenäus** (geb. in Kleinasien, Schüler Polykarps) wird Bischof in Lyon. Gegen die gnostischen Irrlehren seiner Zeit schreibt er seine fünf Bücher „Adversus haereses". – In seiner Argumentation beruft er sich auf neutestamentliche Schriften als theologischer Autorität. Wahr ist eine Lehre in der Kirche dann, wenn sie mit der auf die Apostel zurückreichenden Lehrtradition übereinstimmt. – Einen besonderen Vorrang nimmt die von Petrus und Paulus gegründete Kirche von Rom ein: mit ihr müssen alle anderen Kirchen übereinstimmen (Adv. haer. 3, 3, 1–3).

um 180   **Theophilus,** Leiter der Christengemeinde von Antiochien, wendet zum erstenmal den Begriff „Dreiheit" (Trias) auf Gott an und spricht dabei von ‚Gott, Logos und Sophia'.

um 190   Der neue Bischof **Viktor** von Rom verlangt auch von den Christen Kleinasiens, das Osterfest am Sonntag nach dem jüdischen Passah zu feiern (und nicht, wie dort üblich, am Passahfest selbst). Es gelingt Viktor, sich in diesem **Osterfeststreit** gegen die **Quartodecimaner** (Ostern am 14. Tag des Monats Nisan) durchzusetzen.

Von Viktor aus der Kirche ausgeschlossen wird **Theodotos** der Gerber (aus Byzanz stammend). Um die Einzigkeit Gottes zu wahren, hatte er das Verhältnis Christi zu Gott so erklärt, daß Christus (ein Mensch) von einer göttlichen Kraft (dynamis) erfüllt worden sei (= **dynamistischer Monarchianismus**).

Im Gegensatz dazu vertrat **Praxeas** (aus Kleinasien; um 190 ebenfalls in Rom), daß Christus eine Erscheinungsweise Gottes sei, der sich einmal als Vater, ein anderes Mal als Sohn oder Hl. Geist zeige. (Da man dann konsequenterweise auch sagen konnte, der ‚Vater' habe am Kreuz gelitten, wurden die Anhänger dieses **modalistischen Monarchianismus** [bzw. Modalismus] auch **Patripassianer** genannt. Hauptvertreter dieser Lehre wird Sabellius, s. S. 27).

um 195   Die **Katechetenschule von Alexandrien** wird durch ihren Leiter **Clemens** (und später noch mehr durch dessen Schüler Origenes) berühmt. In seinem Werk „Der Pädagoge" stellt er Christus als Erzieher der Gläubigen vor und gibt genaue Anweisungen für einen christlichen Lebensstil.

vor 200   Das **Muratorische Fragment** gibt ein Verzeichnis der neutestamentlichen Schriften (es fehlen nur Hebräerbrief, Jakobusbrief, die beiden Petrusbriefe). – Der **neutestamentliche Kanon** ist um diese Zeit im wesentlichen abgeschlossen.

Päpste und Kaiser im 3. Jahrhundert

198?–217?	Zephyrinus	Septimius Severus	193–211
217–222	Kallistus	Caracalla	212–217
	(Calixtus I.)	Opellius Macrinus	217–218
	(Hippolyt 217?–235)	Elagabal	218–222
222–230	Urban I.	Severus Alexander	222–235
230–235	Pontian		
235–236	Antherus	Maximinus Thrax	235–238
236–250	Fabianus	Gordian I.	238
251–253	Cornelius	Gordian II.	238
	(Novatianus 251–258?)	Gordian III.	238–244
		Philippus Arabs	244–249
		Decius	249–251
		Trebonianus Gallus	251–253
253–254	Lucius I.	Aemilianus	253
254–257	Stephan I.	Valerianus	253–260
257–258	Sixtus (Xystus) II.		
260(259?)–267(268?)	Dionysius	Gallienus	260–268
268(269?)–273(274?)	Felix I.	Claudius II. Gothicus	268–270
274(275?)–282(283?)	Eutychian	Aurelian	270–275
		Tacitus	275–276
		Probus	276–282
282(283?)–295(296?)	Caius	Carus, Carinus,	
		Numerian	282–284
295(296?)–304	Marcellinus	Diokletian	284–305

Kirchenschriftsteller des 3. Jahrhunderts

Klemens von Alexandrien	(† vor 215)	Novatian	(um 250)
Minucius Felix	(um 220)	Origenes	(† 253/254)
Tertullian	(† nach 220)	Cyprian	(† 258)
Hippolyt	(† 235)	Victorinus von Pettau	(† 304)

3. Jahrhundert

Der Kampf ums Überleben

A. Kirche und Umwelt

Vielfältig sind die Gründe für die Konfrontation zwischen Staat und Kirche in diesem Jahrhundert. Angesichts des feindlichen Druckes auf die Nord- und Ostgrenze erscheint die innere, durch religiöse Übereinstimmung fundierte Geschlossenheit des Reiches nötiger denn je. Die 1000-Jahr-Feier des Bestehens von Rom wendete naturgemäß die Blicke auf die römische Tradition, der gegenüber das Christentum als Abfall erscheinen mußte. Die gleiche „pietas Romana", die immer schon alles private und politische Gelingen auf die Gunst der Götter zurückführte, sieht nun in allen schwierigen Situationen das Strafgericht für die von den Christen verweigerte Götterverehrung. Die jetzt auf kaiserliche Initiative hin durchgeführten Christenverfolgungen scheitern: zu zahlreich sind die Christen, dürftig die gegen sie erbrachten Beweise, immer wieder verhindern „Zufälle" die wirksame Durchführung. Unter den Christen vermehrt die Notwendigkeit, jederzeit mit Verfolgung und Tod rechnen zu müssen, die Zahl unbeugsamer Bekenner: Folter und Hinrichtung erhöhen nur ihre Ausstrahlung.

201	Septimius Severus verbietet den Übertritt zum Judentum; ein Jahr später wird auch die Annahme des Christentums unter Strafe gestellt.
202 (od. 203)	Grausames Martyrium der jungen Christinnen Perpetua und Felicitas im Amphitheater von Karthago.
212	Kaiser Caracalla gewährt allen Bewohnern des Reiches das römische Bürgerrecht. – Krieg gegen Alamannen, Goten und Parther.
um 215	Der Jurist **Ulpianus** sammelt die Edikte früherer Kaiser gegen die Christen.
um 232	Einfluß des Christentums auch am kaiserlichen Hof: Julia Mamäa, Mutter des Imperators Severus Alexander, lädt Origenes zu Vorträgen nach Antiochien ein.
seit 242	Als „Apostel des wahren Gottes" predigt in Persien **Mani** (geb. 216 in Babylonien): durch Enthaltung von unreinen Worten und Speisen (Fleisch und Wein), von gemeiner Arbeit und von der Ehe befreit der Gläubige das in ihm wohnende Licht. – Hintergrund dieser Forderungen des **Manichäismus** ist der Glaube an die Existenz zweier ewiger und unversöhnlicher Reiche: Licht und Finsternis (Materie). Die gegenwärtige Welt entstand durch Vermischung beider, Ziel der Entwicklung ist die Befreiung des Lichts (Jesus belehrte die Menschen über ihren Ursprung und ihr Ziel. Mani ist der von ihm verheißene Paraklet)
seit 244	In Rom lehrt **Plotin** (geb. in Ägypten), zusammen mit seinem Lehrer Ammonios Sakkas († 242) der Begründer des **Neuplatonismus**: die Vielheit geht aus dem Ersten, Einen hervor und verwirklicht sich im stufenweisen Abstieg vom Einen über die Bereiche des Geistes und der Weltseele zur Materie. Aufgabe des Menschen (Einzelseele, die in der Weltseele enthalten ist)

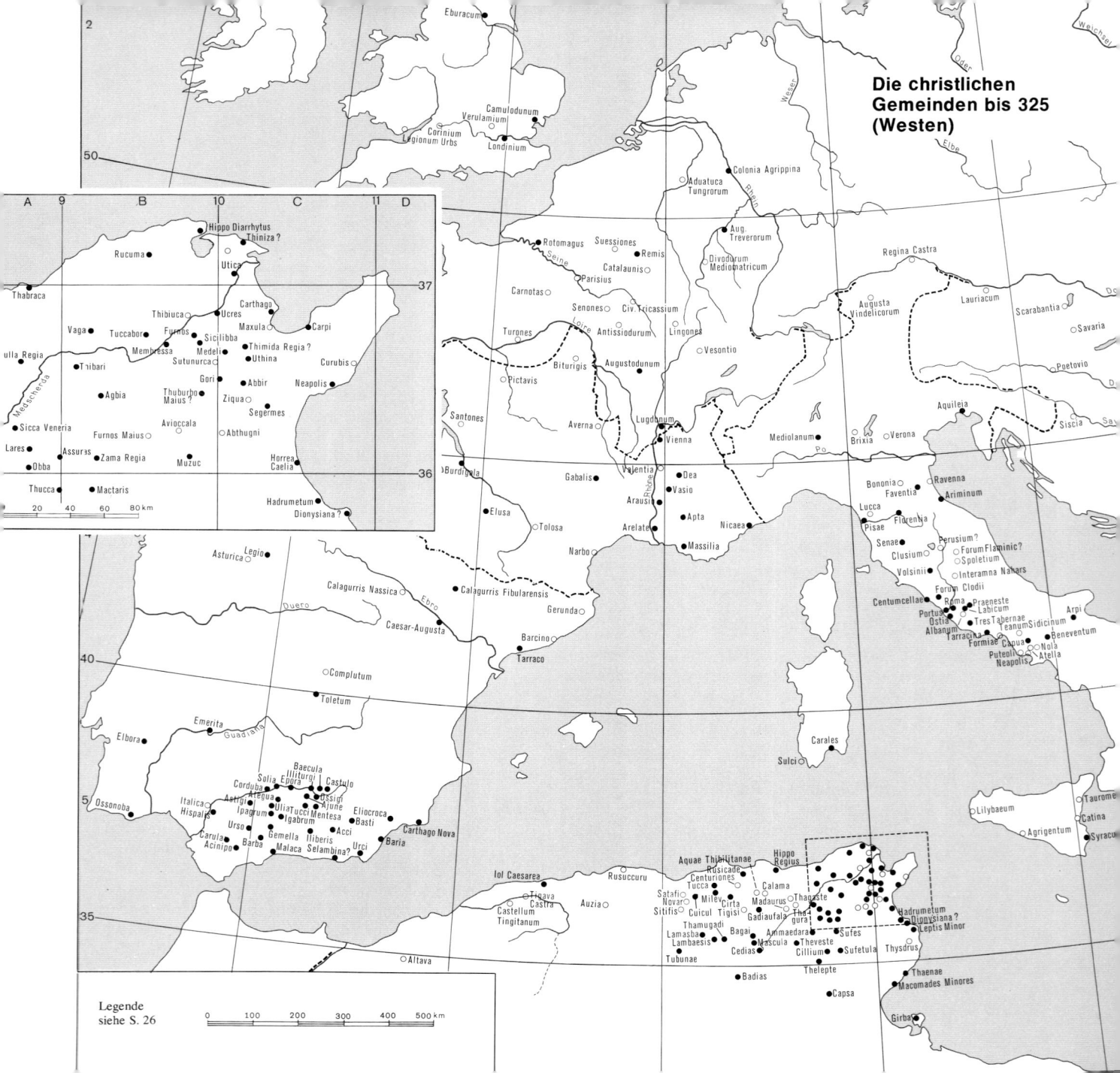

Die christlichen Gemeinden bis 325 (Westen)

Eburacum

Camulodunum
Verulamium
Corinium
Legionum Urbs
Londinium

Colonia Agrippina

Aduatuca
Tungrorum

Aug. Treverorum

Rotomagus   Suessiones
Catalaunis   Remis
Parisius   Divodurum
Mediomatricum

Regina Castra

Carnotas

Senones   Civ. Tricassium
Turones   Lingones
Antissiodurum
Biturigis   Augustodunum
Pictavis   Vesontio

Augusta
Vindelicorum

Lauriacum

Scarabantia

Savaria

Poetovio

Aquileia

Siscia

Santones
Averna   Lugdunum
Vienna

Mediolanum   Brixia   Verona

Po

Ravenna
Bononia   Ariminum
Faventia

Burdigala
Gabalis   Valentia   Dea
Arausio   Vasio
Elusa   Arelate   Apta   Nicaea
Tolosa   Narbo   Massilia

Lucca   Florentia
Pisae
Senae
Clusium   Perusium?
Volsinii   Forum Flaminic?
Spoletium
Interamna Nahars
Forum Clodii
Centumcellae   Roma   Praeneste
Portus   Labicum
Ostia   Tres Tabernae
Albanum   Teanum Sidicinum
Tarracina   Formiae Capua   Beneventum
Puteoli   Nola   Atella
Neapolis

Arpi

Calagurris Nassica   Calagurris Fibularensis
Asturica   Legio
Gerunda
Caesar-Augusta
Barcino
Complutum   Tarraco

Toletum

Carales

Sulci

Elbora   Emerita

Baecula
Illiturgi   Castulo
Solia   Epora
Corduba   Assigi
Italica   Ategua   Ajune
Astigi   Ipagrum   Eliocroca
Hispal   Urso   Uliaffucci Mentesa
Igabrum   Acci   Basti
Carula   Gemella   Iliberis
Acinipo   Barba   Malaca   Selambina?   Baria
Urci
Carthago Nova

Ossonoba

Lilybaeum   Taurome

Catina

Agrigentum   Syracuse

Iol Caesarea   Rusuccuru
Tipava
Auzia
Castra
Castellum
Tingitanum

Altava

Aquae Thibilitanae
Rusicade
Tucca   Hippo Regius
Centuriones   Calama
Satafi   Novar   Milev   Cirta   Madaurus   Thagaste
Sitifis   Cuicul   Tigisi   Gadiaufala   Thagura
Thamugadi   Bagai   Ammaedara   Sufes
Lamasba   Mascula   Theveste   Sufetula
Lambaesis   Cedias   Cillium   Thysdrus
Tubunae   Thelepte
Badias   Capsa

Hadrumetum
Dionysiana?
Leptis Minor

Thaenae
Macomades Minores

Girba

Legende
siehe S. 26

0   100   200   300   400   500 km

Inset map (Africa Proconsularis)

A   9   B   10   C   11   D

Hippo Diarrhytus
Thiniza?
Rucuma   Utica
Thabraca   37

Thibiuca   Carthaga   Ucres   Carpi
Vaga   Furnos   Maxula
Tuccabor   Sicilibba
Membressa   Medeli   Thimida Regia?
ulla Regia   Sutunurca   Abbir   Curubis
Thibari   Gori   Uthina   Neapolis
Agbia   Thuburbo   Ziqua
Maius?   Segermes
Sicca Veneria   Furnos Maius   Avioccala   Abthugni
Lares   Assuras   Zama Regia
Obba   Muzuc   Horrea
Caelia   36
Thucca   Mactaris
Hadrumetum
Dionysiana?

20   40   60   80 km

ist die Abkehr vom Sinnlichen und die Hinwendung zum Geist (Nous), um durch ihn zum Einen zurückzukehren.

248 Unter Philippus Arabs feiert **Rom sein 1000jähriges Bestehen.** – Kämpfe gegen Quaden und Karpen.

249 – 251 Zur inneren Reform des Reiches gehört für **Decius** die Belebung des Kaiserkultes und der Verehrung der Götter. Durch Edikt wird jeder Christ zum öffentlichen Opfer verpflichtet und erhält darüber eine Bescheinigung. Die Weigerung der Christen löst eine Hinrichtungswelle aus, die nur durch den Kampf des Reiches gegen die Goten und den Tod des Kaisers gebrochen wird.

257 **Valerian** verbietet den christlichen Gottesdienst und den Besuch der Katakomben. Opferverweigerung wird (258) mit Hinrichtung (bei Klerikern), Verlust des Besitzes (bei reichen Laien), Verbannung und Zwangsarbeit geahndet.

260 Ein **Toleranzedikt** unter **Gallienus** bringt den Christen die Rückerstattung des Gemeindeeigentums. 40 Jahre lang – mit einer kurzen Unterbrechung unter Aurelian – können sie in Frieden leben.

um 270 Der Philosoph **Porphyrius** verfaßt 15 Bücher „Gegen die Christen" und stellt dem christlichen Glauben eine am Neuplatonismus entwickelte Religionsphilosophie gegenüber.

274 Mit der Verehrung des „Sol invictus" (des siegreichen Sonnengottes) will Aurelian einen das ganze Reich umfassenden gemeinsamen Kult einführen. Er selbst beansprucht als „Dominus et Deus" religiöse Verehrung: der seit Augustus geltende Prinzipat (Kaiser als erster Bürger) wandelt sich allmählich – voll unter Diokletian – zum Dominat (Kaiser als qualitativ vom Untertan verschiedener „Herr").

284 – 305 **Diokletian.** In ihm verbinden sich soldatisches Können, organisatorisches Talent und persönliche Genügsamkeit. Er unternimmt eine umfassende Reorganisation des Staates.

293 Gliederung des Reiches in einen östlichen und einen westlichen Verwaltungsbezirk. Jedem der beiden Augusti – im Osten Diokletian (in Nikomedia), im Westen Maximian (Mailand) – wird ein Caesar zugeordnet, der zugleich Nachfolger sein soll (Constantius Chlorus in Trier; Galerius in Sirmium).

301 Der Wirtschaft werden Höchstpreise vorgeschrieben, ebenso die Erblichkeit der Berufe. Steuerberechnung (Indictio) jeweils auf 5 Jahre.

303 Nach der Verfolgung der Manichäer (297) entschließt sich Diokletian auch zur Verfolgung der Christen (s. u.).

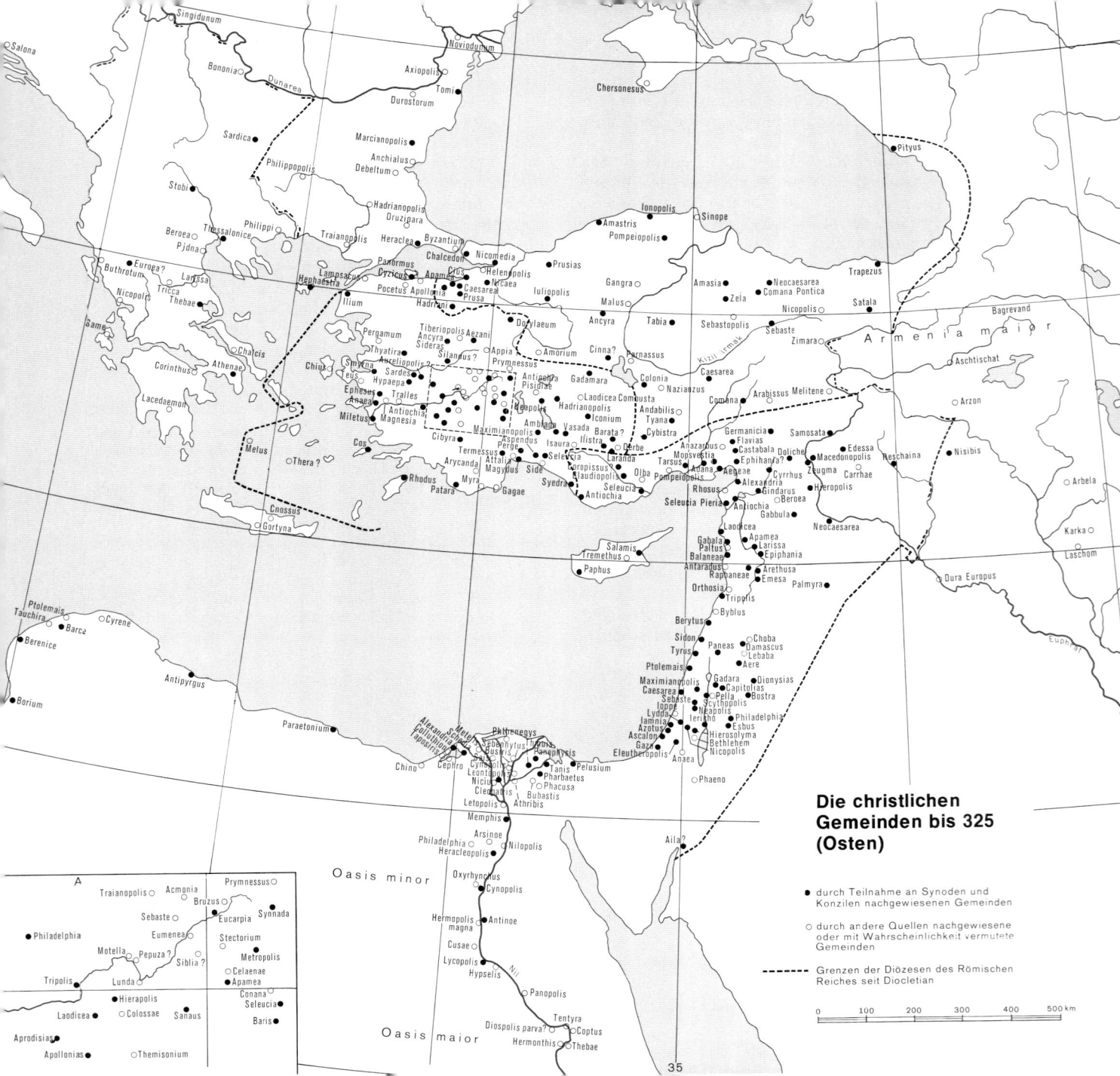

Die christlichen Gemeinden bis 325 (Osten)

durch Teilnahme an Synoden und Konzilen nachgewiesenen Gemeinden

durch andere Quellen nachgewiesene oder mit Wahrscheinlichkeit vermutete Gemeinden

Grenzen der Diözesen des Römischen Reiches seit Diocletian

0   100   200   300   400   500 km

Oasis minor

Oasis maior

35

B. Innerkirchliche Entwicklung

Die Härte der Verfolgungen, besonders unter Decius, bringt eigene Probleme: sollen Abgefallene, die zurückkehren wollen, wieder in die Kirche aufgenommen werden? Die rigorose Richtung kann sich, besonders weil die „Bekenner" (Christen, die Haft und Folter überlebt haben, ohne ihrem Glauben untreu zu werden) für die Schwachen eintreten, in der Kirche nicht durchsetzen. Auch die weitverbreitete Abwertung des Körperlich-Materiellen (in Gnosis, Manichäismus, Montanismus) findet in der Kirche bei allem Entgegenkommen eine entschiedene Grenze: zu keiner Zeit wird die Körperlichkeit (oder gar die Ehe) zum Feind der Seele erklärt. – Immer mehr werden die Glaubenstraditionen, wie sie von den Bischöfen als den Nachfolgern der Apostel weitergegeben werden, und damit die Bischöfe selbst zur Orientierung und zum Garanten der Wahrheit in der Kirche.

um 215 Die „Apostolische Überlieferung" des **Hippolyt** (geb. vor 170 im Osten, um 189 Priester in der römischen Gemeinde) bietet zum ersten Mal eine genaue Beschreibung der römischen Gottesdienstordnung, der liturgischen Gebete und der in dem Gemeindeleben geltenden Regeln. – Mit Papst Kallistus gerät Hippolyt wegen dessen Milde gegenüber Sündern und der angeblichen Neigung zum Sabellianismus in Konflikt. Er wird Leiter einer eigenen Gemeinde in Rom. Die Gegensätze verblassen in der Verfolgung durch Maximinus Thrax: Papst Pontian und Hippolyt sterben in der Verbannung auf Sardinien (235).

um 217 **Origenes,** geb. um 185 (wahrscheinlich in Alexandrien), Schüler des Neuplatonikers Ammonius Sakkas, wird Leiter der Katechetenschule von Alexandrien. Seine literarische Tätigkeit (ca. 2000 Bücher) und theologische Ausstrahlung machen ihn zum bedeutendsten griechischen Kirchenvater. Sein Hauptinteresse gilt dem Alten Testament, dessen Schriften er kommentiert. Um den genauen griechischen Text des AT wiederherzustellen, stellt er in sechs Kolumnen 5 griechische Ausgaben neben den hebräischen Wortlaut, die sog. „Hexapla". – Seine Art der Schriftauslegung – er unterscheidet den buchstäblichen (somatischen), moralischen (psychischen) und allegorisch-mystischen (pneumatischen) Sinn und legt auf letzteren das Hauptgewicht – ebenso wie die neuplatonische Färbung seines Denkens machen ihn zum sehr umstrittenen Theologen (553 verurteilt ihn das 2. Konzil von Konstantinopel). – Sein asketischer Eifer veranlaßte ihn, im Anschluß an die Bibelstelle Mt 19, 12, zur Selbstkastration. – Während der Christenverfolgung unter Decius stirbt er um 253 in Tyrus an den Folgen der Folter.

um 220 Der modalistischen Gotteslehre gibt **Sabellius** (aus Libyen; zw. 199 u. 217 in Rom) den systematischen Zusammenhang: Die eine Gottheit hat drei Wirkweisen; Vater ist sie als Schöpfer und Gesetzgeber, Sohn als Erlöser, Geist als Gnade und Heiligung.

nach 220 † **Tertullian** (geb. 160 in Karthago, s. S. 17). Seit 205 wendet er sich mehr und mehr dem Rigorismus der Montanisten zu. Die Zweitehe (nach dem Tod des ersten Gatten) betrachtet er als Unzucht; dem Christen sind der Kriegsdienst und alle Berufe, welche Teilnahme an kultischen Feiern verlangen, verboten; die Vollmacht, Sünden zu vergeben, haben nur die wahrhaft geistlichen Menschen in der Kirche. – Seine glanzvolle lateinische Sprache dient vielen Kirchenschriftstellern als Muster (Grundlegung des „Kirchenlateins"). – 207 trennt er sich von der Kirche und wird in Karthago Führer einer eigenen Gemeinde, den sog. Tertullianisten.

Der Anfang des Mönchtums

„Antonius aber, der aus der Heiligen Schrift gelernt hatte, daß die Ränke des bösen Feindes vielfach seien, übte sich mit aller Kraft in der Askese; denn er bedachte bei sich, daß der Teufel, wenn er auch nicht imstande gewesen sei, sein Herz durch die Lust des Fleisches zu verführen, jedenfalls eine andere List versuchen werde, ihm nachzustellen; denn der Dämon liebt die Sünde überaus. Mehr und immer mehr bezwang er seinen Körper und machte ihn untertänig, um nicht hier siegreich, dort zu unterliegen. Daher ging er mit sich zu Rate, wie er sich an eine noch härtere Lebensführung gewöhnen könne. Gar viele bewunderten ihn, er selbst aber ertrug die Mühe leicht. Denn die Bereitwilligkeit seiner Seele, die ihr so lange innewohnte, hatte eine treffliche Verfassung in ihm zustande gebracht, so daß er, wenn er von anderen auch nur den kleinsten Anstoß erhalten hatte, daraufhin einen glühenden Eifer zeigte. Er wachte so lange, daß er oft sogar die ganze Nacht schlaflos zubrachte, und dies nicht etwa nur einmal, sondern oft und oft. Darüber wunderten sich dann die anderen. Nahrung nahm er einmal am Tage, nach Sonnenuntergang zu sich; bisweilen aß er nur alle zwei Tage, oft aber bloß alle vier Tage. Er lebte von Brot und Salz, als Getränk diente ihm nur Wasser. Von Fleisch und Wein bei ihm nur zu reden, ist überflüssig, da man dergleichen nicht einmal bei den anderen Frommen fand. Zum Schlafen begnügte er sich mit einer Binsenmatte; meist aber legte er sich auf die bloße Erde zur Ruhe nieder. Sich mit Öl zu salben, lehnte er ab; denn er sagte, es zieme sich für junge Leute mehr, die Askese mit bereitwilligem Eifer zu üben, als all die Dinge zu suchen, die den Körper verweichlichen; man müsse ihn an die Mühen gewöhnen, eingedenk der Apostelworte: ‚Wenn ich schwach bin, dann bin ich stark.‘ Er behauptete, die Spannkraft der Seele sei dann groß, wenn die Begierden des Körpers ohnmächtig seien. Er hielt auch den folgenden, wirklich merkwürdigen Gedanken fest: Er wolle den Weg zur Tugend und die Trennung vom Leben, die er sich um der Tugend willen auferlegte, nicht nach einem zeitlichen Maß bemessen, sondern nach seiner Sehnsucht und nach seinem Vorsatz. Er wollte sich nicht erinnern an die Zeit, die schon verstrichen; nein, wie wenn er täglich die Askese von neuem begänne, mühte er sich immer mehr ab um seine Vollendung, indem er beständig die Worte des Apostels Paulus wiederholte: ‚Ich vergesse, was hinter mir liegt, und strebe nach dem, was vorne ist.‘“

„Fast volle zwanzig Jahre lebte er so für sich allein als Asket; niemals ging er (aus der Kastellruine) heraus, und nur selten sahen ihn andere Menschen. Da aber wünschten viele gar innig, seine Askese nachzuahmen; andere von seinen Bekannten erschienen und brachen und stießen mit Gewalt die Türe auf; da trat Antonius wie aus einem Heiligtum hervor, eingeweiht in tiefe Geheimnisse und gottbegeistert. Damals zeigte er sich zum ersten Male außerhalb der Verschanzung denen, die zu ihm kamen. Wie ihn nun jene sahen, da wunderten sie sich, daß sein Leib das gleiche Aussehen hatte wie vorher, daß er nicht aufgedunsen war wie der eines Menschen, der ohne alle Bewegung gelebt hatte, daß er keine Spuren von dem Fasten und dem Kampf mit den Dämonen zeigte; denn er sah so aus, wie sie es auch von der Zeit wußten, ehe er sich in die Einsamkeit zurückgezogen hatte. Die Verfassung seines Innern aber war rein; denn weder war er durch den Mißmut grämlich geworden noch in seiner Freude ausgelassen, auch hatte er nicht zu kämpfen mit Lachen oder Schüchternheit; denn der Anblick der großen Menge brachte ihn nicht in Verwirrung, man merkte aber auch nichts von Freude darüber, daß er von so vielen begrüßt wurde. Er war vielmehr ganz Ebenmaß, gleichsam geleitet von seiner Überlegung, und sicher in seiner eigentümlichen Art. Viele von den Anwesenden, die ein körperliches Leiden hatten, heilte der Herr durch ihn, und andere befreite er von Dämonen. Er verlieh unserem Antonius auch die Freundlichkeit der Rede; und so tröstete er viele Trauernde, andere, die im Streite miteinander lagen, versöhnte er, so daß sie Freunde wurden; zu allen aber sagte er, sie sollten nichts von dem Irdischen der Liebe zu Christus vorziehen. In seiner Unterweisung gab er auch den Rat, sich der künftigen Güter zu erinnern und der Menschenfreundlichkeit, die Gott uns erwiesen, „der seinen eigenen Sohn nicht schonte, sondern ihn hingab für uns alle“. Dadurch überredete er viele, sich dem Einsiedlerleben zu widmen. So entstanden jetzt auch im Gebirge Klöster, und die Wüste bevölkerte sich mit Mönchen, die alles verließen, was sie besaßen, und sich einzeichneten für das Leben im Himmel.“

Das Leben des heiligen Antonius (Kap. 7 u. 14), verfaßt von Athanasius, Bischof von Alexandrien († 373): Des heiligen Athanasius Schriften, Bd. 2 (Bibliothek der Kirchenväter, 1. Reihe, Bd. 31), Kempten: Kösel 1917, S. 697f. u. 704f.

um 230 Die Gemeinde in Rom geht zum Gebrauch des Lateinischen statt des Griechischen im Gottesdienst über.

um 240 **Julius Africanus** (geb. in Jerusalem, † nach 240) schreibt die erste christliche Weltchronik: die Welt besteht 7 Jahreswochen von je 1000 Jahren. Im Jahre 5500 ist Christus geboren. Das 7. Jahrtausend wird das verheißene Tausendjährige Reich sein.

um 248 **Cyprian** (geb. zw. 200 u. 210) wird Bischof seiner Heimatstadt Karthago. Sein Bemühen gilt der Einheit in der Kirche (Hauptwerk: De unitate ecclesiae): sie ist in den Bischöfen repräsentiert und garantiert, und nur wer in der Einheit mit seinem Bischof steht, ist in der Kirche. Und: „keiner kann Gott zum Vater haben, der nicht die Kirche zur Mutter hat" (De eccl. un. 6). – Jeder Bischof hat gleiche Ehre und Vollmacht wie Petrus (ebd. 4), wie auch den Aposteln die gleiche Macht wie Petrus gegeben wurde.

256 Über die Frage, ob die von Irrlehrern gespendete Taufe gültig sei, entsteht der **Ketzertaufstreit**. Cyprian hatte sich für die schon von Tertullian vertretene Ungültigkeit ausgesprochen, Papst Stephan lehnt jedoch die Wiedertaufe eines bekehrten Häretikers ab.

Als eine Synode in Afrika (256) auf der Wiedertaufe besteht, bricht Rom mit Karthago. Der Streit wird durch die Zeit begraben: Stephan stirbt 257, Cyprian 258 – in der Verfolgung durch Valerian.

251 Streit in Rom um die Bischofswürde zwischen **Cornelius** (Kandidat der Mehrheit) und **Novatian** (sog. Schisma des Novatian). Der Konflikt wird ins Theologische übertragen: die **Novatianer,** die eine Kirche der Reinen und Heiligen wollen, verweigern den in der Verfolgung Abgefallenen die kirchliche Verzeihung; sie werden auf einer römischen Synode ausgeschlossen, halten sich jedoch im Osten bis ins 7. Jahrhundert.

seit 270 In der Nähe des Roten Meeres, am Berg Kolzim, lebt der Einsiedler **Antonius**. Er ist der erste Exponent einer Bewegung, die den Kampf gegen Satan sozusagen auf dessen Boden, der Wüste, aufnimmt. Durch ständige Konzentration auf Gott, durch Herrschaft über den Körper und ständige Übung (Askese) der Enthaltsamkeit soll das Böse besiegt werden. – Um Antonius sammeln sich bald weitere Einsiedler (seit 306), es entstehen die ersten Mönchsgemeinschaften. – 356 stirbt Antonius im Alter von 105 Jahren.

Die Herrscher des 4. Jahrhunderts

Nach den Vorstellungen Diokletians sollte dem Augustus des Westens und des Ostens je ein Cäsar zur Seite stehen, der als Nachfolger des Augustus ausersehen war. Diese geordnete Folge wurde jedoch sehr bald durchbrochen.

	Westen	Osten
293	**Maximian**	**Diokletian**
	Constantius (Chlorus)	Galerius
305	Rücktritt Diokletians und Maximians.	
305	**Constantius** (Chlorus)	**Galerius**
	Flavius Severus	Maximinus Daia
306	Tod des Constantius	
306	**Flavius Severus**	**Galerius**
	Constantin	Maximinus Daia

Im gleichen Jahr Erhebung des Maxentius (Sohn des Maximian) in Rom. Fl. Severus kann sich gegen ihn nicht durchsetzen und dankt ab. Galerius erhebt Licinius gegen Maxentius zum Augustus des Westens. Als Constantin und Maximinus Daia protestieren, erhalten auch sie den Augustustitel.

	Westen	Osten
310	**Licinius Constantin (Maxentius)**	**Galerius M. Daia**

- 311 Tod des Galerius. Bündnis Licinius – Constantin gegen Maxentius – M. Daia.
- 312 Sieg Constantins gegen Maxentius an der Milvischen Brücke.
- 312 Sieg des Licinius gegen Maximinus Daia
- 324 Constantin siegt über Licinius

324	**Constantin**

- 337 Tod Constantins, der seine drei Söhne und den Neffen Dalmatius zu Caesaren ernannt hat. Dalmatius wird im gleichen Jahr von Hoftruppen beseitigt (mit Duldung des Constantius).

	Westen	Osten
337	**Constantin II. Constans**	**Constantius II.**

- 339 Constans erhebt sich gegen Constantin II., der Schlacht und Leben verliert.

	Westen	Osten
340	**Constans**	**Constantius II.**

- 351 Constans wird von seinem Offizier Magnentius ermordet. Constantius siegt über Magnentius. Er ernennt seinen Neffen Gallus zum Caesar.

	Westen	Osten
351	**Constantius II.**	
	Gallus	

- 354 Gallus wegen Rechtsverletzungen hingerichtet.
- 355 Julian, Halbbruder des Gallus, von Constantius zum Caesar für Gallien ernannt.
- 360 Julian läßt sich von seinen Truppen zum Augustus proklamieren.
- 361 Constantius stirbt auf dem Zug gegen Julian.

361	**Julian**

- 363 Julian fällt im Kampf gegen die Perser. Nachfolger Flavius Jovianus (vom Heer ausgerufen) stirbt auf der Heimkehr vom Perserfeldzug. Das Heer wählt Flavius Valentinianus, der seinen Bruder Valens zum Mitregenten bestellt.

	Westen	Osten
364	**Valentinian**	**Valens**

- 367 Valentinian ernennt seinen 9jährigen Sohn Gratian zum Mitherrscher.
- 375 Tod Valentinians. Das Heer erhebt den 4jährigen Valentinian (II.), den Stiefbruder Gratians, zum dritten Augustus, unter der Vormundschaft Gratians.

	Westen		Osten
375	**Gratian** Valentinian II.		**Valens**

- 378 Valens fällt im Kampf gegen die Westgoten. Gratian ernennt Theodosius zum Augustus des Ostens.

	Westen		Osten
379	**Gratian** Valentinian II.		**Theodosius**

- 383 Ermordung Gratians. Magnus Maximus ernennt sich zum Augustus; seine Soldaten ermorden ihn 388.
- 392 Tod Valentinians II. (Mord oder Selbstmord?). Heerführer Arbogast erhebt Flavius Eugenius zum Kaiser.
- 394 Theodosius siegt über Eugenius.

394	**Theodosius**

- 395 Tod des Theodosius. Seine beiden Söhne hat er zu Nachfolgern bestimmt:

	Westen	Osten
395	**Honorius**	**Arcadius**

4. Jahrhundert

Von der Verfolgung zum christlichen Imperium

A. Kirche und Umwelt

Der letzte Versuch, die Christen in eine durch Kaiserkult und Opfer symbolisierte Reichseinheit einzuordnen, scheiterte. Konstantin, der dem Gott der Christen seine Siege zuschreibt, erblickt zunehmend in der Kirche eine neue geistig-sittliche Grundlage für das Imperium. Der Glaube an seine Erwählung durch die Gottheit berechtigt ihn, „über" der Kirche zu stehen, für ihr äußeres Wohl und ihre innere Einheit zu sorgen. – Unter seinen Nachfolgern wird diese Politik fortgesetzt. Die Kirche fordert allmählich die Unterbindung heidnischer Kulte, ohne jedoch eine „Heidenverfolgung" einzuleiten. – Mit dem Zugang zur staatlichen Macht setzt für die Kirche ein tiefgreifender Wandel ein. Das Recht auf Besitz und dessen Vererbung, die Privilegierung der Bischöfe, die Funktion als geistige Grundlage des Reiches sind der Grundstein für die Kirche als weltliche Macht. – Die Entwicklung Konstantinopels (seit 330) zum neuen Zentrum des Ostens fördert die zunehmende Trennung von westlichem und östlichem Reichsteil, die schließlich auch in einer Kirchenspaltung ihren Ausdruck findet.

303   Galerius und Diokletian eröffnen eine das ganze Reich erfassende systematische Christenverfolgung.

311   Galerius, an Krebs erkrankt, beendet die Verfolgung im Osten. In seinem **Edikt** gestattet er den Christen, ihre Versammlungsstätten wieder aufzubauen und Gottesdienst zu halten.

312   Konstantin besiegt den Rivalen Maxentius vor Rom an der Milvischen Brücke. In der Schlacht trug Konstantins Heer Feldzeichen mit christlichen Symbolen.

313   Zusammen mit Licinius erläßt Konstantin ein **Toleranzedikt** (sog. Mailänder Edikt), das den Christen volle Gleichberechtigung mit andern Religionen gewährt.

314   Zur Beilegung des Donatistenstreits (vgl. S. 32) beruft Konstantin eine Synode nach Arles.

324   Nach dem Sieg über Licinius ist Konstantin Alleinherrscher. Die christliche Religion wird nun immer stärker gefördert. Zu den Vergünstigungen zählen
– Kirchenbau (Nikomedien, Antiochien, Jerusalem [Grabeskirche], Bethlehem [Geburtskirche], Rom [Lateranbasilika u. a.]);
– Befreiung des Klerus von Steuern und öffentlichen Dienstleistungen;
– Gleichstellung der Bischöfe mit hohen Beamten;
– Schenkung von Grundbesitz.
Einführung des (christlichen) Sonntags (321).

325   **Konzil von Nikaia,** von Konstantin einberufen. Nach dem Urteil des Konzils verhängt K. über Arius und dessen Anhänger die Verbannung.

337   Tod Konstantins (Taufe auf dem Krankenlager).

337 – 361   Die Söhne Konstantins setzen dessen Politik kirchlicher Bevormundung fort. Die Kirche wehrt sich gegen diese Praxis erst, als Konstantius

Die Päpste des 4. Jahrhunderts

295 (296)–304	Marcellinus
307?–308?	Marcellus I.
308 (309?)–310?	Eusebius
310 (311?)–314	Miltiades (Melchiades)
314–335	Silvester I.
336	Marcus
337–352	Julius I.
352–366	Liberius
	(355–358[365] Felix II.)
366–384	Damasus I.
	(366–367 Ursinus)
384–399	Siricius
399–402	Anastasius I.

Kirchenschriftsteller des 4. Jahrhunderts

Kleinasien	Eusebius v. Caesarea († 339)
	Marcellus v. Ankyra († um 374)
	Basilius v. Ankyra († um 364)
	Basilius d. Gr. († 379)
	Gregor v. Nazianz († um 390)
	Gregor v. Nyssa († 394)
Ägypten, Afrika	Athanasius († 373)
	C. Marius Victorinus († um 362)
	Didymus d. Blinde († 398)
	Synesius v. Cyrene († 313/314)
Syrien, Armenien	Eustathius v. Antiochien († vor 337)
	Afrahat († nach 345)
	Hegemonius (um 350)
	Ephrem d. Syrer († 373)
	Titus v. Bostra († vor 378)
	Cyrill v. Jerusalem († 386)
	Apollinaris v. Laodicea († um 390)
	Diodor v. Tarsus († vor 394)
Gallien	Hilarius v. Poitiers († 367)

Italien u. a.	Firmicus Maternus (schrieb zw. 330 u. 350)
	Zeno v. Verona (362–371 Bischof v. Verona)
	Lucifer v. Calaris († 370/371)
	Tyconius (Donatist, um 380)
	Ambrosius († 397)
	Rufinus v. Aquileja († 410)
	Hieronymus († 419).

Irrlehren des 4. Jahrhunderts

Arianismus: lehrt im Anschluß an Arius, daß der Sohn Gottes ein Geschöpf ist, wenn auch das vornehmste und zuerst geschaffene; ewig sei nur der Vater. *Varianten:*

Homöusianer: nehmen eine vermittelnde Stellung zwischen ‚wesensgleich' und ‚wesensverschieden' ein, indem sie den Sohn als ‚im Wesen ähnlich' bezeichnen. Eine Richtung unter ihnen, die *Homöer,* charakterisieren dies näher als „ähnlich im Sinne der Schrift".

Anhomöer: radikale Richtung unter den Arianern, die jede Wesensähnlichkeit des Sohnes mit dem Vater ablehnt.

Semiarianer: lehnen die Bezeichnung ‚wesensgleich' für den Heiligen Geist ab; auch *Pneumatomachen* oder – nach ihrem Führer – *Macedonianer* genannt.

Donatismus (nach dem Hauptvertreter Donatus): Der Anspruch auf den Bischofsstuhl von Karthago (312) wird von den Donatisten mit theologischen Argumenten gestützt: Sakramente, auch die Bischofsweihe, seien ungültig, wenn sie von Glaubensverrätern (konkret: Leute, die in der Verfolgung durch Diokletian den Behörden die Heiligen Schriften ausgehändigt hatten) gespendet würden. – Eine starke Gruppe innerhalb des Donatismus waren die *Circumcellionen* (um Märtyrerkapellen – cellae – herum Wohnende); die Hochschätzung des Martyriums veranlaßte sie, den Tod durch Provokationen (auch bewaffnete Überfälle) der Heiden (und Katholiken) zu suchen.

Priszillianismus (Hauptvertreter Priszillian): exzentrische asketische Bewegung in Spanien mit starkem Auserwählungsbewußtsein und Absonderungstendenzen gegenüber der kirchlichen Gemeinschaft; zunächst ohne besondere Lehre, später (Synode von Toledo 397 od. 400) werden sabellianistische, manichäisch-gnostische Züge (Verwerfung der Ehe, Astrologie) festgestellt.

(Osten) den Arianismus begünstigt. – Heidnische Riten werden weiter eingeschränkt.

341 Konstantius setzt auf heidnische Opferhandlungen und Magie die Todesstrafe.
346 Erneutes Verbot der Opfer durch Konstantius und Konstans. Schließung der Tempel.
355 Unter dem Druck des Konstantius muß die Synode zu Mailand Bischof Athanasius von Alexandrien (Antiarianer) verbannen. Als Papst Liberius die Anerkennung des Urteils verweigert, wird auch er verbannt.

361 – 363 Restauration durch Julian („Apostata"). Öffnung der Tempel, Entfernung der Christen vom Hof, Aufhebung der Privilegien des Klerus.

362 Rhetorenerlaß: christliche Lehrer an Schulen nicht zugelassen.
363 Arbeiten zur Wiedererrichtung des jüdischen Tempels in Jerusalem werden nach mehrmaligen Feuerausbrüchen eingestellt.

375 Als erster römischer Kaiser verzichtet Gratian auf den Titel des Pontifex maximus.
379 Gratian (Westen) erläßt ein Verbot des Arianismus.
380 Theodosius (Osten) verbietet ebenfalls den Arianismus: Glaubensnorm ist der von Petrus den Römern überlieferte, von Papst Damasus und Bischof Petrus II. von Alexandrien vertretene Glaube.
386 Ambrosius, seit 374 Bischof von Mailand, verhindert durch seinen Protest Maßnahmen Valentinians II. zugunsten der Arianer.
390 Wegen eines zu harten Vergeltungsaktes (Hinrichtung von 6000 Bürgern in Thessalonich wegen Ermordung des Stadtpräfekten) muß Kaiser Theodosius Buße leisten, bevor er von Ambrosius zur Eucharistie zugelassen wird.
391 Verbot aller heidnischen Kulte durch Theodosius (Ende des Heidentums im öffentlichen Leben).
394 Letzte Olympische Spiele des Altertums.

B. Innerkirchliche Entwicklung

Die theologische Auseinandersetzung kreist um das Problem, wie die Einheit Gottes mit der Göttlichkeit des Sohnes zu vereinen ist; zentral ist dabei Kampf gegen eine Unterordnung des Sohnes im Sinn des Arianismus. – Die Entwicklung des Eremitentums zum Mönchtum gemeinsamen Lebens (Könobiten) wirkt über die Regel des Pachomius auf die späteren Ordensgründer ein. – Von den Patriarchaten des Ostens (Konstantinopel, Jerusalem, Antiochien, Alexandrien) wird die Sonderstellung des römischen Bischofs als Nachfolger im Amt des Petrus mehr und mehr anerkannt, zunächst als Ehrenvorrang, dann (seit Damasus) auch als rechtlich übergeordnete Instanz (Rückfragen nach Rom bei theologischen Kontroversen und bei Streit um die rechtmäßige Inhabe von Bischofssitzen).

303 Ein Konzil spanischer Bischöfe zu **Elvira** gebietet Bischöfen, Priestern und Diakonen, „sich ihrer Frauen zu enthalten und keine Kinder zu zeugen" (vgl. DS 119).
312 Beginn der **donatistischen Spaltung** in Afrika (Numidien) (vgl. S. 32).
314 Eine Synode in Arles zur Beilegung des Streites verläuft ergebnislos. In der Folgezeit verfestigt sich die donatistische Bewegung in Afrika (mehr als 270 Bischöfe gegen Ende der Regierung Konstantin).
318 **Arius**, Priester zu Alexandrien, predigt, der Sohn sei nicht gleich ewig wie der Vater, sondern das erste und höchste der Geschöpfe.

Das ägyptische Mönchtum vom 4. bis zum 9. Jahrhundert

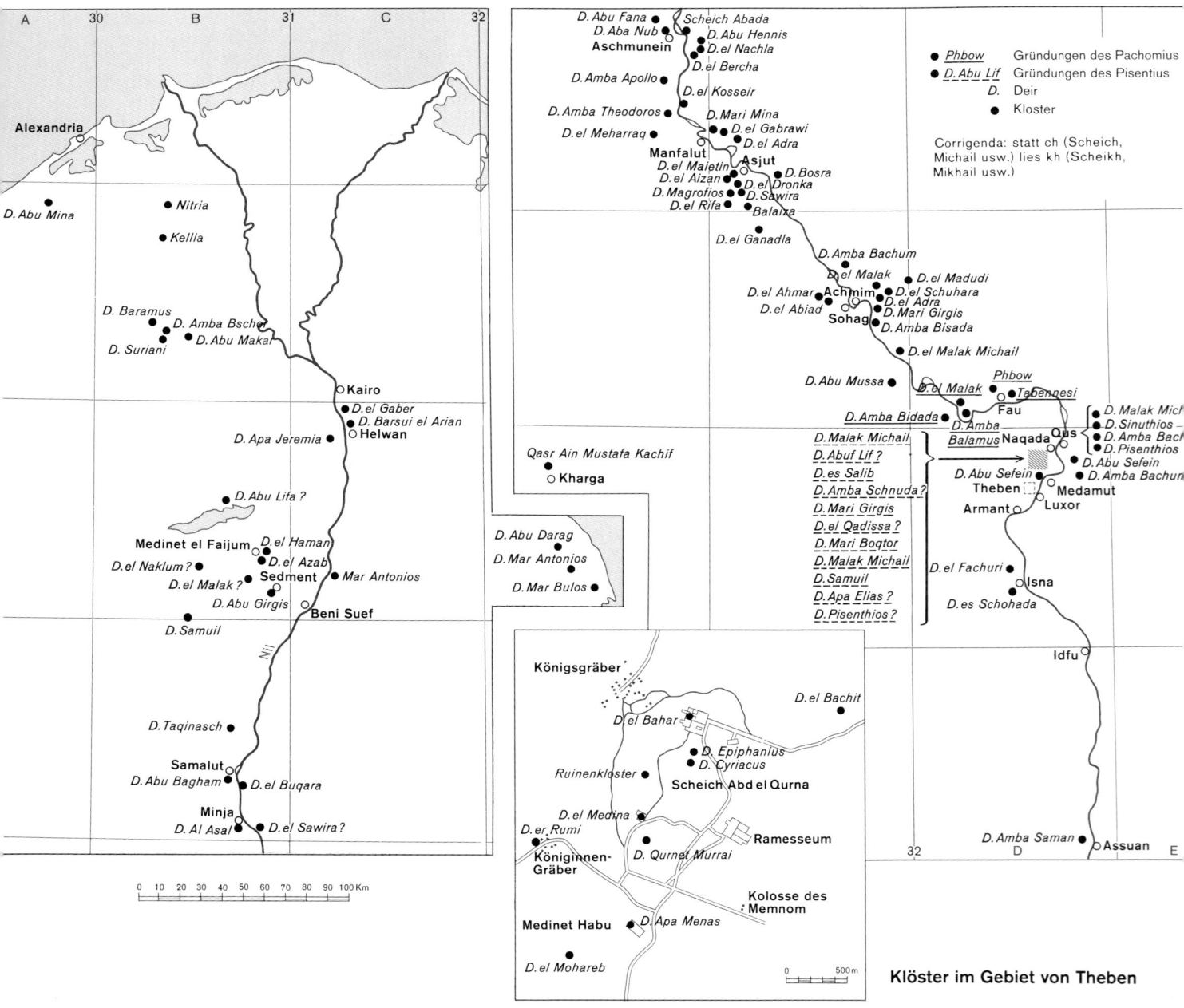

A | 30 | B | 31 | C | 32

Alexandria

D. Abu Mina

Nitria

Kellia

D. Baramus
D. Amba Bschoi
D. Suriani
D. Abu Makar

Kairo
D. el Gaber
D. Barsui el Arian
D. Apa Jeremia
Helwan

Qasr Ain Mustafa Kachif
Kharga

D. Abu Lifa ?

Medinet el Faijum
D. el Haman
D. el Azab
D. el Naklum?
Sedment
D. el Malak ?
Mar Antonios
D. Abu Girgis
Beni Suef
D. Samuil

D. Abu Darag
D. Mar Antonios
D. Mar Bulos

Nil

D. Taqinasch

Samalut
D. Abu Bagham
D. el Buqara
Minja
D. Al Asal
D. el Sawira?

0 10 20 30 40 50 60 70 80 90 100 Km

D. Abu Fana
D. Aba Nub
Aschmunein
Scheich Abada
D. Abu Hennis
D. el Nachla
D. el Bercha
D. Amba Apollo
D. el Kosseir
D. Amba Theodoros
D. Mari Mina
D. el Meharraq
D. el Gabrawi
D. el Adra
Manfalut
Asjut
D. el Maietin
D. Bosra
D. el Aizan
D. el Dronka
D. Magrofios
D. Sawira
D. el Rifa
Balaiza
D. el Ganadla
D. Amba Bachum
D. el Malak
D. el Madudi
D. el Ahmar
Achmim
D. el Schuhara
D. el Abiad
D. el Adra
Sohag
D. Mari Girgis
D. Amba Bisada
D. el Malak Michail
D. Abu Mussa
Phbow
D. el Malak
Tabennesi
Fau
D. Amba Bidada
D. Amba
Balamus
Naqada
Qus
D. Malak Michail
D. Malak Mich
D. Sinuthios
D. Abuf Lif ?
D. Amba Bach
D. es Salib
D. Pisenthios
D. Amba Schnuda?
D. Abu Sefein
D. Mari Girgis
D. Abu Sefein
D. Amba Bachum
D. el Qadissa ?
Theben
Medamut
D. Mari Boqtor
Armant
Luxor
D. Malak Michail
D. Samuil
D. el Fachuri
D. Apa Elias ?
Isna
D. Pisenthios ?
D. es Schohada

Idfu

D. Amba Saman
Assuan

32 | D | E

Phbow — Gründungen des Pachomius
D. Abu Lif — Gründungen des Pisentius
D. — Deir
— Kloster

Corrigenda: statt ch (Scheich, Michail usw.) lies kh (Scheikh, Mikhail usw.)

Klöster im Gebiet von Theben

Königsgräber
D. el Bachit
D. el Bahari
D. Epiphanius
Ruinenkloster
D. Cyriacus
Scheich Abd el Qurna
D. el Medina
D. er Rumi
Königinnen-Gräber
Ramesseum
D. Qurnet Murrai
Kolosse des Memnon
Medinet Habu
D. Apa Menas
D. el Mohareb

0 500m

319 Ausschluß des Arius und seiner Anhänger durch eine Synode in Alexandrien.

um 320 **Pachomius** bildet die **erste Mönchsgemeinschaft** (in der Thebais). Seine **Regel** (Armut, Gehorsam, Arbeit) erlangt über Cassian und Benedikt Einfluß auf das spätere abendländische Mönchtum.

325 Bemühungen, den Streit um die Lehre des Arius beizulegen, führen zum **Konzil von Nikaia** (1. Ökumenisches Konzil). Die versammelten 300 Bischöfe definieren im „Symbolum" (Glaubensformel) die Wesensgleichheit (ὁμοούσιος) des Sohnes mit dem Vater. Mehrere Bischöfe ziehen nach dem Ende des Konzils ihre Zustimmung zurück.

328 **Athanasius** wird Bischof von Alexandrien (bis 373). In den Auseinandersetzungen mit den Arianern wird er insgesamt fünfmal verbannt.

um 340 **Wulfila**, in Konstantinopel zum (arianischen) **Bischof der Goten** geweiht, übersetzt die Hl. Schrift ins Gotische, schafft dazu neue Schriftzeichen.

343 Die Synode von Serdika (heute: Sofia) legt „aus Achtung vor dem Andenken des hl. Apostels Petrus" fest: ein von der Synode seiner Provinz abgesetzter Bischof soll, wenn er um Revision ersucht, sich an den Bischof von Rom wenden. Dessen Urteil bleibt es überlassen, ob die Sache neu verhandelt wird (vgl. DS 135).

um 350 Verkündigung des Christentums in **Äthiopien** durch Frumentius (auf Weisung des Athanasius).

355 Eine Synode zu Mailand soll auf Drängen des Konstantius (den Antiarianismus des) Athanasius verurteilen. Bischöfe, die sich weigern, werden verbannt, darunter auch Papst Liberius.

356 Antonius, „Vater der Eremiten", stirbt nach 70jährigem Einsiedlerleben in der Thebais im Alter von 105 Jahren.

359 Bischöfe des Ostens und Westens tagen getrennt in Seleukia und Rimini. Eine Vermittlungsformel zwischen Arianern und Katholiken, die schließlich auch die westliche Synode unterschreibt, ersetzt den Ausdruck „wesensgleich" durch „dem Vater ähnlich".

361 Die von Julian geförderte donatistische Bewegung erlebt eine Blütezeit unter Bischof Parmenian. Nach 390 allmählicher Verfall.

380 Eine Synode zu Zaragoza (Spanien) setzt sich mit der Bewegung der Priscillianisten auseinander (s. S. 380).

386 Priscillian wird wegen „Magie" in Trier hingerichtet.

381 **Konzil in Konstantinopel** (2. Ökum. Konzil) bekräftigt das Glaubensbekenntnis von Nikaia. Erweiterung bezüglich des Hl. Geistes: „der vom Vater ausgeht". Die Griechen interpretieren dies in der Folgezeit als „Ausgang vom Vater **durch** den Sohn", der Westen als „Ausgang vom Vater **und** dem Sohn" (später eine der Hauptkontroversen zwischen katholischer und orthodoxer Kirche) – Der Vorrang des Bischofs von Rom vor Konstantinopel und den andern Patriarchaten wird anerkannt.

385 (bis etwa 406) Hieronymus übersetzt die Bibel ins Lateinische (die sog. „Vulgata").

386 Ambrosius, Bischof von Mailand (seit 374), verlangt vom Kaiser in Sachen des Glaubens Unterordnung unter die Kirche: „Der Kaiser ist in der Kirche, nicht über der Kirche." (Sermo contra Auxentium: PL 16, 1049–1062)

387 Augustinus, geb. 354, wird in Mailand, zusammen mit seinem Sohn, von Ambrosius getauft.

Die Päpste des 5. Jahrhunderts	Weströmische Kaiser	Oströmische Kaiser
399–402 Anastasius I.	Honorius 395–423	Arkadius 395–408
402–417 Innozenz I.		Theodosius II. 408–450
417–418 Zosimus		
418–422 Bonifatius I.		
422–432 Cölestin I.	Valentinian III. 425–455	
432–440 Sixtus III.		
440–461 Leo I.	Avitus 455–457	Pulcheria (mit Marcian) 450–457
	Majorian 457–461	Leo der Thrakier 457–474
461–468 Hilarius	Severus 461–468	
468–483 Simplicius	Anthemius 467–472	
	Julius Nepos 472–475	
	Romulus Augustulus 476	Zeno der Isaurier 474–491
483–492 Felix II. (III.)		
492–496 Gelasius I.		Anastasius 491–518
496–498 Anastasius II.		
498–514 Symmachus		

5. Jahrhundert

Die Auflösung des Weströmischen Reiches

A. Kirche und Umwelt

Mit dem Tod des Theodosius (395) verselbständigen sich die beiden Reichshälften. Westrom ist nicht mehr in der Lage, die Züge germanischer Völker aufzuhalten, ebensowenig vermag Ostrom dem Westen Hilfe zu leisten. 476 muß der junge Kaiser Romulus Augustulus dem Germanen Odoakar Platz machen – symbolisch das Ende des Weströmischen Reiches. – Die Kirche im Westen sieht sich von keiner zentralen Staatsgewalt beengt, ist jedoch auf die Gunst der verschiedenen germanischen Eroberer angewiesen. In Rom wird – durch die Verlegung der kaiserlichen Residenz nach Ravenna – der Papst immer mehr zum Führer der Stadt. Durch direkte Verhandlungen mit den Germanen – ein Vorspiel der späteren Verbindung mit den Franken – versucht er das Geschick der Römer zu mildern. – Im Osten entzweien theologische Streitigkeiten, die zugleich Ausdruck des Vormachtstrebens von Alexandrien und Konstantinopel sind, die Bevölkerung. Der Kaiser ist nicht mehr in der Lage, aus eigener Macht die Ordnung wiederherzustellen, sondern auf das Bündnis mit den jeweils stärkeren Parteien angewiesen.

---

402 Die kaiserliche Residenz für den westlichen Teil des Römischen Reiches wird von Honorius nach **Ravenna** verlegt. Mit der Ferne des Kaisers steigt die Bedeutung des Papstes in Rom. Immer mehr entwickelt er sich zum Sprecher und „Vater" der Stadt.

410 Die **Westgoten** (Alarich) erobern und plündern Rom (die Schuld an dem Unglück wird von den Heiden der „Gottlosigkeit" der Christen zugeschrieben; Augustinus schreibt zur Verteidigung den „Gottesstaat"). Ihr Weiterzug endet in Südfrankreich und Nordspanien (Tolosanisches Westgotenreich 418–507, mit Toulouse als Hauptstadt).

429 Unter Führung Geiserichs setzen die **Vandalen** von Spanien nach Nordafrika über (429–534 Vandalenreich in Afrika).

430 Während die Vandalen Hippo belagern, stirbt Augustinus, der Bischof der Stadt.
455 Mit einer Flotte erscheinen die Vandalen vor der Tibermündung. Rom wird 14 Tage lang geplündert.

451 **Hunnen** unter Führung Attilas strömen nach Gallien, erobern Metz, werden aber in der Schlacht auf den Katalaunischen Feldern (bei Troyes) besiegt. Attila kehrt nach Ungarn zurück.

452 Einfall Attilas in Italien. Papst Leo zieht ihm entgegen und erreicht, daß Attila auf einen Zug nach Rom verzichtet.

476 Der (letzte) weströmische Kaiser **Romulus Augustulus** wird vom Germanen **Odoakar** abgesetzt (symbolisch das Ende des Weströmischen Reiches).

Theologische Strömungen des 5. Jahrhunderts

Im Mittelpunkt der theologischen Diskussion steht die Frage, wie das Verhältnis zwischen göttlicher und menschlicher Natur in Christus zu denken ist. Zwei Richtungen stehen sich gegenüber:

a) *Antiochenische Schule:* Sie betont die Trennung der göttlichen und menschlichen Natur in Christus. Der göttliche Logos – selbst unveränderlich und leidensunfähig – hat in dem Menschen Jesus Wohnung genommen wie in einem Tempel. Die Verbindung der beiden Naturen ist nicht substantiell, sondern ethisch: der Mensch Jesus ist durch sein sittliches Wollen dem Logos verbunden (Konsequenz: man kann nicht sagen, Gott sei für uns gestorben usw.). Hauptvertreter: Diodor von Tarsus († um 397), Theodor v. Mopsuestia († 428), Theodoret von Kyros († 460).

b) *Alexandrinische Schule:* Für sie ist die Einheit von Gott und Mensch in Christus so vollkommen (substantiell), daß man von ,,*einer* fleischgewordenen Natur des göttlichen Logos'' (Cyrill) sprechen kann (Konsequenz: man kann sagen, Gott sei am Kreuz gestorben usw.). Bedeutendster Vertreter: Cyrill von Alexandrien († 444).

Nestorianismus: Im Sinn der antiochenischen Schule lehnt Nestorius den Titel ,,Gottesmutter'' (θεοτόκος) für Maria ab: ,Gott sei nicht ein zwei oder drei Monate altes Kind'. Menschliche und göttliche Prädikate könnten gemeinsam nur für Christus gebraucht werden, nicht für den Logos.

Eutychianismus: die Lehre des Eutyches von der *einen* Natur in Christus, der nur wie ein Mensch ausgesehen habe, ohne es zu sein (s. auch S. 43).

Monophysitismus: die Lehre, daß man nach der Vereinigung des göttlichen Logos mit dem Menschen Jesus nur noch von einer – göttlichen – Natur sprechen könne.

Pelagianismus: die Auffassung – im Anschluß an Pelagius, einem irischen (schottischen?) Asketen, der sich zwischen 384 und 410 in Rom aufhielt – daß der menschliche Wille die volle Freiheit zum Guten und zum Bösen habe, also nicht durch die Erbsünde geschwächt sei. Adam habe der Menschheit nur durch sein schlechtes Beispiel geschadet.

Semipelagianismus: der Versuch, zwischen der Auffassung des Augustinus, daß Gott das Wollen und das Vollbringen bewirke (Alleinwirksamkeit der Gnade) und der des Pelagius, daß der Mensch aus eigener Kraft wolle, zu vermitteln. Für das rechtfertigende Handeln des Menschen sei die Gnade notwendig, aber wenigstens das *Verlangen* nach Rechtfertigung (initium fidei) sei Tat des Menschen. Wichtige Vertreter: Cassian († um 435), Vincentius v. Lerinum († um 450), Faustus v. Reji († um 495).

496 Taufe des **Franken**königs **Chlodwig** nach seinem Sieg über die Alamannen durch Bischof Remigius von Reims. Das gute Verhältnis der Franken zum Papst ist die Vorgeschichte und Voraussetzung für den späteren Bund zwischen Kirche und Frankenreich (Karl d. Gr.). Die **katholische** Taufe Chlodwigs bedeutet zugleich die entscheidende Schwächung des unter den Germanen verbreiteten Arianismus.

B. Innerkirchliche Entwicklung

Während die theologische Diskussion des 4. Jahrhunderts um das Problem der Einheit Gottes kreiste, rückt nun das Verhältnis zwischen göttlicher und menschlicher Natur Christi in den Vordergrund. Dabei wird nicht mehr die Göttlichkeit Christi bezweifelt; zur Diskussion steht die scharfe Trennung beider Naturen (bis zur Spaltung der Person: Tendenz der antiochenischen Schule) oder ihre vollständige Vereinigung (bis zur Absorption des Menschlichen: Tendenz der alexandrinischen Schule). Die mit allen Mitteln der Gewalt und Intrige geführten Auseinandersetzungen führen schließlich zum (zeitweiligen) Bruch zwischen westlicher und östlicher Kirche. In den Streitigkeiten des Ostens greift Rom mit immer deutlicherem und auch oft respektiertem Anspruch ein; zudem verfügen die Lateiner zusehends über hervorragende Theologen (Augustinus, Hieronymus, Leo u. a.). Es gelingt der Kirche die Abwehr des Pelagianismus und des Monophysitismus.

407 **Johannes Chrysostomus,** von 398–404 Patriarch von Konstantinopel, unterliegt der Feindschaft des alexandrinischen Patriarchen Theophilus; abgesetzt und verbannt stirbt er elend in Armenien. Seine ungerechtfertigte Absetzung führt zu starken Spannungen mit Rom (Innozenz I.), die erst unter Theodosius II. nachlassen.

438 Feierliche Beisetzung des Chrysostomus in Konstantinopel. (Pius X. erklärt ihn zum Patron der Prediger.)

411 Beginn des **pelagianischen** Streites. Auf der Flucht vor dem Angriff Alarichs (410) kommen Anhänger des Pelagius nach Nordafrika. Ihre Predigten führen zum Einschreiten des Bischofs von Hippo: Augustinus. Beide Seiten versuchen, den Kaiser und den Bischof von Rom für sich zu gewinnen.

418 Das Konzil von Karthago, unterstützt vom Kaiser, verurteilt zusammen mit Papst Zosimus den Pelagianismus. Die literarische und politische Auseinandersetzung geht indes bis zum Konzil von Ephesus (431) weiter.

seit 425 Gegen die Gnadenlehre des Augustinus entwickelt sich in Südgallien – unter Führung der Mönche von Lerinum (Lerins) und Massilia (Marseille) – der **Semipelagianismus** (vgl. S. 38); seine Verurteilung erfolgt auf dem Konzil von Orange 529.

420 † **Hieronymus.** Nach der Verbesserung vorhandener Übersetzungen des Neuen Testaments schafft er zwischen 391 u. 406 die erste bedeutende Übersetzung des Alten Testaments ins Lateinische (die sogenannte „Vulgata").

428 **Nestorius,** der neue Patriarch von Konstantinopel, lehnt als Anhänger der antiochenischen Christologie die Bezeichnung „Gottesgebärerin" (θεοτόκος) für Maria ab und empfiehlt statt dessen den Titel „Christusgebärerin" (Χριστοτόκος). Als sich **Cyrill,** der Patriarch von Alexandrien, nachdrücklich gegen Nestorius stellt, kommt es zu heftigen Auseinandersetzungen.

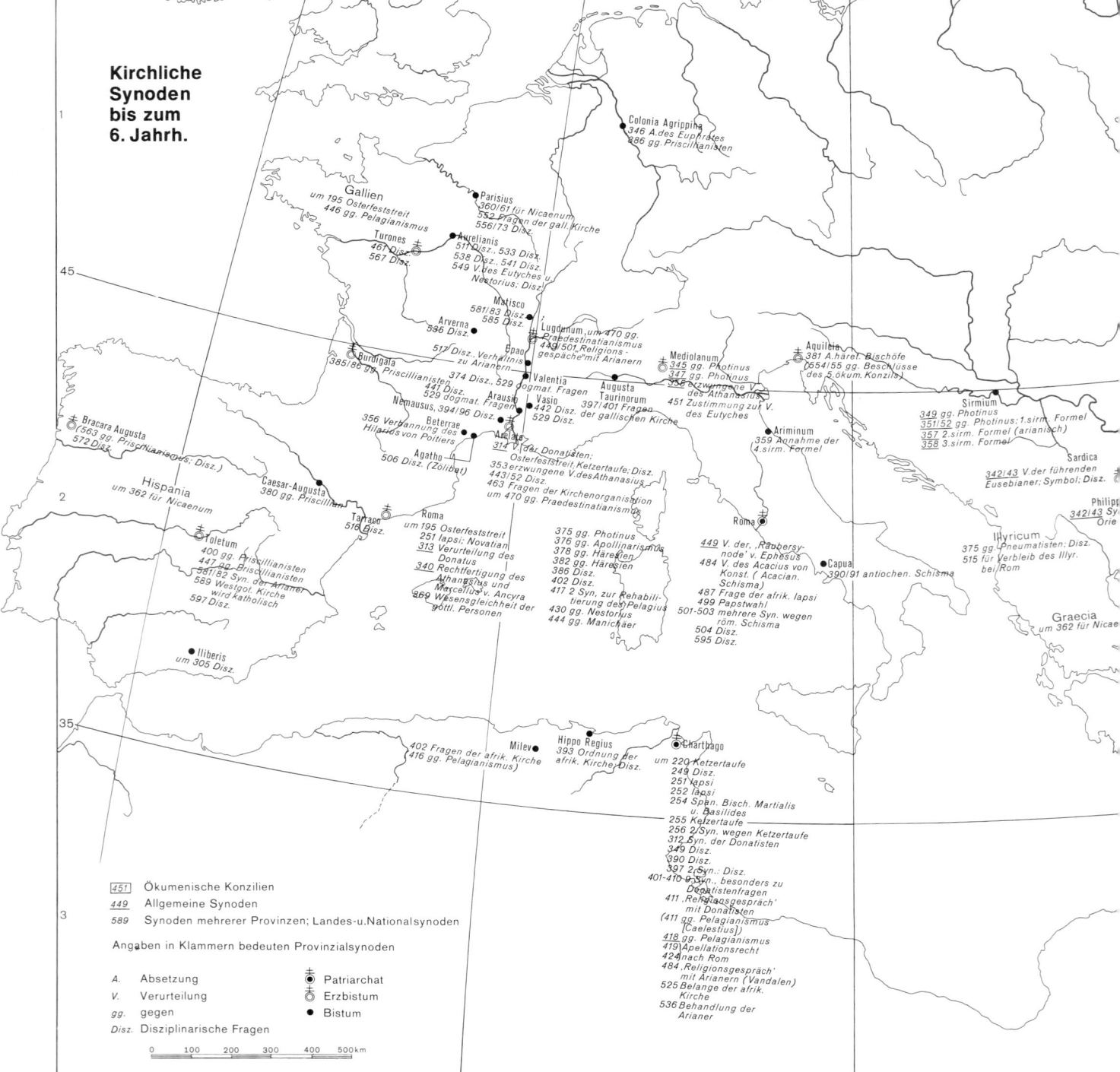

Kirchliche Synoden bis zum 6. Jahrh.

Gallien
um 195 Osterfeststreit
446 gg. Pelagianismus

Colonia Agrippina
346 A. des Euphrates
386 gg. Priscillianisten

Parisius
360/61 für Nicaeum
552 Fragen der gall. Kirche
556/73 Disz.

Turones
461 Disz.
567 Disz.

Aurelianis
511 Disz., 533 Disz.
538 Disz., 541 Disz.
549 V. des Eutyches u.
Nestorius; Disz.

Matisco
581/83 Disz.
585 Disz.

Arverna
596 Disz.

Burdigala
385/86 gg. Priscillianisten

Epao
517 Disz.; Verhältnis
zu Arianern

Lugdunum, um 470 gg.
Praedestinatianismus
499/501 Religions-
gespäche mit Arianern

Mediolanum
345 gg. Photinus
347 gg. Photinus
355 erzwungene V.
des Athanasius

Aquileia
381 A.häret. Bischöfe
(554/55 gg. Beschlüsse
des 5.ökum. Konzils)

Sirmium
349 gg. Photinus
351/52 gg. Photinus; 1.sirm. Formel
357 2.sirm. Formel (arianisch)
358 3.sirm. Formel

374 Disz., 529
dogmat. Fragen

Valentia
441 Disz.
529 dogmat. Fragen

Arausio
442 Disz.
529 Disz.

Vasio
442 Disz.
529 Disz.

Augusta
Taurinorum
397/401 Fragen
der gallischen Kirche

451 Zustimmung zur V.
des Eutyches

Nemausus, 394/96 Disz.

Beterrae
356 Verbannung des
Hilarius von Poitiers

Ariminum
359 Annahme der
4.sirm. Formel

342/43 V. der führenden
Eusebianer; Symbol

Bracara Augusta
(563 gg. Priscillianismus; Disz.)
572 Disz.

Arelate
314 V. der Donatisten;
Osterfeststreit; Ketzertaufe; Disz.
353 erzwungene V. des Athanasius
443/52 Disz.
463 Fragen der Kirchenorganisation
um 470 gg. Praedestinatianismus

Philipp
342/43 Sy
Orie

Hispania
um 362 für Nicaeum

Caesar-Augusta
380 gg. Priscillian

Agatho
506 Disz. (Zölibat)

Tarraco
516 Disz.

Roma
um 195 Osterfeststreit
251 lapsi; Novatian
313 Verurteilung des
Donatus
340 Rechtfertigung des
Athanasius und
Marcellus v. Ancyra
369 Wesensgleichheit der
göttl. Personen

375 gg. Photinus
376 gg. Apollinarismus
378 gg. Häresien
382 gg. Häresien
385 Disz.
402 Disz.
417 2 Syn. zur Rehabili-
tierung des Pelagius
430 gg. Nestorius
444 gg. Manichäer

449 V. der „Räubersy-
node" v. Ephesus
484 V. des Acacius von
Konst. (Acacian.
Schisma)
487 Frage der afrik. lapsi
499 Papstwahl
501-503 mehrere Syn. wegen
röm. Schisma
504 Disz.
595 Disz.

Capua
390/91 antiochen. Schisma

Illyricum
375 gg. Pneumatisten; Disz.
515 für Verbleib des Illyr.
bei Rom

Graecia
um 362 für Nicae

Toletum
400 gg. Priscillianisten
447 gg. Priscillianisten
581/82 Syn. der Arianer
569 Westgot. Kirche
wird katholisch
597 Disz.

Illiberis
um 305 Disz.

Milev
402 Fragen der afrik. Kirche
(416 gg. Pelagianismus)

Hippo Regius
393 Ordnung der
afrik. Kirche;Disz.

Carthago
um 220 Ketzertaufe
249 Disz.
251 lapsi
252 lapsi
254 Span. Bisch. Martialis
u. Basilides
255 Ketzertaufe
256 2 Syn. wegen Ketzertaufe
312 Syn. der Donatisten
349 Disz.
390 Disz.
397 2 Syn.: Disz.
401-410 9 Syn., besonders zu
Donatistenfragen
411 „Religionsgespräch"
mit Donatisten
(411 gg. Pelagianismus
[Caelestius])
418 gg. Pelagianismus
419 Appellationsrecht
424 nach Rom
484 „Religionsgespräch"
mit Arianern (Vandalen)
525 Belange der afrik.
Kirche
536 Behandlung der
Arianer

451 Ökumenische Konzilien
449 Allgemeine Synoden
589 Synoden mehrerer Provinzen; Landes-u.Nationalsynoden

Angaben in Klammern bedeuten Provinzialsynoden

A. Absetzung
V. Verurteilung
gg. gegen
Disz. Disziplinarische Fragen

Patriarchat
Erzbistum
Bistum

0   100   200   300   400   500km

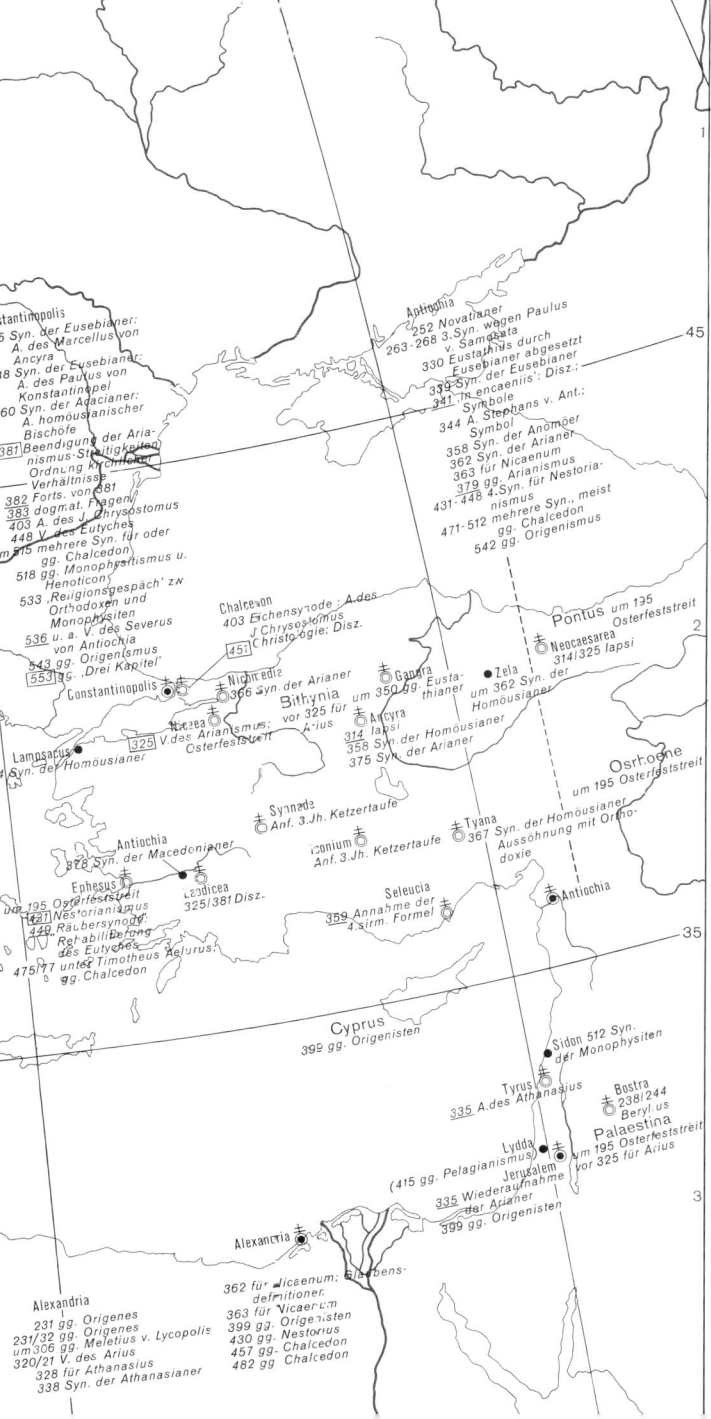

431 Das **Konzil von Ephesus** (III. Ökumenisches), von Cyrill noch vor dem Eintreffen der antiochenischen Bischöfe eröffnet, verurteilt Nestorius († 451 in der Verbannung). Seine Anhänger wandern zum großen Teil nach Persien ab und existieren dort als Sonderkirche weiter (syrisch-nestorianische bzw. chaldäisch-nestorianische Kirche). Ihre missionarischen Unternehmungen erstrecken sich bis nach Indien („Thomaschristen") und China.
Gleichfalls erfolgt auf dem Konzil die Verurteilung des **Pelagianismus.**

430 **Augustinus** stirbt während der Belagerung Hippos durch die Vandalen.

354 Geburt des Augustinus in Thagaste, Numidien (Tunesien).
bis 374 Studium der Rhetorik in Karthago. Lebhaftes Interesse für philosophische Fragen und die Anschauungen des Manichäismus.
375–383 Lehrer der ‚freien Künste' in Karthago, 383 Übersiedlung nach Rom.
386 Entscheidendes Bekehrungserlebnis (eine Stimme heißt ihn die Schrift aufschlagen. Sein Blick fällt auf Röm 13, 13f; Klarheit und Gewißheit kehren in ihn ein).
387 Taufe aus der Hand des Ambrosius, zusammen mit seinem Sohn Adeodatus und seinem Freund Alypius.
391 Presbyterweihe in der Stadt Hippo Regius (Numidien).
395 Bischof von Hippo. Mit seinem Klerus lebt er in einer Art klösterlicher Gemeinschaft zusammen. (Doch ist umstritten, ob die als „Augustinerregel" bekannten Anweisungen für Mönche und Nonnen auf Augustinus zurückgehen).
um 400 Augustinus schreibt die **Confessiones,** die Schilderung seiner inneren Entwicklung.
413–426 Mit seinem Werk **„De civitate Dei"** (der Gottesstaat) entwickelt Augustinus eine christliche Geschichtstheologie. – Außerdem zahlreiche **Schriften gegen Donatisten, Manichäer, Pelagianer.**

seit 432 Missionierung **Irlands** durch das Wirken des hl. **Patrick.**
440 – 461 Papst **Leo I. d. Gr.** Seine Persönlichkeit, in der sich priesterliche Frömmigkeit, theologisches Wissen und politische Klugheit verbinden, si-

Die Verbreitung des Monophysitismus im Orient um 512 bis 518

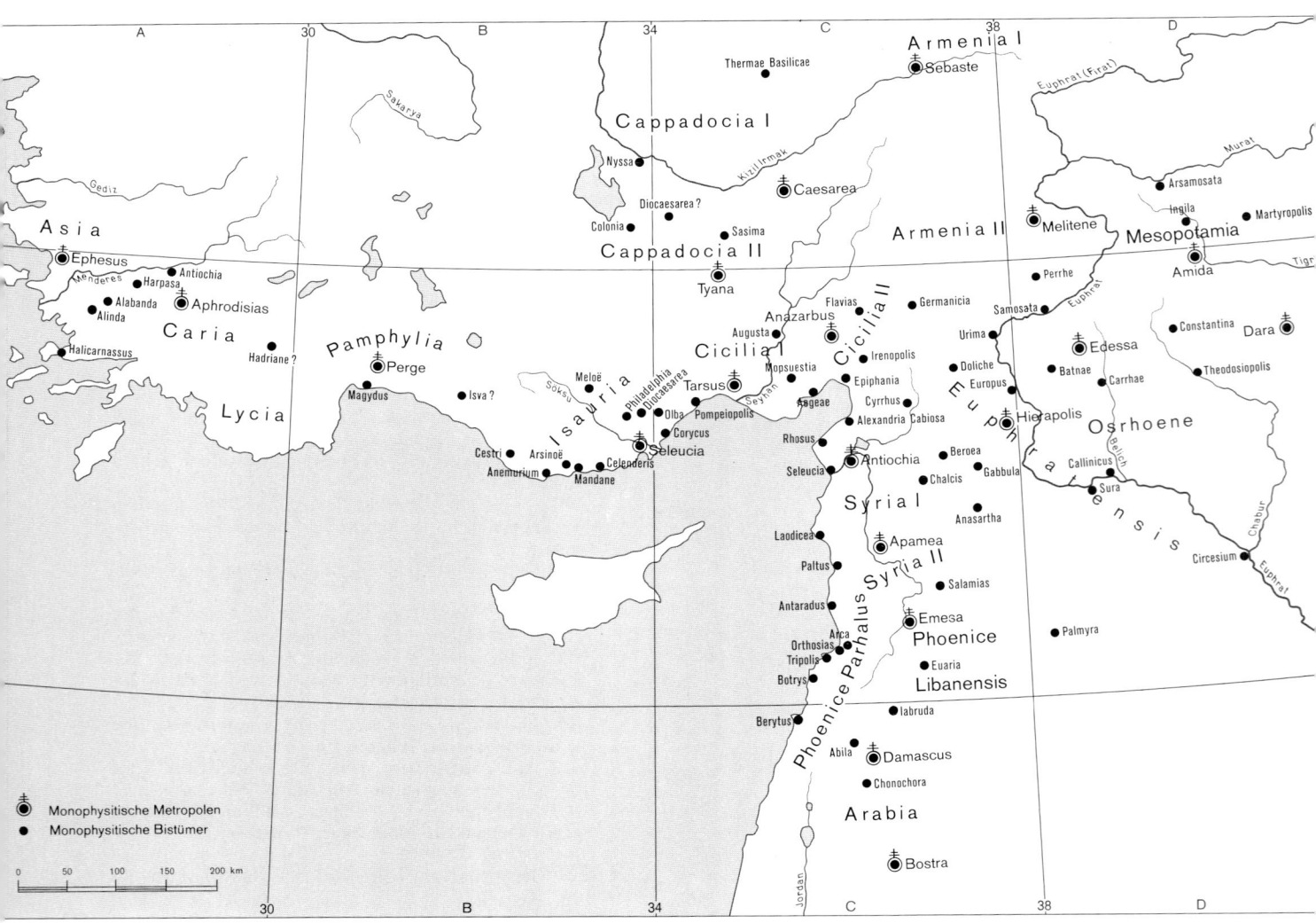

Monophysitische Metropolen
Monophysitische Bistümer

0   50   100   150   200 km

chert den **Primat** des römischen Bischofs im Westen.

459 In die monophysitischen Streitigkeiten des Ostens greift Leo mit einem Brief („Tomus Leonis") ein, der im Konzil von Chalkedon (451) zur Grundlage der Zwei-Naturen-Lehre wird.

452 Leo reist dem Hunnen Attila bis Mantua entgegen und überredet ihn, auf einen Zug nach Rom zu verzichten

455 Der Vandale Geiserich läßt sich durch Leo zur „Milde" bewegen: nach der Einnahme wird Rom nur 14 Tage geplündert (ohne Morde oder Brandstiftung).

445 Valentinian III. bestätigt gegenüber Selbständigkeitsversuchen der gallischen Kirche (Hilarius v. Arles) das **Weisungsrecht des römischen Bischofs.**

448 Die Verurteilung des **Eutyches,** Abt eines Klosters in Konstantinopel, durch eine Synode unter Leitung des Patriarchen der Stadt, **Flavian,** erneuert die Auseinandersetzung mit Alexandrien, dessen Patriarch **Dioskur** (seit 444 Nachfolger des Cyrill) sich hinter Eutyches stellt. Nach Eutyches kann man bei Christus nur von einer einzigen Natur sprechen (Monophysitismus): die göttliche Natur habe nach der Vereinigung die menschliche in sich aufgesogen.

449 Die vom Kaiser Theodosius II. einberufene Synode unter Vorsitz Dioskurs rechtfertigt Eutyches und verurteilt mehrere Theologen der antiochenischen Schule (Theodoret von Kyros, Ibas v. Edessa, Domnus v. Antiochia). Den Legaten Leos wird der Vorsitz verweigert, sein Schreiben darf nicht verlesen werden (der Papst bezeichnet daraufhin die Versammlung als **„Räubersynode":** „latrocinium"); er protestiert gegen die Absetzung Flavians und verlangt die Einberufung eines neuen Konzils.

451 Das **Konzil von Chalkedon** (IV. Ökumenisches) verfügt die Absetzung Dioskurs v. Alexandrien, erneuert die Verurteilung des Eutyches, aber auch des Nestorius. Es wird festgestellt, daß in Christus – in **einer Person – zwei Naturen** „unvermischt, unverwandelt, ungetrennt und ungesondert" bestehen. – Gegen den Kanon 28 des Konzils, der dem Bischof von Rom und von Konstantinopel die gleiche Würde zuspricht, erhebt Leo Protest (ohne seine Streichung zu erreichen).

482 Um die fortdauernde Auseinandersetzung zwischen Monophysiten und Anhängern des Chalkedon zu beenden, entwirft der Patriarch von Konstantinopel **Akacius** eine Einigungsformel, das sog. **Henotikon,** die jede Erwähnung einer oder zweier Naturen in Christus vermeidet. Durch kaiserlichen Erlaß (Zeno der Isaurier) wird die Formel – unter Zustimmung der monophysitischen Bischöfe von Alexandrien und Antiochien – im Reich als verbindlich erklärt.

484 Als Papst Felix III. mit seinem Protest gegen das Henotikon nicht durchdringt, exkommuniziert er Akacius und den byzantinischen Kaiser **(Akacianisches Schisma** 484–518).

494 In seinem Brief an Kaiser Anastasius I. spricht Papst Gelasius von **zwei Gewalten,** durch die die Welt regiert wird: die geheiligte Autorität der Priester („auctoritas sacrata pontificum") und die königliche Gewalt („regalis potestas"); wie die Seele vor dem Leib, so stehe die priesterliche Würde über der königlichen. – Diese Auffassung entwickelt sich später zur mittelalterlichen Zwei-Schwerter-Theorie (vgl. 11. Jh.).

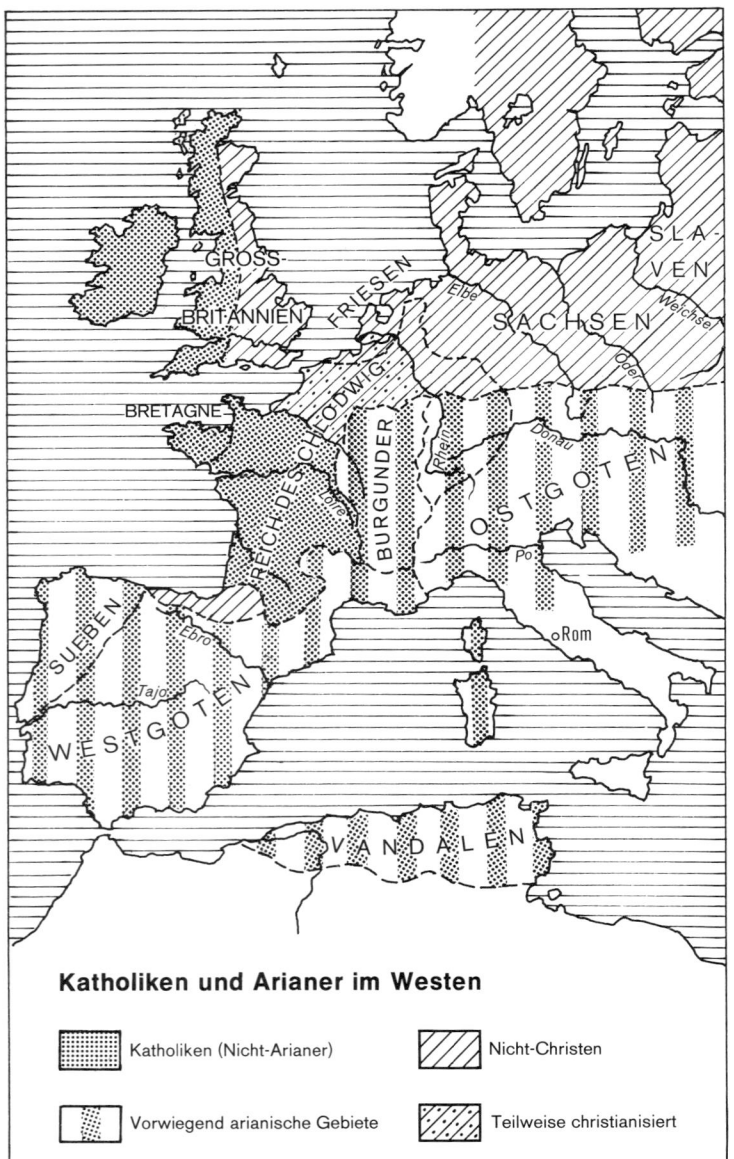

Katholiken und Arianer im Westen

Katholiken (Nicht-Arianer)

Nicht-Christen

Vorwiegend arianische Gebiete

Teilweise christianisiert

Päpste:		*Kaiser:*	
498–514	Symmachus	Anastasius I.	491–518
514–523	Hormisdas	Justin I.	518–527
523–526	Johannes I.		
526–530	Felix IV.	Justinian	527–565
530–532	Bonifatius II.		
533–535	Johannes II.		
535–536	Agapet I.		
536–537	Silverius		
537–555	Vigilius		
556–561	Pelagius I.		
561–574	Johannes III.	Justin II.	565–578
575–579	Benedikt I.	Tiberios I.	
579–590	Pelagius II.	Konstantinos	578–582
590–604	Gregor I.	Maurikios I.	582–602

Aus der Mönchsregel des Benedikt von Nursia (480–547)

Über die Würde des Abtes

Ein *Abt,* der würdig ist, einem Kloster vorzustehen, muß immer eingedenk bleiben, wie er genannt wird, und durch sein Verhalten den Namen des Oberen rechtfertigen. Denn der Glaube sieht in ihm den Stellvertreter Christi im Kloster; redet man ihn doch mit dessen Beinamen an nach den Worten des Apostels: „Ihr habt den Geist der Kindschaft empfangen, in dem wir rufen: Abba, Vater" (Röm. 8,15). Deshalb darf der Abt nichts lehren, anordnen oder gebieten, was den Vorschriften Gottes zuwider wäre; seine Leitung und Lehre sollen vielmehr wie ein

6. Jahrhundert

Die Germanen werden katholisch

A. Kirche und Umwelt

Während unter Justinian das Oströmische Reich einen neuen Aufschwung erlebt, wachsen die Bindungen germanischer Stämme an Rom. Die Wendung der Franken zum Katholizismus (496) gibt den entscheidenden Anstoß auch für andere Stämme, den Arianismus aufzugeben. Rom ist jetzt nicht nur Heimat des neuen Glaubens: das wachsende Ansehen des Papstes, die schwache Stellung des byzantinischen Exarchen in Ravenna machen den Bischof von Rom immer mehr auch zum politischen Partner der germanischen Könige. – Die Machtlosigkeit Ostroms in Italien, der Anspruch Justinians (und seiner Nachfolger), auch die kirchlichen Dinge in die Hand zu nehmen, führen mit innerer Logik – trotz zeitweiligen guten Einverständnisses – Rom und Konstantinopel auseinander.

493 – 553 **Ostgotenreich** in Italien.

493 Vom oströmischen Kaiser mit der Schutzherrschaft über Italien (gegen Odoakar) betraut, besetzt der Führer der Ostgoten, **Theoderich** (Arianer), Italien. Seine Herrschaft (493–526) bedeutet endlich eine Zeit des Friedens für Italien. Erst die Aussöhnung zwischen Rom und Konstantinopel bringt wachsende politische Spannungen zu Ostrom.

523 Wegen Verdachts geheimer Beziehungen zu Ostrom wird gegen den Philosophen **Boethius** der Hochverratsprozeß eröffnet (im Gefängnis schreibt er sein berühmtes Werk: De consolatione philosophiae), der mit seiner Hinrichtung endet (524).
526 Theoderich stirbt in Ravenna. In den deutschen Heldensagen lebt er als **Dietrich von Bern** weiter.

507 Durch die Niederlage gegen Chlodwig endet das seit 418 bestehende tolosanische (Toulouse) Westgotenreich. Die **Westgoten** wandern nach **Spanien** ab. Ihr Reich – mit der Hauptstadt Toledo – besteht dort bis 711.

587 König Rekkared tritt vom arianischen zum katholischen Glauben über.

um 510 Die **Burgunder** treten zum katholischen Glauben über.

534 Die Franken – die Söhne Chlodwigs – erobern das Burgunderreich.

527 – 565 **Justinian I.** Unter seiner Regierung, zusammen mit Theodora († 548), kann Ostrom zahlreiche verlorengegangene Gebiete in Italien, Nordafrika und Spanien zurückgewinnen. Straffe innere Führung, auch gegenüber der Kirche („Cäsaropapismus"); Maßnahmen gegen Überreste des Heidentums.

529 Justinian verfügt die Schließung der Philosophenschule (,platonische Akademie') in Athen.

534 Durch seinen Minister Tribonian läßt Justinian das geltende römische Recht zusammenstellen und schafft damit die Voraussetzung für das Weiterwirken des römischen Rechts im Mittelalter. (Die Sammlung wird seit dem 12. Jh. als ,**Corpus iuris civilis**' bezeichnet).

Sauerteig der göttlichen Gerechtigkeit die Herzen der Jünger durchdringen. Der Abt denke immer daran, daß beim furchtbaren Gerichte Gottes über seine Lehre und über der Jünger Gehorsam, über beides, Untersuchung gehalten wird …

Wer also die *Abtswürde* angenommen hat, muß in doppelter Weise als Lehrer vor seinen Jüngern stehen: alles Gute und Heilige soll er mehr durch Taten als durch Worte zeigen. Den verständigen Jüngern lege er die Gebote des Herrn in Worten dar, den Hartherzigen und Einfältigeren zeige er Gottes Vorschriften durch sein Verhalten … Er mache im Kloster keinen Unterschied der Person. Er liebe den einen nicht mehr als den anderen, außer er fände bei ihm einen höheren Grad von Tugend und Gehorsam … Der Abt wahre bei seiner Belehrung immer die Form, die der Apostel angibt: „Weise zurecht, ermahne, tadle" (2. Tim. 4, 2). Er werde so den verschiedenen Verhältnissen gerecht und lasse bald Strenge, bald Milde, jetzt den Ernst des Meisters, dann die zärtliche Liebe des Vaters walten … Der Abt bedenke immer, was er ist, bedenke, was sein Name sagen will, und wisse: wem mehr anvertraut ist, dem wird auch mehr abgefordert. Er sei sich bewußt, wie schwierig und dornenvoll die Aufgabe ist, die er übernommen hat, Seelen zu leiten und der Eigenart vieler zu dienen. Auf den einen wirke er mit Güte, auf den anderen mit Tadel, auf einen dritten mit Zureden. Je nach Veranlagung und Fassungskraft des einzelnen passe und schmiege er sich allen so an, daß er an der ihm anvertrauten Herde nicht nur keinen Schaden erleidet, sondern sich auch am Wachstum einer guten Herde erfreuen kann …

Ora et labora – bete und arbeite:

(48. Kapitel.) Müßiggang ist ein Feind der Seele. Deshalb müssen sich die Brüder zu bestimmten Zeiten mit heiliger Lesung beschäftigen. Wir glauben daher für beides die Zeit durch folgende Bestimmung zu regeln: von Ostern bis zum 14. September verrichten die Brüder von der Frühe, nach Schluß der Prim bis nahe an die vierte Stunde die notwendigen Arbeiten. Von der vierten Stunde bis ungefähr zur sechsten Stunde beschäftigen sie sich mit Lesung. Wenn sie nach der sechsten Stunde sich vom Tisch erheben, sollen sie in tiefem Schweigen auf ihren Betten ausruhen, oder, wer es etwa vorzieht zu lesen, lese so für sich allein, daß er einen andern nicht stört. Die Non werde etwas früher gehalten um die Mitte der achten Stunde, und dann verrichten sie bis zur Vesper wieder die notwendige Arbeit. Wenn es aber die örtliche Lage oder Armut verlangte, daß die Brüder

selbst die Feldfrüchte einernten, sollen sie darüber nicht ungehalten sein. Dann sind sie ja in Wahrheit Mönche, wenn sie, gleich unseren Vätern und den Aposteln, von der Arbeit ihrer Hände leben. Doch soll der Schwachen wegen alles mit Maß geschehen.

Vom 14. September bis zum Anfang der Fastenzeit sollen sie bis zum Ende der zweiten Stunde der Lesung obliegen. Zur zweiten Stunde bete man die Terz, dann seien alle bis zur neunten Stunde wieder bei der ihnen zugewiesenen Arbeit. Auf das erste Zeichen zur Non verlasse jeder seine Arbeit und halte sich bereit, bis das zweite Zeichen gegeben wird. Nach dem Essen beschäftigen sie sich mit ihren Lesungen oder mit Psalmenstudium.

Während der Tage der Fasten aber ist von der Frühe bis zum Ende der dritten Stunde Zeit für Lesung; dann verrichten sie bis zum Ende der zehnten Stunde die ihnen aufgetragene Arbeit. Für diese Tage der Fastenzeit erhalte jeder ein Buch aus der Bibliothek, das er von Anfang an ganz lesen soll. Diese Bücher müssen am Anfang der Fasten ausgeteilt werden. Es sollen aber vor allem einer oder zwei ältere Brüder den Auftrag erhalten, zu den Stunden, wenn die Brüder der Lesung obliegen, durch das Kloster zu gehen und nachzusehen, ob sich nicht ein träger Bruder finde, der, anstatt eifrig zu lesen, müßig ist oder schwätzt und so nicht bloß selber keinen Nutzen davon hat, sondern sogar noch andere stört. Fände sich ein solcher, was ferne sei, so werde er einmal und noch ein zweites Mal zurechtgewiesen; bessert er sich nicht, dann verhänge man über ihn die von der Regel vorgesehene Strafe, und zwar so, daß die anderen Furcht bekommen. Kein Bruder darf zu ungehöriger Zeit mit einem anderen verkehren.

Auch am Sonntag sollen sich alle mit der Lesung beschäftigen, mit Ausnahme derer, die mit den verschiedenen Ämtern betraut sind. – Wäre aber einer so nachlässig und träge, daß er betrachten oder lesen nicht mag oder nicht kann, so gebe man ihm eine andere Beschäftigung, damit er nicht müßig bleibe. Kranken oder an harte Arbeit nicht gewöhnten Brüdern weise man solche Arbeit oder solche Beschäftigung an, daß sie nicht untätig seien, aber auch nicht durch die Last der Arbeit niedergedrückt werden oder schließlich noch das Kloster verlassen. Auf ihre Schwäche soll der Abt Rücksicht nehmen.

Regel des hl. Benedikt (Bibliothek der Kirchenväter, 1. Reihe, Bd. 20). Übers. von Pius Bihlmeyer, München: Kösel ⁵1939 (aus Kap. 2, 48, 64).

535 Vernichtung des **Vandalenreiches** in Nordafrika durch Justinians Feldherrn Belisar.

535 – 553 Siegreicher Kampf gegen das **Ostgotenreich** (durch Belisar, später Narses); Italien wird oströmische Provinz.

551 Truppen Justinians erobern den Süden Spaniens: die Küste von Cádiz bis Cartagena, im Landesinnern bis Córdoba (das Gebiet geht in den nächsten 70 Jahren wieder an die Westgoten verloren).

558 Vorstoß der **Avaren** aus dem Kaukasus bis zur Donau. In der Folgezeit bedrohen sie immer stärker Konstantinopel.

568 – 774 **Langobardenreich** in Italien (Gebiete um Ravenna und Rom sowie die Südspitze Italiens und Siziliens verbleiben bei Ostrom). Zwischen 600–700 treten die Langobarden allmählich vom arianischen zum katholischen Bekenntnis über. Hauptstadt des Langobardenreiches wird **Pavia** (774 von Karl d. Gr. zerstört).

um 570 Geburt Mohammeds in Mekka.

591 Die Geschichte der Franken wird von Gregor, Bischof von Tours, in 10 Büchern niedergeschrieben (Historiarum libri X).

B. Innerkirchliche Entwicklung

In dieser Zeit dauernder Machtverschiebungen, in der Germanenreiche innerhalb weniger Jahrzehnte entstehen und vergehen, wachsen Initiative und Ausstrahlung der Kirche. Ohne zersplitternde theologische Streitigkeiten – anders als im Osten – füllt sie das Vakuum, das die Auflösung des Weströmischen Reiches mit sich bringt.

Klostergründungen, Glaubensverkündigung unter den Germanen, die Askese und Missionsarbeit der iroschottischen Mönche, der zugunsten der armen Bevölkerung eingesetzte Ertrag der kirchlichen Landgüter in Italien – das alles zeichnet das Bild einer Kirche, die ebenso geistlich wie weltzugewandt ist.

498 – 514 Papst Symmachus. Als erster erläßt er 499 ein **Papstwahldekret,** das dem Papst selbst die Designation des Nachfolgers zuspricht; nur bei unvorhergesehenem Tod entscheidet der Klerus (von Rom) durch Mehrheitswahl.

502 Die Synode von Palma (Synodus palmaris) formuliert, daß der Papst keinem Gericht unterstehe (um diese Zeit wird der Rechtssatz formuliert: prima sedes a nemine iudicatur).

519 Nach 35 Jahren kirchlicher Trennung unterzeichnet Patriarch Johannes von Konstantinopel die von Papst Hormisdas vorgelegte Glaubensformel und stellt damit die **kirchliche Einheit** wieder her.

529 **Benedikt von Nursia** gründet das Kloster **Monte Cassino.** An seiner **Mönchsregel** orientieren sich die meisten weiteren Klostergründungen in Westeuropa: Einteilung des Tages in Gebet, geistliche Lesung und Handarbeit („ora et labora"), Prinzip der Selbstversorgung der Klostergemeinschaft, Gleichstellung von Freigeborenen und (früheren) Sklaven, Gastfreundschaft. Die lebenslange Bindung des Mönches an **ein** Kloster („stabilitas loci") trägt neben Handarbeit und Autarkieprinzip dazu bei, daß die Klostergründungen zum bedeutenden Erschließungsfaktor des germanischen Bodens werden.

540 † Dionysius Exiguus (aus Skythien; seit 500 Mönch in Rom). Er schlägt als erster eine **Zeitrechnung ab Christi Geburt** vor, die er für das Jahr 753 seit der Gründung Roms errechnet. Seine Zählung findet im Abendland um die Mitte des 8. Jh. Anwendung.

544 – 553 Dreikapitelstreit. Um die Monophysiten zu

**Das Christentum
auf den
Britischen Inseln
bis zum 9. Jahrh.**

Canna
Tiree
Lismore
Iona
Jura
S. Andrews
Aberfoyle Dunblane
Kinross (S. Sars)
Ross Strathcashell Point
Knock in Haglish Abercorn Tyninghame
Glasgow Coldingham
Cambuslang Clyde Melrose Lindisfarne
Cendgarad Tweed Farne
Coquet Island
Tory Island Dunseverick Tyne Corbridge Tynemouth
Fahan Coleraine Hoddom Gateshead Jarrow
Drumachose Ruthwell Hexham Wearmouth
Derry Carlisle Ebchester Hartlepool
Raphoe Stoneykirk Eden Whitby
Ardstraw Connor Witshon (Candida Casa) Dacre Gegenford
Saints Island Moville Gilling West Sockburn
(Lough Derg) Bangor Lastingham Hackness
Inishmurray Devenish Clogher Nendrum Swale Ripon Crayke
Killala Armagh Killevy Down Maughold York Watton
Balla Clones Peel Beverley
Mayo Fenagh Inishkeen Rushen Ribble Aire Barrow
Cong Elphin Donaghmoyne Louth Kilnsea
Kilmore Monasterboice Derwent Bardney
Clonbroney Kells Partney
Inchcleraun Ardagh Fore Duleek Threckingham
Inchbofin Lynn Trim Holyhead Penmon Llandrillo Trent
Inchmore Dysart Clonfad Clonard Abergele S. Asaph Elmham 673
Clonmacnoise Rahan Durrow Finglas Bangor Sandbach S. Benet at Ht
Clonfert Lynally Tallaght Bangor Stafford Repton Castor Burgh
nishmore Lorrha Birr Kinnitty Old Kilcullen Aberdaron Llangynog Llansilin Breedon Peterborough South Elmham
Kilmacduagh Seirkieran Clonenagh Glendalough Llanrhaiader Mochnant Lichfield Leicester Peakirk Ely Dunwic
Inishcaltra Clonfert-mulloe Aghaboe Castledermot Bardsey Meifod Polesworth Crowland Oundle Bury S. Edmunds
Scattery Island Roscrea Timahoe Sletty Towyn Much Wenlock Coventry Brixworth Nene
Killaloe Leighmore Leighlin Llandinam Hanbury Ouse
Ardfert Mungret Emly Ferns Llanbadarn Llangurig Leominster Worcester Stratford
Aghadoe Killeedy Brigown S. Mullins S. Harmon Bromyard Pershore Evesham
Innisfallen Cashel Taghmon Llanddewi-Brefi Glasswm Hereford 680 Fladbury Beckford
Cork Lismore Begerin Nevern Glasbury Moccas Beerhurst Winchcombe S. Albans
Ross Ardmore Llandeilofawr Llandeusant Much Dewchurch Cheltenham Withington Oxford Dorchester Bradwell
Cloyne S. Davids (Menevia) Llangorse Garway Gloucester Abingdon Cookham London Barking
Llanartheny Berkeley Tetbury Chertsey Tilbury Cttte at Hoo
Benally Llangyfelach Caerwent Malmesbury Thames Bermondsey Minster in Sheppey
Bishopstone Margam Merthyr Mawr Llandalf Bath Woking Reculver
Llandough Congresbury Banwell Bradford Avon Romsey Rochester Midd
Llantwit Major Llancarvan Wells Frome Winchester Canterbury East
Glastonbury Muchelney Tisbury Wilton Nursling Bishop's Waltham Lyminge Dovr
South Molton Taunton Sherborne Wimborne Minster Bosom Stanmer South Malling Folkest
Crediton Cerne Redbridge West Whitwere Ferring
Tintagel Exe Exeter Wareham Selsey
Padstow S. Kew South Hill Tamar
Bodmin Germans

○ Bistum
● Kloster

0   30   60   90   120   150 km

gewinnen, die dem Konzil von Chalkedon vorwerfen, es habe mehrere zum Nestorianismus neigende Theologen freigesprochen, stimmt Justinian der Verurteilung von Lehrsätzen („Kapiteln") des Theodor von Mopsuestia, Theodoret von Cyrus und Ibas von Edessa zu. Als der Westen protestiert, wird Papst Vigilius nach Konstantinopel gebracht und gezwungen, die Verurteilung zu bestätigen (548). Nordafrika, Gallien und Oberitalien sagen sich daraufhin von Rom los. Als der Papst seine Unterschrift wieder zurücknimmt (551), beruft Justinian ein Konzil nach Konstantinopel ein.

553 **2. Konzil von Konstantinopel** (V. Ökumenisches). Es verurteilt – mit Zustimmung des Papstes – die „Drei Kapitel". Ebenso wird die schon 542 von Justinian vorgenommene Verurteilung des Origenes bestätigt.

563 Columba d. Ältere († 597) gründet das Kloster Hy auf der Insel Iona (vor Nordwestengland), das zum Ausgangspunkt der **Christianisierung Schottlands** wird.

um 580 † Cassiodor. Der zeitweilige Minister (507 bis 526) Theoderichs, Konsul (514) und Stadtpräfekt Roms (533) gründet um 540 in Kalabrien das Kloster „Vivarium". Für seine Mönche ist die Weiterbildung in theologischen und weltlichen Wissenschaften ausdrückliche Verpflichtung. Das **Studium und Abschreiben von Büchern** wird in der Folgezeit auch von andern Klöstern über-

nommen: sie werden so zum hauptsächlichen Vermittler des antiken Gedankengutes.

590 – 604 **Gregor I., d. Gr.,** der erste Mönch als Papst (er gebraucht erstmalig die Selbstbezeichnung „servus servorum Dei": Diener der Diener Gottes). Wie Leo I. von großer persönlicher Frömmigkeit – seine Anweisungen für die Seelsorge („regula pastoralis") gewinnen im Abendland fast die gleiche Hochschätzung wie die Regel Benedikts –, setzt er seine organisatorischen Fähigkeiten für eine den Armen zugute kommende straffe Verwaltung des kirchlichen Grundbesitzes ein. Sein Ansehen übertrifft bald die Stellung des byzantinischen Exarchen in Ravenna. Er erreicht den Abzug der Langobarden von Rom (593), vermittelt deren Frieden mit Byzanz (599). – Von ihm geht der entscheidende Anstoß zur **Christianisierung der Angelsachsen** aus: mit 40 Mönchen wird Augustinus, Abt des Andreasklosters in Rom, zur Mission nach England gesandt.

seit 592 Iroschottische Mönche durchwandern und missionieren Westeuropa. Columba der Jüngere (= Columbanus, † 615) gründet 592 das Kloster Luxeuil in den Vogesen, das große Ausstrahlungskraft entfaltet, später das Kloster Bobbio in Norditalien. Sein Schüler Gallus legt die Grundsteine des Klosters St. Gallen (Schweiz).

596 Gründung des **Erzbistums Canterbury** durch den Mönch Augustinus.

Die Ausbreitung des Islam

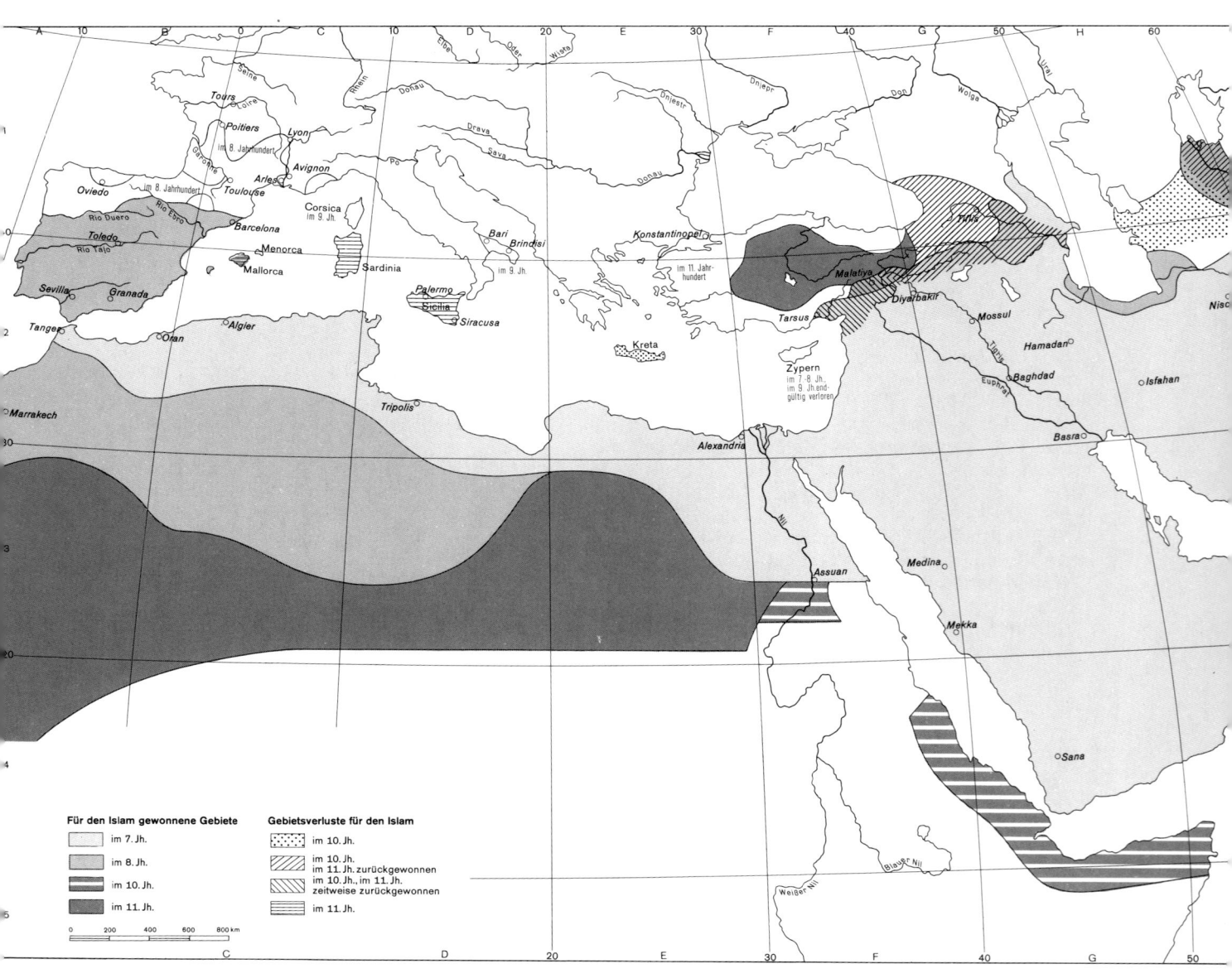

Für den Islam gewonnene Gebiete
- im 7. Jh.
- im 8. Jh.
- im 10. Jh.
- im 11. Jh.

Gebietsverluste für den Islam
- im 10. Jh.
- im 10. Jh. im 11. Jh. zurückgewonnen
- im 10. Jh., im 11. Jh. zeitweise zurückgewonnen
- im 11. Jh.

0   200   400   600   800 km

7. Jahrhundert

Der Ansturm des Islam

A. Kirche und Umwelt

Während sich der Westen einer vergleichsweise ruhigen Zeit erfreut, steht Byzanz dem gewaltigen Druck von Avaren, Persern und Arabern gegenüber. Daß die Mauern Konstantinopels standhalten, ist mit eine Voraussetzung dafür, daß Europa – die Verschmelzung germanischer und römischer Kultur – sich weiterentwickeln kann. Allerdings fällt ganz Nordafrika bis zum Ende des Jahrhunderts in arabische Hand. Parallel mit der notwendigen Konzentration der byzantinischen Politik auf den Osten geht die Verselbständigung des Westens. Obwohl Untertan Ostroms, ist der Papst wesentlich mehr auf gute Beziehungen zu Franken und Langobarden angewiesen. Seine von Byzanz mit Mißtrauen beobachtete Vermittlungspolitik gibt der Kirche im Westen die Möglichkeit, ihre innere Organisation ungehindert zu konsolidieren.

605 Die **Perser** dringen bis zum Bosporus vor.

619 Persischer Einbruch in Ägypten (sie können sich 10 Jahre dort halten).

626 Gemeinsamer, aber erfolgloser Angriff der Perser und Avaren auf Konstantinopel.

627 Die vernichtende Niederlage gegen byzantinische Truppen bei Ninive beendet die Machtstellung des Sassanidenreiches.

629 Das von den Persern 619 in Palästina geraubte Kreuz Jesu wird aus Ktesiphon zurückgebracht – feierlicher Einzug in Jerusalem am 14. September (dem jetzigen Fest der Kreuzerhöhung).

610 – 641 Kaiser **Herakleios I.** Seiner Reichsreform und straffen Verwaltung; Einteilung Kleinasiens – unter seinen Nachfolgern auch des übrigen Reiches – in „Themata" (Themenverfassung), d. h. Heeresbezirke; die militärischen Befehlshaber sind zugleich oberste zivile Instanz. – An Stelle des Lateinischen wird nun auch offiziell das Griechische als Verwaltungs- und Heeressprache eingeführt.

613 Nach der Teilung in Austrasien, Neustrien und Burgund (seit 561) wird das **Frankenreich** wieder in der Hand Chlothars II. von Neustrien (†629) vereinigt. In den nächsten Jahrzehnten zunehmende Bedeutung der „Hausmeier" (Majordomus): die Vorsteher des königlichen Hofes steigen zu Verwaltern des königlichen Grundbesitzes und zu Führern des Adels auf.

seit 687 Das Geschlecht der **Karolinger** übt das Majordomat über das ganze Frankenreich aus.

622 Mit der Auswanderung **Mohammeds** (571–632) und seiner Anhänger („Hedschra") von Mekka nach Jathrib (Medina) beginnt die Zeit des Islam (Anfangsjahr der islamischen Zeitrechnung). Die Einigung der Araberstämme führt zu erfolgreichen Eroberungen:

630 Alle Stämme **Arabiens** anerkennen Mohammed als Führer.

634 **Omar** begründet das **theokratische arabische Reich,** dessen Kalif als Nachfolger des Propheten der „Herrscher der Gläubigen" ist (als militärisches, ziviles und richterliches Oberhaupt).

Päpste und oströmische Kaiser im 7. Jahrhundert

590–604	Gregor I.	Phokas	602–610
604–606	Sabinianus		
607	Bonifatius III.		
608–615	Bonifatius IV.	Herakleios I.	610–641
615–618	Deusdedit (= Adeodatus I.)		
619–625	Bonifatius V.		
625–638	Honorius I.		
639–640	Severinus		
640–642	Johannes IV.	Konstantin II.	641
642–649	Theodor I.	Konstans II. Pogonatos (= Konstantin III.)	641–668
649–653	Martin I.		
654–657	Eugen I.		
657–672	Vitalian	Konstantin IV. Pogonatos	
672–676	Adeodatus II.		668–685
676–678	Donus		
678–681	Agatho		
682–683	Leo II.		
684–685	Benedikt II.		
685–686	Johannes V.	Justinian II.	685–695
686–687	Konon (Theodor 687) (Paschalis 687)		
687–701	Sergius	Leontios	695–698
		Tiberios II.	698–705

Anweisungen Gregors I. für die Missionierung Englands (Juni 600)

Gregor, Diener der Diener Gottes, seinem geliebten Sohn, dem Abt Mellitus.

Seitdem Du Uns verlassen hast, die Wir Dich in Gedanken begleiten, befanden Wir Uns in völliger Ungewißheit, hatten Wir doch keinerlei Nachricht über das glückliche Ende Eurer Reise. Jetzt, da der allmächtige Gott Euch zu Unserem ehrwürdigen Bruder, dem Bischof Augustinus, geführt hat, so teilt ihm mit, was Wir nach langer Überlegung hinsichtlich der Bretonen entschieden haben.

Tempel, die diese Nation Göttern geweiht hat, sollen nicht zerstört werden, sondern nur die Götzenbilder, die sich darin befinden. Man weihe Wasser, besprenge das Innere, errichte Altäre, lege Reliquien nieder. Denn wenn diese Tempel solid gebaut sind, soll man sie dem Kult der Dämonen entziehen und sie dem Dienst des wahren Gottes weihen. Wenn sie sehen, daß ihre Tempel nicht zerstört wurden, wird diese Nation den Irrtum aus ihrem Herzen reißen und den wahren Gott erkennen und anbeten und sich leichter an den vertrauten Orten versammeln.

Andererseits herrscht bei den Bretonen die Sitte, ihren Dämonen viele Rinder zu opfern. Diesen Brauch muß man für sie in ein religiöses Fest verwandeln. An diesen Orten soll man am Tag der Kirchweihe oder an den Märtyrerfesten Reliquien der heiligen Märtyrer aufstellen; um die in Kirchen umgewandelten Tempel man Unterstände aus Baumzweigen errichten und das Fest mit einem religiösen Mahl feierlich begehen. So werden sie die Tiere nicht dem Teufel opfern, sondern zur eigenen Nahrung und zum Lob Gottes, und sie werden für den Überfluß dem danken, der Geber einer jeden Wohltat ist. Indem sie äußere Freuden genießen, werden sie geneigter sein, sich für die Freuden des Innern freizumachen.

Ohne Zweifel ist es unmöglich, bei ungebildeten Menschen die traditionellen Bräuche sofort vollständig auszurotten: wer einen hohen Ort erklimmen will, gelangt nur stufenweise dorthin, Schritt für Schritt, nicht aber im Sprung. Auf diese Weise hat sich auch der Herr den Israeliten in Ägypten geoffenbart. Die Opfer, die sie dem Teufel zu machen pflegten, hat er seinem eigenen Kult zugewendet und ihnen befohlen, die Tiere für sein Opfer zu schlachten, damit sie durch eine Umwandlung ihres Herzens gewisse Elemente ihrer Opfer aufgeben, andere jedoch behalten. So kam es, daß, obgleich sie dieselben Tiere wie gewöhnlich opferten, sie diese für Gott darbrachten, und nicht für ihre Götzen, und folglich waren es auch nicht mehr dieselben Opfer.

Das nun sollst Du Unserem Bruder mitteilen, damit er von jetzt an reiflich die Art seines Vorgehens überlege.

Gott möge Dich, geliebter Sohn, gesund erhalten und Dich schützen!

Gegeben am 15. Juni, zur Zeit der Regierung Unseres Herrn, des Augustus Mauritius Tiberius, im 19. Jahr seiner Herrschaft und im 18. Jahr seines Konsulats, in der 4. Indiktion.

Beda, Kirchengeschichte: PL 95, 70–71. – Übers. von R. Fröhlich.

635 Eroberung von Damaskus durch Sieg über die Perser.
637 Eroberung von Jerusalem und Antiochia.
639–641 Eroberung Ägyptens.
640–644 Eroberung Persiens.
bis 650 große Teile Nordafrikas werden dem arabischen Reich eingegliedert.
674–678 Dem viermaligen Versuch der arabischen Flotte, während der Sommermonate Konstantinopel zu stürmen, vermag die Stadt standzuhalten (die Schiffe werden durch „griechisches – auf dem Wasser schwimmendes – Feuer" abgewehrt). Die Ostflanke Europas bleibt dadurch den Arabern verschlossen.

649 – 672 Rekkeswind, König des Westgotenreiches in Spanien, veranlaßt die **Kodifizierung des gotischen Rechts** („Lex Visigothorum"), das für Goten und Römer gilt. Die Verschmelzung beider Völker wird dadurch gefördert, ein spanisches Nationalgefühl beginnt sich zu entwickeln.

663 Vergeblich versucht Kaiser Konstans II. die **Langobarden** aus Italien abzudrängen (er ist der letzte byzantinische Kaiser, der Rom besucht; als Residenz wählt er Syrakus auf Sizilien, wird dort 668 ermordet).

680 Förmlicher Friede zwischen Byzanz und den Langobarden. (Um diese Zeit muß Kaiser Konstantin bereits ein unabhängiges Bulgarenreich auf dem Balkan anerkennen.)

680 / 681 Nach dem Verlust von Ägypten und Syrien verlieren die Monophysiten ihren Einfluß auf Byzanz. Kaiser Konstantin entscheidet sich nun für die **Unterdrückung des Monotheletismus** (vgl. S. 55).

B. Innerkirchliche Entwicklung

Die monophysitischen Streitigkeiten finden noch einmal eine Fortsetzung im Monergismus und Monotheletismus. Wieder kann sich der „allgemeine" (katholische) Glaube durchsetzen. Eine Quelle immer wieder aufkommender Spannungen bleibt allerdings der Anspruch des byzantinischen Patriarchen, in autonomer Weise die Kirche des Ostens zu leiten. Obwohl Gregor I. es ablehnt, als „episcopus universalis" (der allgemeine Bischof) bezeichnet zu werden, gehen er und seine Nachfolger immer davon aus, daß ihre Entscheidung in Glaubensfragen die ganze Kirche binde. – Während im Osten das Vordringen der Araber alle Kräfte und Aufmerksamkeit fesselt, kann sich die Kirche des Westens unbehelligt dem eigenen Aufbau widmen: die Christianisierung Englands schreitet voran; die Klostergründungen iroschottischer Mönche auf dem Festland erreichen ihre Blütezeit; zahlreiche Nationalsynoden, vor allem in Spanien, treffen Regelungen für die Lebensweise des Klerus, den Vollzug der Liturgie, die Ausübung der Seelsorge.

601 **Isidor** wird Erzbischof von Sevilla. In einer 20 Bücher umfassenden Enzyklopädie versucht er das gesamte weltliche und geistliche Wissen seiner Zeit zusammenzustellen („Etymologiae" oder „Origines"). Neben zahlreichen theologischen Schriften – Auslegung von Schriften des Alten Testaments, eine Glaubens- und Sittenlehre in Thesenform („Sententiae"), zwei Bücher über die Liturgie der spanischen Meßfeier und die kirchlichen Ämter, u.a. – verfaßt er eine Geschichte der Goten, Sueben und Vandalen. Freundschaftlich mit König Sisibut verbunden, ist er der einflußreichste Bischof Spaniens († 636).

627 Taufe des Königs Aedwin von Yorkshire, zugleich Herrscher von Northumbrien, und seines Gefolges. York wird zweites Erzbistum Englands.

53

Irische und irisch beeinflußte Klöster auf dem Festland

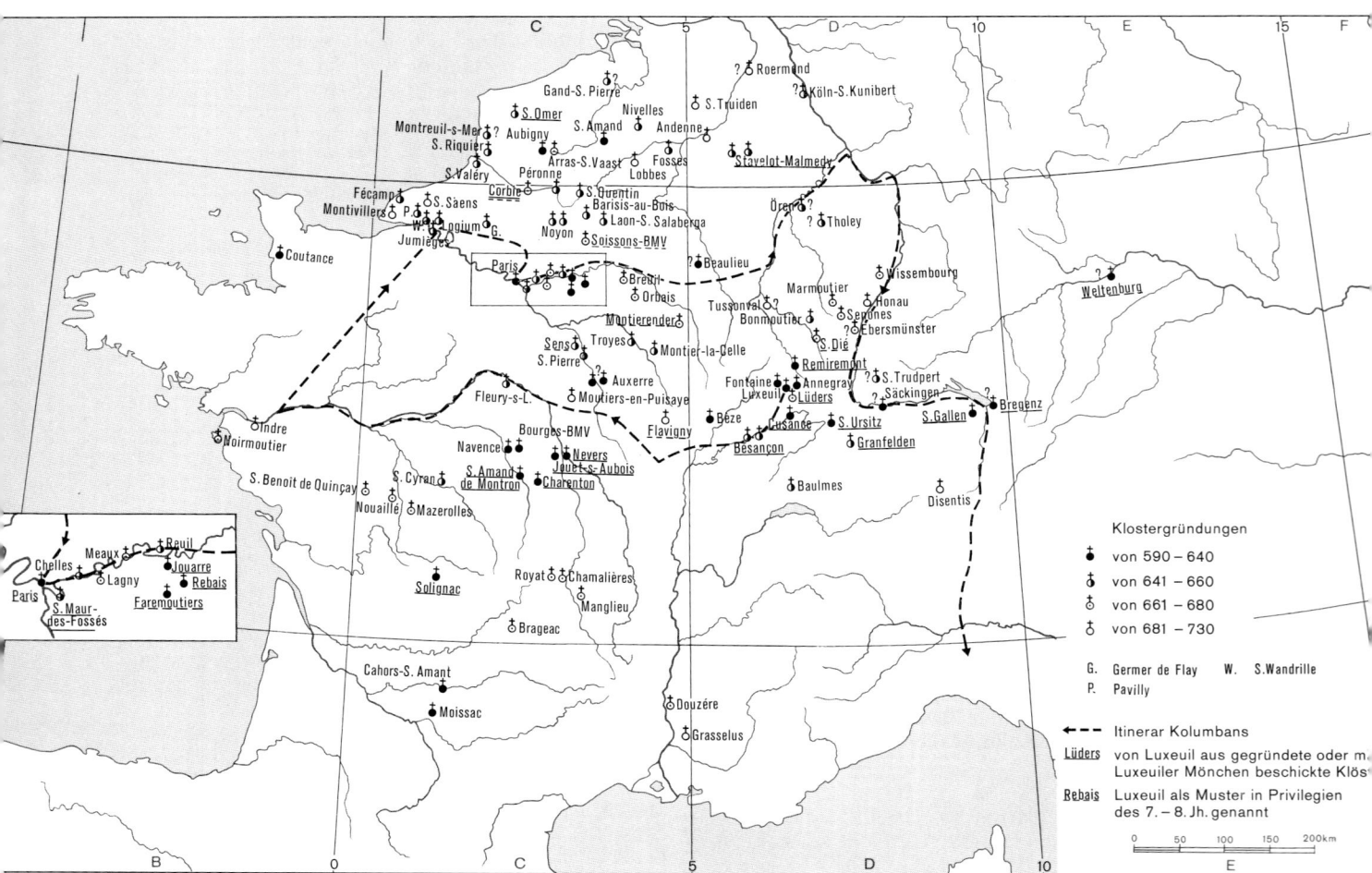

633 Monotheletischer bzw. monergistischer Streit. Um des religiösen Friedens willen kommt Patriarch Sergius von Konstantinopel – gedrängt vom Kaiser – den Monophysiten entgegen: in Christus habe es nur *eine* gottmenschliche Energie (μία θεανδρικὴ ἐνέργεια) und nur *einen* gottmenschlichen Willen (= Monotheletismus) gegeben. Dem widerspricht der Patriarch von Jerusalem, Sophronius. Papst **Honorius** stimmt indessen der Kompromißformel zu.

638 Kaiser Heraklius schreibt den Monotheletismus durch ein Reichsgesetz („Ekthesis") vor.

641 Entgegen der Stellungnahme des Honorius (†638) verurteilt Papst Johannes den Monotheletismus.

648 Mit einem Erlaß („Typos") verbietet Konstans II. (= Konstantin III.) die weitere Erörterung des Problems.

649 Papst Martin vertritt auf der Lateransynode nachdrücklich zwei Willen und Wirkungsweisen in Christus. Er wird daraufhin (653) nach Konstantinopel deportiert. Der Prozeß gegen ihn (655) endet mit der Verbannung auf die Krim, wo er im gleichen Jahr den Mißhandlungen erliegt.

662 Ebenfalls in der Verbannung endet der entschiedenste theologische Gegner des Monotheletismus: **Maximus Confessor,** nachdem man ihm Zunge und rechte Hand abgehauen hatte. Als früherer Sekretär des Kaisers Heraklius (610) hatte er auf mehreren afrikanischen Synoden und auch in Rom die Verurteilung der Irrlehre erreicht.

um 678 Angesichts der Bedrohung durch Avaren und Araber schwenkt Konstantin III. ein: im Einverständnis mit Papst Agatho beruft er ein allgemeines Reichskonzil nach Konstantinopel.

664 Die Frage nach dem Termin des Osterfestes – und damit der Fastenzeit – wird für die angelsächsische Kirche auf der **Synode von Whitby** entschieden. Der römische Standpunkt kann sich – unter Berufung auf Matthäus 16, 18 – gegen die Tradition der irischen Kirche durchsetzen.

680 – 681 3. Konzil von Konstantinopel (VI. Ökumenisches), das sog. „Trullanum" (da es im Kuppelsaal – trullus – des kaiserlichen Palastes stattfand). Es verurteilt den Monotheletismus und Monergismus und erklärt die Lehre von zwei natürlichen Wirkweisen in Christus als den früheren Konzilsentscheidungen entsprechend. Mit dem Anathem belegt wird auch der verstorbene Papst Honorius, ‚weil er die gottlosen Lehren des Sergius bestätigt hat' (vgl. DS 552; diese Verurteilung wird auf dem Vatikan. Konzil 1870 im Zusammenhang mit der Unfehlbarkeit des Papstes ausgiebig diskutiert).

seit 690 Der Angelsachse **Willibrord** wirkt als Missionar unter den Friesen (695 Bischof von Utrecht). Sein Werk wird von Bonifatius (s. S 61) fortgesetzt.

692 Da das vergangene Konzil nur Lehrfragen behandelte, beruft Kaiser Leontios eine weitere Synode ein (Trullanum II oder Quinisextum). Als nur östliche Kirchenrechtsquellen verwendet und mehrere lateinische Bräuche (u. a. das Samstagsfasten und der Zölibat der Priester) verworfen werden, lehnt Papst Sergius die Bestätigung der 102 Canones ab. Seine geplante Deportation scheitert am Widerstand der Milizen von Rom, Ravenna und der Pentapolis. – (Die griechische Kirche anerkennt das Konzil als ökumenisch.)

Erwerbungen des Kirchenstaates

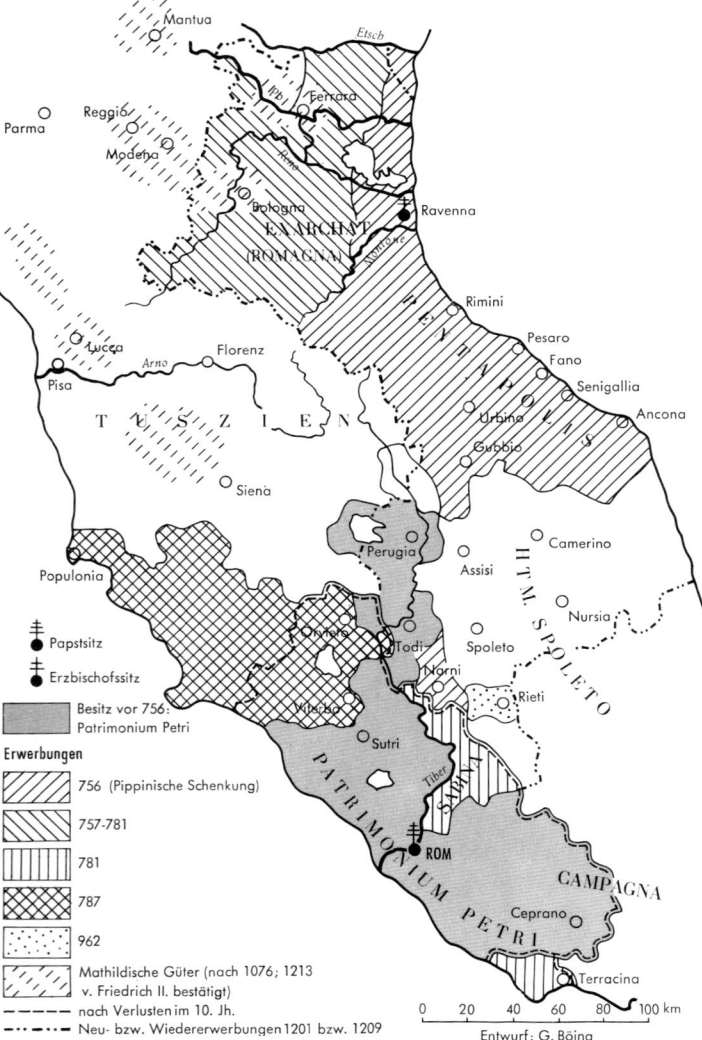

Entwurf: G. Böing

Legend:
- ‡ Papstsitz
- ‡ Erzbischofssitz
- Besitz vor 756: Patrimonium Petri

Erwerbungen
- 756 (Pippinische Schenkung)
- 757–781
- 781
- 787
- 962
- Mathildische Güter (nach 1076; 1213 v. Friedrich II. bestätigt)
- – – – – nach Verlusten im 10. Jh.
- – · – · – Neu- bzw. Wiedererwerbungen 1201 bzw. 1209

Städte/Orte auf Karte: Mantua, Etsch, Parma, Reggio, Ferrara, Modena, Po, Bologna, Ravenna, EXARCHAT (ROMAGNA), Rimini, Pesaro, Fano, Senigallia, Lucca, Arno, Florenz, Pisa, TOSZIEN, Urbino, Ancona, Gubbio, Siena, Camerino, Populonia, Perugia, Assisi, HTM. SPOLETO, Nursia, Todi, Spoleto, Narni, Rieti, Sutri, Viterbo, ROM, PATRIMONIUM PETRI, CAMPAGNA, Ceprano, Terracina

Maßstab: 0 20 40 60 80 100 km

Päpste und oströmische Kaiser im 8. Jahrhundert

701–705	Johannes VI.	Tiberios II.	698–705
705–707	Johannes VII.	Justinian II.	705–711
708	Sisinnius		
708–715	Konstantin I.	Philippikos	711–713
715–731	Gregor II.	Anastasios II.	713–715
731–741	Gregor III.	Theodosios III.	715–717
741–752	Zacharias	Leo III.	717–741
752–757	Stephan II.	Konstantin V.	741–775
757–767	Paul I.		
768–772	Stephan III.		
772–795	Hadrian I.	Irene	775–802
795–816	Leo III.		

Rechtssatzung für das Gebiet Sachsen
(Capitulatio de Partibus Saxoniae)

1. Bei den *Hauptvorschriften,* so befanden alle, hat an erster Stelle zu stehen, daß die Kirchen Christi, wie sie auch immer in Sachsen gebaut werden und Gott geweiht wurden, keine geringere, sondern größere und herausragendere Pracht besitzen sollen, als die nichtigen Götzentempel sie besessen hätten.
2. Wer in eine Kirche flüchtet, den darf keiner gewaltsam herausholen, sondern man lasse ihn, bis er sich freiwillig stellt, in Frieden; zur Ehre Gottes und aus Achtung vor den Heiligen dieser Kirche, schenke man ihm das Leben und die (Unversehrtheit aller) Glieder. Er soll aber, soweit er kann und es ihm auferlegt wurde, Genugtuung leisten; und so werde er zum Hof des Königs gebracht, und dieser schicke ihn, wohin die königliche Milde es für angemessen hält.
3. Wer mit Gewalt in eine Kirche dringt, etwas raubt, stiehlt oder die Kirche niederbrennt, werde mit dem Tod bestraft.
4. Wer das heilige vierzigtägige Fasten aus Verachtung für den christlichen Glauben unterläßt und Fleisch ißt, werde mit dem Tod bestraft. Doch soll ein Priester überprüfen, ob er nicht in einer Zwangssituation das Fleisch gegessen hat.
5. Wer einen Bischof, Priester oder Diakon tötet, unterliegt ebenfalls der Todesstrafe.
6. Wenn einer – vom Teufel getäuscht – nach Art der Heiden glaubt, irgendein Mann oder eine Frau sei eine Hexe und würde Menschen verzehren, und wenn er sie deshalb verbrannt hat

8. Jahrhundert
Die Franken als Schutzherren der Kirche

A. Kirche und Umwelt

Vor der politischen Realität sind juridische Bindungen Abstraktion geworden. In zweifacher Weise trägt die Kirche dem Rechnung: auf die Anfrage Pippins (751) entscheidet sie, daß der Macht zu regieren das Vorrecht gegenüber dem Geblüt zukomme; sie selbst, obwohl zur Loyalität gegenüber dem byzantinischen Kaiser verpflichtet, ernennt den Frankenkönig zu ihrem neuen Schutzherrn und (seit 800) Kaiser. Die Folgen dieses Schrittes sind – zwar nicht mit geschichtlicher Notwendigkeit, doch mit innerer Logik – ebenso das tausend Jahre währende „Heilige Römische Reich Deutscher Nation" wie die auch kirchlich vollzogene Trennung von Ostrom (1054) und dessen Untergang (1453). Die innige Verbindung von Kirche und König/Kaiser, der seine Salbung – und damit die religiöse Macht über die Untertanen – aus der Hand der Kirche erhält, wird eine Quelle ständiger Spannungen, da jede Seite die Unterordnung der andern anstrebt und anstreben muß.

711 Nach dem Sieg bei Jerez de la Frontera über die Westgoten (Ende des Westgotenreiches) dringen die Araber bis zu den Pyrenäen vor. Nur das Königreich Asturien im Bergland des Nordens vermag sich zu halten.

717 – 718 Neue und vergebliche Belagerung Konstantinopels durch die Araber.

seit 730 Bilderstreit. Kaiser **Leo der Isaurier** stellt sich (schon seit 726) auf die Seite der Gegner der Bilderverehrung (die vor allem von den Mönchen gefördert wurde und bedenkliche Formen erreicht hatte) und verlangt nun in einem Edikt die Zerstörung der Ikonen (Ikonoklasmus). Dies spaltet schlagartig die Bevölkerung, aber auch die Kirche – der gelehrte Theologe **Johannes von Damaskus,** Mönch im Sabaskloster zu Jerusalem, veröffentlicht zur selben Zeit drei Streitschriften zugunsten der Bilderverehrung – in zwei Lager. **Gregor II.** weist in zwei Briefen an den Kaiser dessen Einmischung in theologische Fragen zurück.

731 Gregor III. spricht über die Bilderzerstörer (Ikonoklasten) die Exkommunikation aus. Als Gegenmaßnahme unterstellt der Kaiser die byzantinischen Gebiete Süditaliens und Sizilien dem Patriarchat von Konstantinopel.

754 eine von Kaiser **Konstantin V.** einberufene **Synode in Hiereia** bei Konstantinopel (338 Bischöfe), ohne Beteiligung von Rom, Alexandrien, Antiochien, Jerusalem, spricht sich für die Beseitigung der Bilder aus. Rücksichtslose Durchführung des Beschlusses, der Widerstand der Mönche wird mit Gewalt gebrochen. Papst **Stephan III.** belegt 769 die Teilnehmer der Synode mit dem Bann.

787 Die ikonenfreundliche Kaiserinwitwe **Irene,** die den minderjährigen Konstantin VI. vertritt (den sie 797, um seine Thronfolge auszuschalten, blenden läßt), veranlaßt die Einberufung eines allgemeinen Konzils nach Nicaea: **2. Konzil von Nicaea** (VII. Ökumenisches). Die Synode von 754 und ihre Beschlüsse werden für nichtig erklärt, die *Verehrung* von Bildern, die zu unterscheiden sei von der nur Gott gebührenden *Anbetung,* wird gestattet.

oder ihr Fleisch zum Verzehr weitergegeben oder selbst gegessen hat, der werde mit dem Tod bestraft.

7. Wer einen Leichnam nach heidnischer Sitte verbrennen läßt und seine Gebeine einäschert, wird mit dem Tod bestraft.

8. Wer von den Sachsen sich als Ungetaufter versteckt und es unterläßt, sich taufen zu lassen, und weiterhin Heide bleiben will, soll mit dem Tod bestraft werden.

9. Wer dem Teufel einen Menschen opfert und ihn wie ein Opfertier nach Art der Heiden den Dämonen darbringt, werde mit dem Tod bestraft.

10. Wer mit den Heiden gegen Christen ein Bündnis schließt oder mit ihnen in Feindschaft gegenüber den Christen verbleiben will, werde mit dem Tode bestraft.

11. Wer dem königlichen Haus die Treue bricht, werde mit dem Tod bestraft.

12. Wer die Tochter seines Herrn geraubt hat, werde mit dem Tod bestraft.

13. Wer seinen Herrn oder seine Herrin getötet hat, werde in gleicher Weise bestraft.

14. Hat einer solche mit Todesstrafe geahndeten Verbrechen im geheimen begangen und nimmt er aus eigenem Antrieb zu einem Priester seine Zuflucht, um zu bekennen und Buße zu leisten, dann sei er – nach dem Zeugnis des Priesters – von der Todesstrafe ausgenommen.

15. Von den *Vorschriften zweiten Ranges* fand allgemeine Zustimmung, daß die Siedlungen, die zu einer Kirche gehören, jeder Kirche (ein bestimmtes Stück) Land geben und daß je 120 Leute – Adlige, Freie und Halbfreie – einen Knecht und eine Magd der Kirche stellen.

16. Und so hat es Christus gefallen, daß von allen Steuern, seien sie Normal- oder Strafabgaben, und von allen Gebühren an den König der zehnte Teil den Kirchen und Priestern gegeben werde.

17. In gleicher Weise schreiben wir dem Gebot Gottes gemäß vor, daß alle den 10. Teil ihres Vermögens und ihrer Arbeit ihren Kirchen und Priestern geben, sowohl Adlige wie Freie und Halbfreie; entsprechend dem, was Gott jedem Christen gegeben hat, sollen sie einen Teil Gott zurückgeben.

18. An Sonntagen sollen keine Versammlungen und öffentliche Veranstaltungen stattfinden, außer in dringenden Fällen oder wenn Feindesgefahr droht. Vielmehr sollen sich alle zur Kirche begeben, um das Wort Gottes zu hören, und sich dem Gebet und guten Werken widmen. Desgleichen sollen sie an hohen Festen sich für den Herrn und die Versammlung der Kirche freimachen und weltliche Veranstaltungen unterlassen.

19. Diesen Dekreten, so wurde beschlossen, soll eingefügt werden, daß alle Kinder innerhalb eines Jahres zu taufen sind. Wir setzen fest: Wer sein Kind nicht innerhalb eines Jahres zur Taufe bringt – außer der Priester habe anders geraten oder die Erlaubnis gegeben, der zahle als Adliger 120 Solidi, als Freier 60, als Halbfreier 30.

20. Wer eine verbotene oder unerlaubte Ehe eingegangen ist, zahle als Adliger 60, als Freier 30, als Halbfreier 15 Solidi.

21. Wer bei Quellen, Bäumen oder Hainen ein Gelübde abgelegt oder etwas nach Art der Heiden geopfert und zur Ehre der Dämonen verspeist hat, zahle als Adliger 60, als Freier 30, als Halbfreier 15 Solidi. Wer nicht zahlungsfähig ist, soll in den Dienst der Kirche gegeben werden, bis die Summe bezahlt ist.

22. Wir befehlen, daß die Leichname christlicher Sachsen in die Friedhöfe der Kirche und nicht zu den Grabhügeln der Heiden gebracht werden.

23. Wir setzen fest, daß heidnische Priester und Losdeuter den Kirchen und Priestern übergeben werden.

24. Wenn Räuber und Verbrecher aus einem Herrschaftsbereich in einen andern fliehen und einer sie aufnimmt und sieben Nächte bei sich behält – außer, um sie auszuliefern –, der sei gebannt. Wenn ein Gefolgsmann ihn verbirgt und ihn nicht vor das Gericht bringen will und dafür keine Entschuldigung hat, soll er seine Ehre verlieren.

25. Bezüglich des Pfandnehmens: Keiner darf einen andern als Pfand benützen. Wer es tut, verfällt dem Bann.

26. Keiner darf die Berufung an Uns verbieten, sonst unterliegt er dem Bann.

27. Wer keinen Bürgen finden kann, dessen Besitz soll in Verwahrung genommen werden, bis er einen Bürgen bietet. Wer gebannt ist und trotzdem sein Haus betritt, soll entweder 10 Solidi oder ein Rind für die Verletzung des Baumes stellen; hat er einen Gläubiger, so muß er die Schuld begleichen. Wenn der Bürge den festgesetzten Tag versäumt, dann wird er mit dem belastet, wofür er bürgt. Jener aber, der dem Bürgen verpflichtet ist, soll das Zweifache erstatten, da er den Bürgen zu Schaden kommen ließ.

28. Für Belohnungen und Geschenke gilt, daß keiner sie in einer Schuldfrage annehmen darf. Wer es tut, unterliegt dem Bann; und wenn es, was fern sei, ein Gefolgsmann ist, soll er seine Ehre verlieren.

789 **Karl d. Gr.,** dem die Akten des Konzils von Nicaea in fehlerhafter Übersetzung (Vermengung von ‚Anbetung‘ und ‚Verehrung‘) vorliegen, spricht sich in einer Denkschrift („Libri Carolini") gegen beide Konzilien (Nicaea und Hiereia) aus.

794 Ein **fränkisches Generalkonzil in Frankfurt** verwirft – mit Zustimmung der päpstlichen Legaten – die Beschlüsse von Nicaea: Bilder seien weder zu zerstören, noch zu verehren, sondern dienten lediglich der Erinnerung und Belehrung (Nicaea wird von den folgenden Päpsten dennoch als ökumenisch anerkannt). Der Streit um die Ikonenverehrung dauert noch bis 843 (vgl. S 69) an.

732 Karl Martell, Majordomus der Franken, besiegt die Araber bei Tours und Poitiers und veranlaßt dadurch ihren Rückzug nach Spanien.

739 Das **Bündnis zwischen Rom und den Franken** bahnt sich an: vor den Langobarden suchen Gregor III. und der römische Senat Hilfe bei Karl Martell, der jedoch vom Krieg gegen die Araber beansprucht ist.

751 **Pippin der Jüngere,** als Hausmeier im Frankenreich im Besitz der faktischen Macht, fragt bei Papst Zacharias an, ob Geblütsrecht ohne Macht oder der tatsächliche Machtbesitz mehr zum Königtum legitimiere. Als Zacharias in seinem Sinn entscheidet, wird Pippin – nach Absetzung des Merowingers Childerich III. und nach Wahl durch die fränkische Reichsversammlung – von den Bischöfen des Reiches zum König gesalbt.

754 Vor der erneuten Bedrohung durch die Langobarden reist Papst **Stephan II.** zu Pippin nach Gallien. Zwischen Papst und König wird zu Quierzy (bei Laon) ein Schutzbündnis geschlossen. Der Papst salbt in St-Denis (bei Paris) Pippin und dessen Söhne Karl (d. Gr.) und Karlmann noch einmal zum König und überträgt ihnen den Ehrentitel „Patricius Romanorum" (Schutzherr der Römer), den bisher der Exarch von Ravenna führte. Dem Papst wird die Rückgabe (!) der von den Langobarden besetzten Gebiete zugesichert **(Pippinsche Schenkung).** 756 erhält dann der Papst das Gebiet des Exarchates von Ravenna und der Pentapolis: es entsteht der **Kirchenstaat.**
Aus dieser Zeit stammt auch die sog. **Konstantinische Schenkung,** eine Fälschung, die um die Mitte des 9. Jh. auftritt und bis zum 15. Jh. für echt gehalten wird. Sie will dem Anspruch des Papstes auf das Gebiet des Exarchates eine rechtliche Grundlage geben: Kaiser Konstantin († 337) habe, durch Papst Silvester († 335) vom Aussatz geheilt, diesem die Herrschaft über Rom und die westliche Reichshälfte (!) überlassen.

772–795 **Hadrian I.** Seine Urkunden datiert er nicht mehr nach den Regierungsjahren des oströmischen Kaisers, auch prägt er eigene Münzen.

740 Der Sieg bei Akroinon bannt für Konstantinopel endgültig die arabische Gefahr. Hauptfeind des Reiches wird nun Bulgarien.

751 Die Eroberung Ravennas durch den Langobarden Aistulf beendet die byzantinische Herrschaft in Mittelitalien (Süditalien und Venedig verbleiben bei Byzanz).

768 **Karl** (geb. um 742) wird König der Franken (zunächst zusammen mit seinem Bruder Karlmann [† 771]).

772–785 Kriege Karls gegen die **Sachsen.** Deren Zwangstaufe von 777 folgt ein Aufstand Widukinds, der von Karl mit der Hinrichtung von ca. 4500 ausgelieferten Sachsen bei Verden an der Aller (782) geahndet wird. **Widukind** beendet durch seine Taufe 785 den aussichtslosen Widerstand. Die Kapitulation (Capitulatio de partibus Saxoniae – vielleicht erst 799 beschlossen) setzt auf Unterlassung der Taufe, Beraubung von Kirchen, Totenverbrennung u. a. die Todesstrafe. – Die rücksichtslose Eintreibung des Kirchenzehnten verursacht bis 804 noch weitere Aufstände.

773–774 Gegen die Langobarden eilt Karl dem Papst **Hadrian I.** zu Hilfe. Nach der Eroberung Pavias wird das Langobardenreich mit dem fränkischen vereinigt. Dem Papst wird das Besitzrecht über die Gebiete des Exarchats (vgl. Jahr 754) bestätigt (781).

seit 793 Eroberungszüge der **Normannen** (u. a. Überfall auf das Kloster Lindisfarne vor Ostengland) werden zum Schrecken der Küstenländer.

795 Eroberungen Karls in Nordspanien führen zur Gründung der **Spanischen Mark** (von Barcelona bis Pamplona und dem oberen Ebro). Die Un-

29. Alle Gefolgsleute sollen untereinander Frieden und Eintracht wahren. Wenn Streit und Aufruhr entstehen, dann sollen sie doch den Dienst Uns gegenüber nicht vernachlässigen.

30. Wer einen Gefolgsmann tötet oder dazu den Auftrag gegeben hat, der verliert sein Erbe an den König und untersteht dessen Recht.

31. Die Gefolgsleute haben die Vollmacht, in ihrem Dienstbereich bei Lehensverletzung oder schwerwiegenden Sachen einen Bann von 60 Solidi zu verhängen; bei geringeren Sachen kann der Gefolgsmann 15 Solidi Banngeld festsetzen.

32. Wer einem andern einen Eid schuldet, den bringe jener zum festgesetzten Tag zur Kirche. Wenn er nicht schwören will, soll er Garantien geben; wer das verweigert, soll 15 Solidi zahlen und dann volle Entschädigung leisten.

33. Eidbrüchige sind nach sächsischem Recht zu bestrafen.

34. Im allgemeinen ist es den Sachsen nicht gestattet, öffentliche Versammlungen durchzuführen, es sei denn, unser Gesandter habe sie zusammengeholt, um Unser Wort zu vermelden. Sondern jeder Gefolgsmann soll in seinem Amt Gutes leisten und die Pflichten erfüllen. Die Überwachung obliegt den Priestern.

Mon. Germ. Hist. Leges I, 48–50. Übers. von R. Fröhlich.

Aus der fränkischen Kirchenordnung

Concilium Germanicum (743 einberufen von Karlmann zur Neuordnung der ostfränkischen Kirche und Einschärfung der Kirchenzucht):

„Nach dem Rat der Priester und meiner Großen setzten Wir in den einzelnen Städten Bischöfe ein und bestellten über sie als Erzbischof den Bonifatius, den Gesandten des hl. Petrus. Wir wollen, daß Jahr für Jahr eine Synode zusammentrete, um in Unserem Beisein die Satzungen und Rechte der Kirche aufzufrischen und die kirchliche Ordnung zu verbessern.

Entzogenes Kirchengut gaben und stellten Wir den Kirchen zurück. Falschen Priestern, ehebrecherischen und unzüchtigen Diakonen entzogen Wir ihre kirchlichen Pfründe, setzten sie ab und hielten sie zur Buße an. Den Dienern Gottes untersagten Wir durchaus, Waffen zu tragen, zu kämpfen, zum Aufgebot und gegen den Feind zu ziehen, mit Ausnahme jener, die wegen des göttlichen Dienstes, das ist wegen der Feier des Meßopfers und der Mitführung der Reliquien von Heiligen, hierzu auser-

wählt sind, so zwar, daß der Fürst ein oder zwei Bischöfe und die Pfalzpriester in seinem Gefolge haben möge und jeder Heerführer einen Priester, der denen, die ihre Sünden bekennen, ihr Urteil sprechen und die Buße auferlegen soll. Allen Dienern Gottes untersagten Wir auch das Jagen und Herumstreifen in den Wäldern mit Hunden, ebenso das Halten von Habichten und Falken.

Wir verordneten auch gemäß den heiligen Satzungen, daß jeder Priester innerhalb der Diözese dem Bischof, in dessen Sprengel er sich aufhält, untertan sein und in der Fastenzeit über seine Amtsführung, über die Taufen, die Lehre des katholischen Glaubens, die Gebets- und Meßordnung dem Bischof immer Rechenschaft ablegen und vorweisen soll.

Und sooft der Bischof nach kirchlichem Recht seine Diözese bereist, um dem Volk die Firmung zu spenden, soll der Priester mit Beihilfe und Unterstützung des Volkes, das gefirmt werden soll, stets bereit sein, den Bischof aufzunehmen. Und am Gründonnerstag soll er immer bei seinem Bischof das neue Salböl holen, um vor dem Bischof von seiner Lebensführung, seinem Glauben und seiner Lehre Zeugnis abzulegen. Wir beschlossen, daß fremde Bischöfe und Priester, von wo auch immer sie zuwandern mögen, vor der Billigung durch die Synode zum Kirchendienst nicht zuzulassen sind.

… Wir beschlossen ferner, daß, wer von den Dienern oder Dienerinnen Gottes nach dieser Synode, die am II. Tag vor den Kalenden des Mai abgehalten wurde, in das Verbrechen der Unzucht fallen würde, dies mit Kerkerhaft bei Wasser und Brot büßen soll; und wenn er ein geweihter Priester ist, dann soll er zwei Jahre im Kerker sitzen und vorher bis aufs Blut gegeißelt werden; später soll der Bischof dies noch verschärfen. Und wenn ein Kleriker oder ein Mönch in diese Sünde fällt, dann soll er dreimal gegeißelt werden und ein volles Jahr im Kerker büßen. Gleicher Strafe sollen auch eingekleidete Nonnen verfallen und kahl geschoren werden. Wir verordneten, daß die Priester und Diakone nicht kurze Kleider nach Art der Laien, sondern lange Gewänder nach Brauch der Diener Gottes tragen sollen. Auch soll keiner ein Weib in seinem Hause dulden. Und die Mönche und Klosterfrauen sollen nach der Regel des hl. Benedikt geleitet werden und leben und danach ihr eigenes Leben einzurichten trachten."

Die Briefe des hl. Bonifatius nach der Ausgabe in den Mon. Germ. Hist. in Auswahl übers. u. erl. von Michael Tangl (Geschichtsschreiber der deutschen Vorzeit, hrsg. von G. H. Pertz u. a., Bd. 92), Leipzig: Dyk 1912, S. 89–91.

einigkeit der arabischen Stämme – Feindschaft zwischen Harun al Raschid, Bagdad, und den Omaijaden in Spanien – führt dazu, daß Karl auf diplomatischem Weg die Schutzherrschaft über die heiligen Stätten in Jerusalem erreicht (800).

B. Innerkirchliche Entwicklung

Auf deutschem Boden schafft Bonifatius die kirchlichen Grundstrukturen für Verwaltung und Seelsorge. Die enge Bindung an Rom, zu der er alle neugeweihten Bischöfe verpflichtet, ist mit eine Voraussetzung dafür, daß dem Abendland die östlichen Rivalitäten zwischen den Patriarchaten erspart bleiben. – Bemerkenswert ist auch die theologische Einmütigkeit des Westens. Während in der griechischen Kirche die subtilen Spekulationen der Theologen immer auch zur Parteinahme der Bevölkerung führen, sammeln und ordnen die Wissenschaftler des Westens und neigen mehr zu geschichtlichen als zu theoretischen Studien. Erst nachdem die Verteilung des germanischen Bodens im großen abgeschlossen ist und die Christianisierung feste kirchliche Formen erreicht hat (11./12. Jh.), werden Kräfte und Aufmerksamkeit für die Entwicklung theologischer Systeme (Scholastik!) frei.

711 In Byzanz verhandelt Papst Konstantin I. mit dem Kaiser über die 692 von der Synode aufgestellten Canones – es ist die letzte Reise eines Papstes nach Byzanz.

719 Gregor II. beauftragt **Bonifatius** mit der Mission unter den Germanen östlich des Rheins.

673 Winfried (seit 719 mit dem Beinamen des römischen Märtyrers ‚Bonifatius') in Wessex, Südwestengland, geboren. Erziehung in Klöstern der Benediktiner.
719–721 Glaubenspredigt unter den Friesen, zusammen mit Willibrord (s. Jahr 690).
721 Missionstätigkeit in Hessen und Thüringen; Tausende von Germanen lassen sich taufen.
722 Bonifatius wird von Gregor zum Missionsbischof (ohne festen Sitz) geweiht; er verpflichtet sich, in allem nach den Weisungen Roms vorzugehen (es ist seine feste Überzeugung, daß die enge Verbindung mit Rom für die geordnete Entfaltung der Kirche wesentlich ist).
723 In Geismar (Hessen) fällt Bonifatius die heilige **Eiche des Donar**, um die Machtlosigkeit der germanischen Götter zu demonstrieren.
725–735 Missionstätigkeit in Thüringen (Gründung des Klosters Ohrdruf, Fulda u.a.).
732 Durch die Ernennung zum Erzbischof und als „germanischer Legat des Apostolischen Stuhls" (737/38) wird die kirchliche Organisation zum neuen Schwerpunkt seiner Tätigkeit. Er errichtet mehrere neue Bistümer: Buraburg bei Fritzlar, Erfurt, Würzburg, Eichstätt, Salzburg, Regensburg, Freising, Passau.
742–747 Auf mehreren Synoden unter Leitung des Bonifatius wird die fränkische Kirchenordnung gestaltet und anschließend als Reichsgesetz verkündet (u.a.: Geistliche dürfen keine Waffen tragen noch Laienkleidung, auch nicht an der Jagd teilnehmen, Verbot des Konkubinats).
753 Bonifatius, 80jährig, widmet sich wieder der Mission unter den Friesen. Im Juni **754** werden er und 52 Gefährten von heidnischen Friesen, die Schätze bei ihnen vermuten, überfallen und erschlagen. – Die Nachwelt gab ihm den Titel „Apostel Deutschlands".

724 Gründung des **Klosters Reichenau** auf der gleichnamigen Bodenseeinsel durch Pirmin.

735 † **Beda Venerabilis,** Mönch im Kloster Jarrow, England. Ähnlich wie Isidor von Sevilla (vgl. J. 601) betreffen seine Schriften fast alle damaligen Wissensgebiete: Traktate über Astronomie und Mathematik, Kommentare zur Hl. Schrift, Ho-

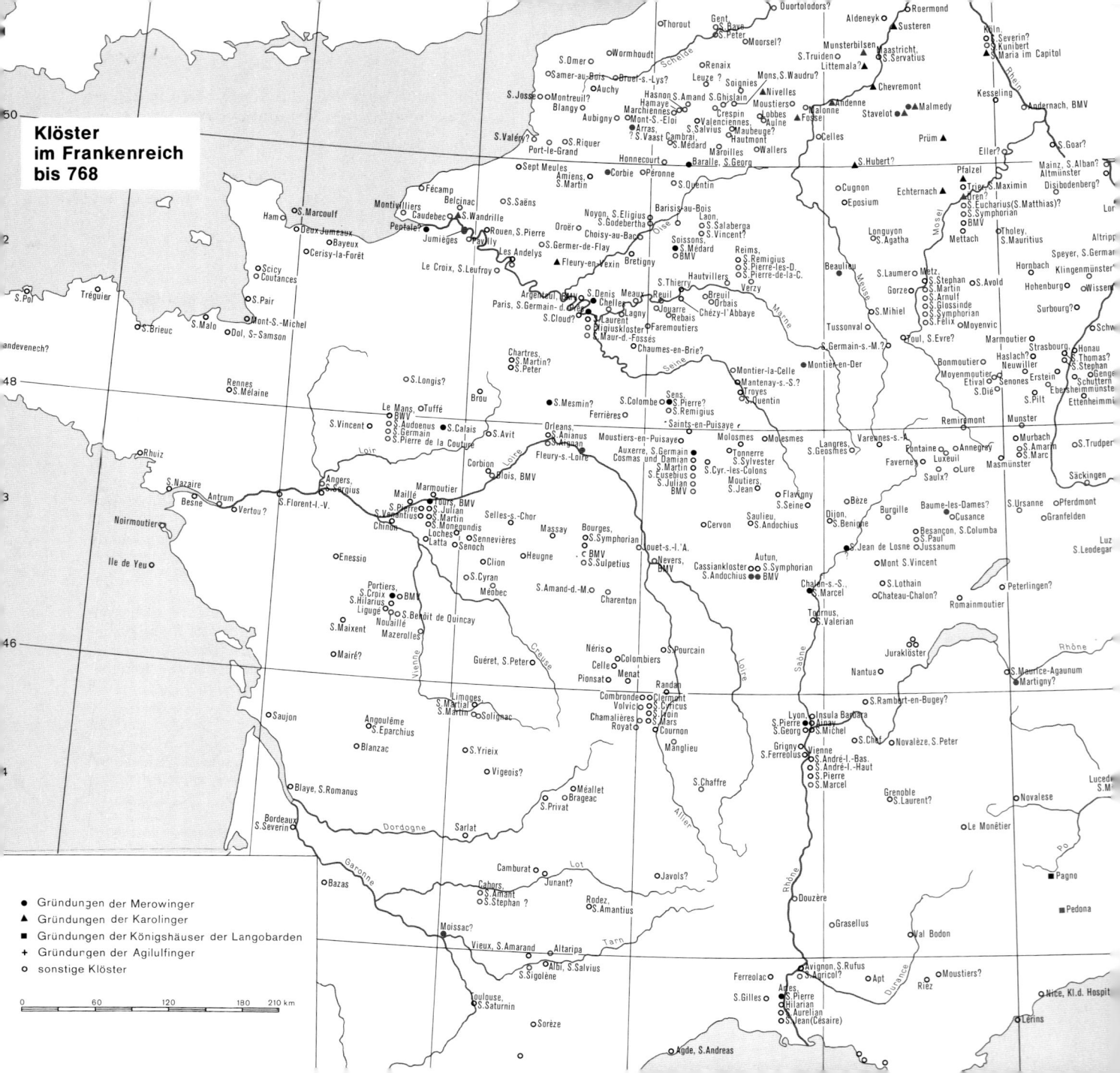

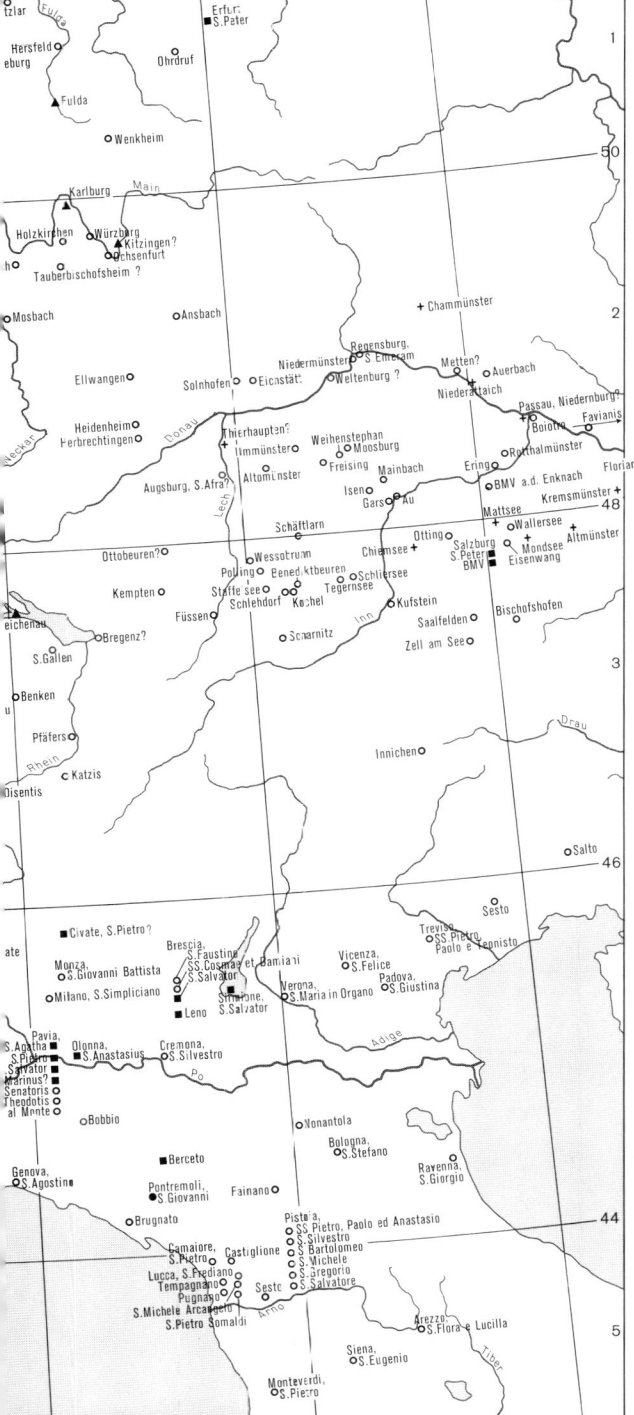

milien, und vor allem eine Geschichte der angel-sächsischen Kirche (Historia ecclesiastica gentis Anglorum). Er gilt im Mittelalter als bedeutende theologische Autorität.

769 Um ähnliche Fälle zu vermeiden – nach dem Tod Pauls I. hatte der Herzog von Nepi seinen Bruder Konstantin, der noch Laie war, durch Gewalt zum Papst erheben lassen –, beschließt die Lateransynode ein neues Wahlgesetz: Laien dürfen nicht zum Papst erhoben werden; das Wahlrecht der Laien in Rom wird auf die Akklamation des vom Klerus Gewählten beschränkt.

seit 787 Nach der Unterwerfung der Sachsen entstehen allmählich die Bistümer Bremen, Verden, Minden, Münster, Paderborn, Osnabrück.

790 **Alkuin** (Angelsachse, ca. 730–804), enger Berater Karls d. Gr., wird Leiter der Hofschule Karls. Durch seine Initiative versammeln sich zahlreiche Gelehrte am Hof des Königs. (Er wird später Abt von St. Martin in Tours – die dortige Klosterschule wird unter seiner Leitung hochberühmt.)

797 Unterwerfung und Christianisierung der **Avaren** durch die Franken.

798 Eine römische Synode (unter Leo III.) verurteilt den seit 780 in Spanien (Erzbischof Elipandus von Toledo) aufkommenden **Adoptianismus,** nach dem der Logos in Christus zwar Gottes Sohn, der Mensch Christus indessen von Gott adoptiert sei.

Die Päpste im 9. Jahrhundert

795–816	Leo III.	867–872	Hadrian II.
816–817	Stephan IV.	872–882	Johannes VIII.
817–824	Paschalis I.	882–884	Marinus I.
824–827	Eugen II.		(Martin II.)
827	Valentinus	884–885	Hadrian III.
827–844	Gregor IV.	885–891	Stephan V.
	(Johannes 844)	891–896	Formosus
844–847	Sergius II.	896	Bonifatius VI.
847–855	Leo IV.	896–897	Stephan VI.
855–858	Benedikt III.	897	Romanus
	(Anastasius 855)	897	Theodor II.
858–867	Nikolaus I.	898–900	Johannes IX.

Die oströmischen Kaiser

775–802	Irene	829–842	Theophilus
802–811	Nikephoros I.	842–867	Michael III.
811–813	Michael I.	867–886	Basilius I.
813–820	Leon V.	886–912	Leon VI.
820–829	Michael II.		

Die karolingischen Herrscher *(Kaisernamen in Kursivdruck)*

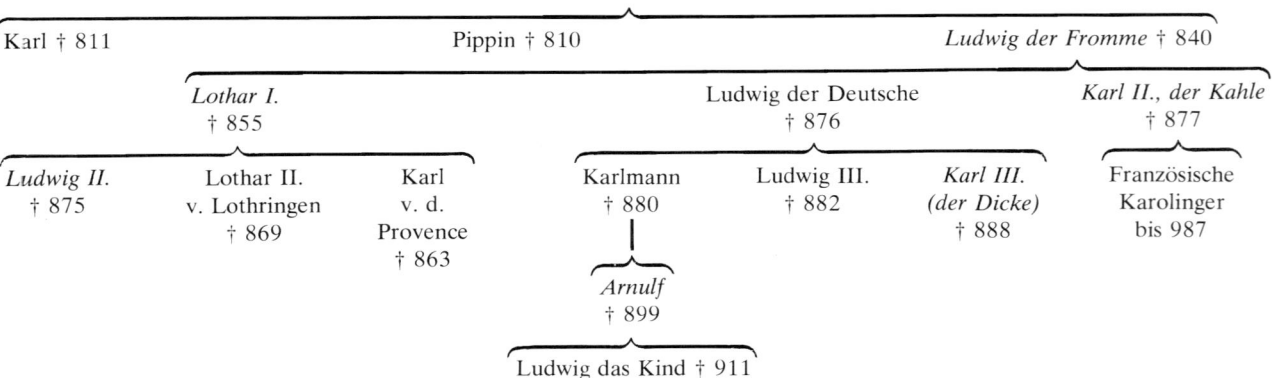

Karl der Große † 814

Karl † 811   Pippin † 810   *Ludwig der Fromme* † 840

Lothar I. † 855   Ludwig der Deutsche † 876   *Karl II., der Kahle* † 877

Ludwig II. † 875 — Lothar II. v. Lothringen † 869 — Karl v. d. Provence † 863 — Karlmann † 880 — Ludwig III. † 882 — *Karl III. (der Dicke)* † 888 — Französische Karolinger bis 987

Arnulf † 899

Ludwig das Kind † 911

9. Jahrhundert
Imperium und Sacerdotium

A. Kirche und Umwelt

Obwohl Karl d. Gr. das politische Risiko einer vom Papst verliehenen Kaiserwürde voraussah, akzeptierten seine Nachfolger die Krönung durch den Papst: Imperium und Sacerdotium gehen die das Mittelalter prägende Verbindung ein. Noch sind die Kaiser für die Kirche mehr Schutz als Herr (Italien hat für sie noch nicht die Bedeutung wie etwa für Friedrich I. oder Friedrich II.), und die Ausbreitung des heiligen Glaubens wird von ihnen mit demselben Eifer und derselben Härte unternommen wie die Unterwerfung anderer Völker. – Die fränkische Kirchenordnung erreicht mit der Reform der Klöster einen gewissen Abschluß; es folgt eine Blütezeit der Hof- und Klosterschulen, mit bedeutenden Gelehrten – zu dieser Zeit wird durch Johannes Scotus auch das erste philosophisch-theologische System des Mittelalters geschaffen. – Das zum politischen Faktor gewordene Papsttum erlebt seine ersten Schatten: mehrere Päpste, zum Spielball der Interessen römischer Adelsparteien geworden, enden durch Mord.

800 Vor den Mißhandlungen und Anklagen (Vorwurf des Meineids und der Unzucht) römischer Gegner flieht Leo III., seit 795 Papst, zu Karl nach Paderborn. Vom König zurückgeleitet, krönt er – nachdem er seine Unschuld eidlich versichert hat – am Weihnachtsfest unter Akklamation des Volkes während der Messe in der Peterskirche **Karl** zum **römischen Kaiser** (Augustus et Imperator Romanorum). Obwohl von der Initiative des Papstes überrascht, versteht sich Karl seitdem „als von Gott gekrönter Herrscher des Römischen Reiches", als Nachfolger Konstantins. – Ostrom, an dem Vorgang nicht beteiligt, protestiert heftig; erst Michael I. gesteht ihm, nachdem Karl auf Venedig und die dalmatinische Küste verzichtet hat, den Kaisertitel zu – und erweitert gleichzeitig den eigenen Titel „Kaiser" (Basileus) durch den Zusatz „der Römer" (!).

813 Ohne Mitwirkung des Papstes läßt Karl († 814) seinen Sohn Ludwig zum Mitkaiser und Nachfolger krönen.

816 Ludwig der Fromme läßt sich in Reims durch Papst Stephan IV. nochmals zum Kaiser krönen. Ebenso wird Lothar zunächst vom Vater zum Mitkaiser gekrönt (817), darauf vom Papst (823). – Es wird bald feste Überzeugung, daß nur der Papst rechtmäßig den Kaisertitel vergeben könne.

824 Die **Schutzherrschaft des Kaisers** wird – unter Lothar I. – durch die Constitutio Romana näher festgelegt. Der Kaiser übt in Italien die oberste Gerichtsbarkeit aus und kontrolliert die Verwaltung, dem Papst untersteht die Exekutive; Mitwirkung des Kaisers bei der nach kanonischen Regeln erfolgenden Papstwahl (Bestätigungsrecht, Treueid des Papstes vor seiner Einsetzung); der Papst hat das Recht der Kaiserkrönung.

FRÄNKISCHES REICH

▨	Frankenreich um 768
▨	Erwerbungen Karls des Großen
▨	Grenzmarken
░	Verbündete Völker
░	Unterworfene Völker
▨	heutige Sprachgrenze
⚲	Erzbistümer

0   100   200   300 km

Nordsee

Mercia
Hwicce
Ost-Anglia
Essex
London
Kent
Canterbury
Sussex
Wessex

KGR. DÄNEMARK
Danewerk
Haithabu
Wagrier
Bardowiek
Nordal.
Ungeri Abodriten
Linonen
Heveller
Wilzen
Oder

Friesland
Sachsen
Bremen
Verden
Osnabrück
Münster
Minden
Lippsp.
Corvey
Hildesheim
Paderborn
Höxter
Burg
Magdeburg
Halberstadt
Halle
Fritzlar
Thüringen
Erfurt
Ohrdruf
Lausitzer
Sorben
Daleminzier

Utrecht
Nimwegen
Xanten
Kaiserswerth
Köln
Büraburg

Flandern
Brügge
Maastricht
Meers
Löwen Lüttich
Aachen
Herstal Zülpich
Hessen
Fulda
Amöneburg

St.Riquier
Arras
Cambrai
Amiens
Corbie
Tertry
Quierzy
Soissons
Attigny
Noyon
Namur
Stablo
Prüm
Echternach
Trier
Ingelheim
Mainz
Würzburg
Ochsenfurt
Eichstätt

Böhmen

Rouen
Bayeux
Lisieux
Evreux
St.Denis
Paris
Châlons
Reims
Verdun
Worms
Speyer
Lorsch
Amorbach
Ellwangen
Prem̄berg
Regensburg
Nieder-Altaich
Passau

Mähren

St.Pol
Bretagne
Bretonische Mark
Rennes
Chartres
Le Mans
Orléans
Sens
Auxerre
Loire
Tours
Nantes
Bourges
Poitiers
Nevers
Autun
Chalon

Seine
Quierzy
Pontigon
Toul
Gorze
Metz
Diedenhofen
Straßburg
Weißenburg
Murbach
Reichenau
Konstanz
St.Gallen
Disentis
Chur

Alamannien
Augsburg
Weihenstephan
Wessobrunn
Benediktbeuern
Kempten
Freising
Bayern
Mondsee
Kremsmünster
Chiemsee
Tegernsee
Salzburg
Säben
Brixen
St.Peter
Maria Saal

Ost-mark
Lorch
Wien
Pechlarn
Donau

Awaren

Pannonien
Mosaburg
Fünfkirchen
Karantanien

Basken
Navarra
Gascogne
Bayonne
Roncesvalles
Bordeaux
Aquitanien
Angoulême
Albi
Toulouse
Nîmes
Narbonne
Roussillon
Septimanien
Arles
Aix
Marseille
Toulon
Fos
Lérins

Burgund
Gent
Luxeuil
Besançon
Lausanne
Lyon
Vienne
Tarentaise
Grenoble
Embrun
Valence
St.Maurice
Aosta
Rhône
Avignon

M. Friaul
Aquileja
Venedig 806-12 fränk. Oberhoh.
Ivrea
Vercelli
Pavia
Mailand
Verona
Ferrara
Bologna
Reggio
Ravenna
Romagna
Kgr. Italien
Tuscien
Hzm. Spoleto
Spoleto

Dalmatien ostr.
Guduskaner
ostr.?
ostr.
Spalato
Narentaner
Ragusa ostr.
Sirmium
Belgrad
Dyrrhachium
Otranto ostr.röm.

Adriatisches Meer

KGR. ASTURIEN
Burgos
OMAIJAD.
EMIRAT VON CORDOBA
Zaragoza
Lérida
Tortosa
Barcelona
Ebro
Spanische Mark

Korsika
Aleria
Sardinien

Romana
Perugia
Viterbo
Sutri
Patri-monium
Ostia
Rom
Petri
Mte Cassino
Gaeta
Neapel
Benevent
Salerno
Hzm. Benevent
Tarent
ost-röm.

826 **Harald** Klak, König der Dänen, läßt sich mit 400 Adligen in Mainz taufen.

827 Die Araber erobern Sizilien.

843 Im **Vertrag von Verdun** wird das Frankenreich unter Lothar I. (Italien, Burgund, Gebiete entlang des Rheins), Ludwig d. Deutschen (Ostfranken), Karl d. Kahlen (Westfranken) geteilt.

zwischen 847 und 852 entstehen die **Pseudoisidorischen Dekretalien.** Ihr nicht bekannter Verfasser Isidorius Mercator – von der Umwelt als Isidor von Sevilla (†636) verstanden – gibt vor, das geltende Kirchenrecht zusammenzustellen, und verwendet dazu echte Quellen wie Fälschungen (darunter auch die „Konstantinische Schenkung", vgl. 754). Sein Ziel ist, die **Vorrangstellung des Papstes** gegenüber Königen und Bischöfen zu erweisen: der Papst als „caput totius orbis" (Haupt des ganzen Erdkreises) hat allein das Recht, Synoden abzuhalten und zu bestätigen; Staatsgesetze, die seinen Dekreten entgegenstehen, sind nichtig. – Die Fälschung wurde bis zum 15. Jh. für echt gehalten und trug zur Stärkung des päpstlichen Primates nicht unwesentlich bei.

858–867 **Nikolaus I.** Entschlossen und in persönlicher Integrität beansprucht er die vollständige Führung innerhalb der Kirche und die Geltung religiöser Normen auch für den Staat. So zwingt er – gestützt auf die ps.-isidorischen Dekretalien – den Erzbischof Hinkmar von Reims, den abgesetzten Bischof Rothadius von Soissons zu rehabilitieren. König Lothar II. untersagt er die Trennung von der (kinderlosen) Gemahlin Thietberge; die Erzbischöfe von Köln und Trier, welche die Verstoßung Thietberges gebilligt hatten, werden abgesetzt.

seit 860 Die Brüder **Cyrill** (Konstantin. †869) und **Methodius** missionieren unter den Slawen. Für die Entfaltung des slawischen Christentums wird ihre Übersetzung der Hl. Schrift ins Slawische – sie entwickeln dafür das glagolitische Alphabet – und die Einführung einer slawischen Liturgie von entscheidender Bedeutung.

864 Der Bulgarenfürst Boris (Bogoris) läßt sich taufen und nötigt sein Volk zur Annahme des Christentums. Kirchlich unterstellt er sich 870 Konstantinopel.

866 In Spanien beginnt Alfons III. mit der Rückeroberung **(Reconquista)** der von Arabern besetzten Gebiete (1492 vollendet).

871 Kaiser Basilius besiegt die **Paulicianer** (eine um 650 in Armenien und Syrien aufkommende Sekte, deren Mitglieder sich trotz ihres dualistischen Weltbildes – sie unterscheiden einen Gott dieser Welt vom himmlischen Gott – als Christen bezeichnen) und beendet damit ihre politische Macht (die Sekte erlischt erst im 12. Jh.).

882 Mit der Ermordung Johannes' VIII. durch seine Verwandten beginnt das „dunkle Jahrhundert" (saeculum obscurum), in welchem der Päpstliche Stuhl zum Spielball römischer Adelsfamilien wird.

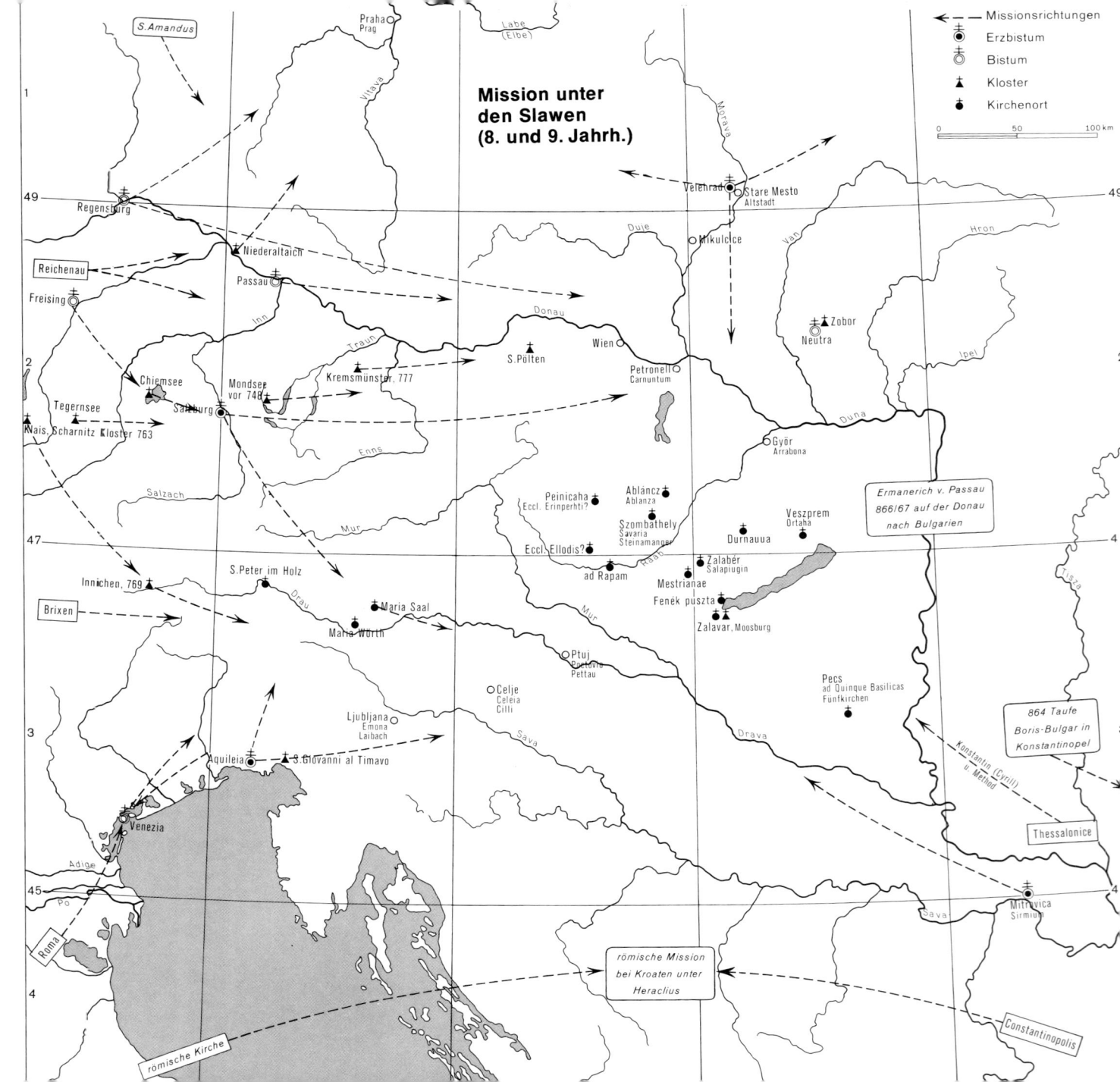

Mission unter den Slawen (8. und 9. Jahrh.)

Legende:
- Missionsrichtungen
- Erzbistum
- Bistum
- Kloster
- Kirchenort

0 — 50 — 100 km

S. Amandus

Praha / Prag

Labe (Elbe)

Morava

Regensburg

Reichenau

Niederaltaich

Passau

Freising

Velehrad / Stare Mesto Altstadt

Mikulcice

Duje

Vah

Hron

Zobor

Neutra

Ipel

Chiemsee

Mondsee vor 748

Kremsmünster, 777

Inn

Traun

Donau

S. Pölten

Wien

Petronell Carnuntum

Tegernsee

Mais, Scharnitz Kloster 763

Salzburg

Enns

Salzach

Mur

Györ Arrabona

Duna

Innichen, 769

Brixen

S. Peter im Holz

Drau

Maria Saal

Maria Wörth

Peinicaha Eccl. Erinperhti?

Ablancz Ablanza

Szombathely Savaria Steinamanger

Eccl. Ellodis?

ad Rapam

Raab

Mur

Mestrianae

Zalabér Salapiugin

Fenék puszta

Zalavar, Moosburg

Veszprem Ortaha

Durnauua

Ermanerich v. Passau 866/67 auf der Donau nach Bulgarien

Tisza

Ptuj Poetovio Pettau

Celje Celeia Cilli

Ljubljana Emona Laibach

Sava

Pecs ad Quinque Basilicas Fünfkirchen

Drava

864 Taufe Boris-Bulgar in Konstantinopel

Konstantin (Cyrill) u. Method

Thessalonice

Aquileia

S. Giovanni al Timavo

Venezia

Adige

Po

Roma

Mitrovica Sirmium

Sava

römische Kirche

römische Mission bei Kroaten unter Heraclius

Constantinopolis

B. Innerkirchliche Entwicklung

Die Mission unter den slawischen Völkern bleibt nicht verschont von dem Machtkampf zwischen Rom und Byzanz, doch steht die Verkündigung des Glaubens im Vordergrund. Gemessen daran, daß sich der Norden und Osten Europas dem Christentum öffnen, erscheinen die Verluste an die Araber nicht als Niedergang der Kirche. Nach den christologischen Streitigkeiten des vergangenen Jahrhunderts tritt auch im Osten – nach der Beilegung des Bilderstreits – Ruhe ein. Der Westen erlebt, nachdem die kirchliche Ordnung etabliert ist, eine erste Blütezeit. Nur am Rande melden sich die Mißstände, die das folgende Jahrhundert verdunkeln: unwürdige Äbte als Folge des germanischen Eigenkirchensystems, die Zwangstaufen bei unterworfenen Völkern, die Verflechtung von kirchlicher Norm und staatlichem Gesetz.

809 Als fränkische Mönche in Jerusalem das seit dem 6. Jh. in Spanien übliche und von der fränkischen Kirche übernommene „**filioque**" (daß der Hl. Geist vom Vater **und vom Sohne** ausgeht) gebrauchen und deswegen von den Griechen der Häresie beschuldigt werden, läßt Karl d. Gr. durch die Synode von Aachen das „filioque" billigen. Papst Leo III. stimmt zwar in der Sache zu, ist aber gegen die Aufnahme des Zusatzes in das Glaubensbekenntnis (erst 1014 übernimmt die römische Kirche den Zusatz).

816 und 817 Unter Leitung **Benedikts von Aniane** – von Ludwig d. Frommen mit der Oberaufsicht über die Klöster des Reiches beauftragt – treffen sich die Äbte zahlreicher Klöster in Aachen, um der Verwahrlosung der Mönche zu begegnen. (Als „Eigentum" des Stifters wurden die Klöster und ihre Einkünfte oft an Familienangehörige oder Freunde, die man – als Laien – zum Abt ernennen ließ, vergeben.) Die Beobachtung der Benediktinerregel wird allen Klöstern zur Pflicht gemacht.

826 **Ansgar**, Mönch im sächsischen Kloster Corvey, begleitet König Harald nach dessen Taufe in Mainz (826) nach Dänemark und widmet sich dort und in Schweden der Glaubensverkündigung.

831 Errichtung des Erzbistums Hamburg als Ausgangspunkt für die Missionierung des Nordens.
832 Ansgar wird in Rom von Gregor IV. zum Legaten für die Dänen, Schweden und Nordslawen erhoben (†867).

843 Nach neuen Verboten der Ikonenverehrung durch die Kaiser Leo V., Michael II. und Theophilus läßt die Kaiserinwitwe Theodora durch den neuen Patriarchen Methodius auf einer Synode die **Bilderverehrung** wieder gestatten.

844 **Paschasius Radbertus**, Mönch und Abt im Kloster Corbie, veröffentlicht die Schrift „Über den Leib und das Blut des Herrn": in der Hostie sei „dasselbe Fleisch" gegenwärtig, das von Maria geboren wurde. Dagegen erhebt sich – im sog. **„Abendmahlsstreit"** mehrfacher Widerspruch. Hrabanus Maurus, seit 847 Erzbischof von Mainz, präzisiert, daß Christus ,dem Wesen, nicht der Erscheinung nach' in der Eucharistie gegenwärtig sei. Rathramnus von Corbie spricht von der „Kraft (virtus)" des Leibes Christi, die im Sakrament enthalten sei. Johannes Scotus betont das „Gedächtnis (memoria)" an den wirklichen Leib Christi. – Der Abendmahlsstreit findet im 11. Jh. (Berengar von Tours!) seine Fortsetzung.

846 Sarazenen plündern auf ihren Raubzügen Rom. Leo IV. läßt daraufhin den Vatikan mit Mauern umgeben (Gründer der sog. **Leostadt**, d. i. des jenseits des Tibers [Nordseite] gelegenen Viertels von Rom).

849 Im Bund mit süditalienischen Küstenstädten gelingt Leo ein Seesieg über die Araber.

Verhältnis Papsttum – Ostrom

Brief des Papstes Nikolaus I. an den oströmischen Kaiser Michael III. (842–867):

„Die Rechte des Papsttums waren früher als Eure Herrschaft, sie blieben bisher unerschüttert, und sie werden auch bleiben, wenn Ihr nicht mehr seid. Von Synoden sind sie nicht verliehen, sondern lediglich gefeiert und verehrt worden. Wie könnte es jemand zustehen, über den höchsten Richter zu urteilen? Der rechte Kaiser ist erfüllt von Liebe zur römischen Kirche und von Eifer für sie; er ehrt sie durch Privilegien, bereichert sie durch Geschenke, stimmt ihren Wünschen zu und führt ihre Anordnungen aus, er bittet um ihr Gebet und gebietet, daß man ihrem Glauben folge; durch seine Gesetze fördert er den Anschluß der Gemeinden an sie, aber er denkt nicht daran, zu befehlen, daß Synoden versammelt und Entscheidungen getroffen werden, vielmehr bittet er darum; er stimmt zu, was sie beschließen, und verwirft, was sie verdammen."

Übers. von H. Meltzer in: Ernst Thrändorf – Hermann Meltzer, Kirchengeschichtliches Quellenlesebuch, Ausgabe B, Dresden-Blasewitz: Bleyl & Kaemmerer ⁴1914, S. 50.

Auf dem Konzil von Konstantinopel 870

Photius, Gegen den Vorrang der römischen Kirche:

„Wenn Rom an erster Stelle steht, weil es den ersten Apostel als Bischof aufnahm, so wird Antiochaia eher den Vorrang haben. Denn der Apostel Petrus war Bischof von Antiochaia, bevor er es in Rom war. Ferner, wenn Rom (diesen Anspruch erhebt) wegen des Apostelfürsten, der zuerst die Laufbahn des Märtyrers vollendete, hätte mit viel mehr Recht Jerusalem vor Rom den Vorrang. Ferner, wenn die Bischofsstühle ihren Vorrang von der Qualität ihrer Inhaber ableiten, wird da nicht Jerusalem glänzend über alle den Sieg davontragen? Denn er selbst, der Schöpfer und Herr des Petrus und von uns allen zusammen, der erste und große Erzpriester, die Quelle allen Lebens und auch des bischöflichen Ranges, wurde dort geboren, hielt sich dort auf und opferte sich freiwillig für das Heil der Welt.

Ferner, wenn Rom seinen Vorrang durch den Apostelfürsten zu begründen sucht, so gebührt Byzanz der Vortritt durch den erstberufenen Andreas, den älteren Bruder (des Petrus). Denn viele Jahre früher übernahm er den Bischofsstuhl von Byzanz, als sein Bruder Bischof der Römer wurde.

Wenn man mir aber den Ausspruch vorhält: ‚Du bist Petrus, und auf diesen Felsen will ich meine Kirche bauen usw.' (Mt 16, 18), so wisse, daß sich das nicht auf die römische Kirche bezieht. Keine Spur! (wörtl.: geh weg!) Denn das ist jüdisch und engherzig, die Gnade und Göttlichkeit der Kirche auf Teilgebiete und Plätze zu beschränken und sie nicht für die ganze Oikumene in gleicher Weise wirksam werden zu lassen. Aber auch die Worte „Auf diesen Felsen" – wie könnte sie einer, wenn er auch sehr dreist wäre und die Schamlosigkeit für Ruhm hielte, gewaltsam dahin auslegen, sie seien von der römischen Kirche gesprochen? Es ist klärlich von dem Felsen gesagt, auf dem die übereinstimmende Lehre von Christus beruht und hiermit von der ganzen Kirche, die durch die Lehre der Apostel bis an die Grenzen der Erde ausgebreitet und fest begründet wurde. Wir bekennen auf Grund der Belehrung durch die heiligste und ehrwürdige Definition, daß der Heilige Geist zu dieser Kirche durch die Fanfaren der Propheten gesprochen hat, wobei wir die Worte der Propheten in frommer Auslegung auf die *eine* katholische und apostolische Kirche beziehen, nicht auf eine des Petrus oder auf eine römische, wie es die römische Unbildung in ihrem leeren Geltungsbedürfnis haben möchte."

Rhalles-Potles, Syntagma ton theion kai hieron kanonon, Bd. 4, Athen 1854, S. 409 f. – Übers. Herbert Hunger, Byzantinische Geisteswelt. Von Konstantin dem Großen bis zum Fall Konstantinopels, Amsterdam: Adolf M. Hakkert ²1967, S. 186 f.

848 Die bei Augustinus nicht voll geklärte **Prädestinationsfrage** lebt durch den Mönch **Gottschalk** (Kloster Fulda) wieder auf. Er vertritt die doppelte Vorherbestimmung: Heil oder Verdammnis stehen für jeden schon zur Zeit der Geburt fest – man könne also nicht von einem **allgemeinen** Heilswillen Gottes sprechen. – Auf zwei Synoden – 848 Mainz, 849 Quierzy – wird seine Lehre verurteilt, Gottschalk seines Priestertums entkleidet und nach einer Geißelung der (lebenslänglichen) Klosterhaft übergeben; er stirbt um 868 in geistiger Umnachtung.

860 Da der Prädestinationsstreit weitergeht, entscheidet die Synode von Toucy bei Toul, daß man von einem allgemeinen Heilswillen Gottes und einer alle Menschen betreffenden Erlösung sprechen müsse. – Die Frage, ob es eine Vorherbestimmung zur Verdammnis geben könne, wird nicht berührt.

875 † Leo IV. Wie mehrere Chroniken des 13. Jh. berichten, soll nach seinem Tod zwei Jahre und sieben Monate lang eine als Mann verkleidete Frau, die **Päpstin Johanna**, die Kirche geleitet haben.; sie sei entdeckt worden, als sie während einer Prozession ein Kind zur Welt brachte. – Lange Zeit für echt gehalten, wurde die Ungeschichtlichkeit der Erzählung seit dem 17. Jh. nachgewiesen.

858 Der **Streit um Photius** („Photianisches Schisma"). Kreise des Hofes in Byzanz erzwingen den Rücktritt des Patriarchen Ignatius, der den Cäsar Bardas wegen unsittlichen Lebenswandels öffentlich gerügt hat. Nachfolger wird **Photius**, Staatssekretär und Befehlshaber der kaiserlichen Leibwache (innerhalb von fünf Tagen empfängt er sämtliche kirchlichen Weihen).

863 **Nikolaus I.** bezieht für Ignatius Stellung und spricht Photius alle geistlichen Würden ab.
867 Eine von Photius einberufene Synode verhängt über Papst Nikolaus Absetzung und Bann. – Noch im gleichen Jahr zwingt der neue Kaiser Basilius I. Photius zum Rücktritt und setzt Ignatius wieder ein.

869 – 870 Eine Synode unter Leitung päpstlicher Legaten (**4. Konzil von Konstantinopel**, VIII. Ökumenisches) exkommuniziert Photius und seine Anhänger. – Auf dem Konzil wird außerdem (Can. 21) die Rangfolge der Patriarchate festgelegt: Rom, Konstantinopel, Alexandrien, Antiochien, Jerusalem; die Erlaubtheit der Bilderverehrung wird (Can. 3) nochmals festgestellt.

877 oder 878 Nach dem Tod des Ignatius wird Photius – durch die Gunst des Kaisers – wiederum Patriarch von Konstantinopel.

879 – 880 Eine neue Synode unter Teilnahme päpstlicher Legaten verwirft das Konzil von 869/870 und anerkennt Photius als rechtmäßigen Patriarchen.

886 Der neue Kaiser Leo VI. setzt seinen früheren Lehrer Photius ab, um die Patriarchenwürde seinem 16jährigen Bruder Stephan zu verleihen. Photius stirbt in Klosterhaft (um 892).

873 In einem Brief an die Fürsten Sardiniens wendet sich Johann IV. **gegen den Sklavenhandel**: die von den Griechen verkauften Gefangenen sollten freigelassen werden; sie unter dem Joch der Knechtschaft zu halten, sei schwere Sünde.

nach 877 † **Johannes Scotus** Eriugena. Der Irländer, Vorsteher der Hofschule Karls des Kahlen, entwickelt in fünf Büchern „De divisione naturae" (Über die Einteilung der Natur) das erste philosophisch-theologische System des Mittelalters; er orientiert sich vor allem an Augustinus und neuplatonischen griechischen Denkern.

896 Die Päpste, die seit Johannes VIII. (872–882) vom römischen Adel erhoben werden, sind Spielball der Politik und unterliegen häufig auch selbst der Korruption. Stephan VI. läßt seinen Gegner Papst **Formosus** († 896) aus dem Grabe holen (!) und auf einer Synode feierlich richten. – Er selbst wird wenig später bei einem Aufstand erdrosselt (897).

898 Eine Synode in Ravenna bestimmt – im Sinn der Constitutio Romana von 824 –, daß die Einsetzung des von Klerus und römischem Volk gewählten Papstes in Gegenwart kaiserlicher Gesandter zu erfolgen habe.

Die Päpste im 10. Jahrhundert

900–903	Benedikt IV.	955–964	Johannes XII.
903	Leo V.	963–965	Leo VIII.
903–904	Christophorus	964	Benedikt V.
904–911	Sergius III.	965–972	Johannes XIII.
911–913	Anastasius III.	973–974	Benedikt VI.
913–914	Lando		(Bonifatius VII.
914–928	Johannes X.		974)
928	Leo VI.	974–983	Benedikt VII.
929–931	Stephan VII.	983–984	Johannes XIV.
931–936	Johannes XI.	984–985	Bonifatius VII.
936–939	Leo VII.	985–996	Johannes XV.
939–942	Stephan VIII.	996–999	Gregor V.
942–946	Marinus II.		(Johannes XVI.
	(= Martin III.)		997–998)
946–955	Agapet II.	999–1003	Silvester II.

Die deutschen Könige und Kaiser

900–911	Ludwig IV., das Kind
911–918	Konrad I.
919–936	Heinrich I. von Sachsen
936–973	Otto I. d. Gr.
973–983	Otto II.
983–1002	Otto III.

Die oströmischen Kaiser

886–913	Leon VI.
913–959	Konstantin VII. Porphyrogennetos, zus. mit Romanos I. Lakapenos (920–944)
959–963	Romanos II.
963–969	Nikephoros Phokas
969–976	Johannes Tzimiskes
976–1025	Basilios II.

10. Jahrhundert

Saeculum obscurum – Das dunkle Jahrhundert

A. Kirche und Umwelt

Durch den Niedergang der Karolinger bestimmen die Machtkämpfe zwischen Grafschaften, Herzogtümern, Adelsgruppen das Bild in Italien. Der Bischof von Rom erscheint dabei bald als Exponent, bald als Opfer solcher Kleinpolitik – in einem Ausmaß, daß jede Vorbildlichkeit und Führungsautorität der römischen Kirche zerbröckelt. In diesem Verfall erscheint das Eingreifen Ottos d. Gr. in Italien, die Erneuerung des Bundes zwischen Kirche und Frankenreich – von jetzt ab verbleibt die Kaiserkrone bei den deutschen Königen –, die Heranziehung von Bischöfen als Träger politischer Gewalt, erst in der Kenntnis der weiteren Entwicklung als eigentliche Wende.

---

904 – 932 Die Päpste geraten in völlige Abhängigkeit von der römischen Adelsfamilie des Grafen Theophylakt, vor allem seiner skrupellosen Tochter Marozia. Mord – mit dem auch Päpste ihre Konkurrenten aus dem Weg räumen – beendet das Leben von Leo V., des Gegenpapstes Christophorus, von Johannes X. und Johannes XI.

906 Einfälle der **Ungarn** in Ostfranken.

> **918** Raubzug in Sachsen, Plünderung Bremens.
> **924** Heinrich I. erlangt von den Ungarn – gegen Zahlungen – einen 9jährigen Waffenstillstand.
> **933** Der Angriff der Ungarn auf Sachsen wird an der Unstrut zurückgeschlagen.
> **955** Der Sieg Ottos I. auf dem **Lechfeld** bei Augsburg setzt den Einbrüchen der Ungarn ein Ende. Die Niederlage fördert zugleich ihre Seßhaftwerdung.

911 **Normannen** siedeln im Gebiet der heutigen Normandie.

915 An der Spitze römischer Truppen erreicht Papst Johannes X. einen Sieg über arabische Banden (die von Sizilien und Afrika her Italien plündern) bei Gaeta. Ein fester Stützpunkt der Sarazenen auf italienischem Boden wird dadurch verhindert.

921 In einem Brief an den Bischof von Köln äußert Johannes X., daß ‚nach alter Gewohnheit' nur der König einem Geistlichen ein Bistum übertragen könne (die Wahl der Bischöfe durch Klerus und Volk ist bereits im Merowingerreich eine Ausnahme).

936 – 973 **Otto I., d. Gr.** Um das Lehen nach dem Tod eines Fürsten neu vergeben zu können, erhebt Otto zunehmend **Bischöfe zu Reichsfürsten** (bis 1803 währt diese Verbindung geistlicher und politischer Gewalt im Reichsbischof als Landesherrn).

> **951** Durch Heirat der verwitweten Adelheid erlangt Otto die lombardische Königskrone.
> **962** Kaiserkrönung in der Peterskirche durch Johannes XII. Otto hat vorher eidlich versichert, den Papst und sein Land – das „Patrimonium Petri" – zu schützen, in Rom kein Gericht zu halten und ohne Zustimmung des Papstes in Rom keine Verordnungen zu erlassen. Ebenso bestätigt er – nach der Krönung – die dem Papst von Pippin und Karl dem Großen gemachten Schenkungen (im sog. „Pactum Ottonianum"). Der Papst wiederholt das Versprechen, jeder künftige Papst habe vor seiner Einsetzung den Treueid abzulegen.

Die Absetzung des Papstes Johannes XII.

Otto I. vor der in Abwesenheit des Papstes versammelten Synode:

„, ,Ein gerechtes Vorgehen verlangt nach Unserer Meinung, daß die Anklagepunkte einzeln vorgebracht werden; anschließend wollen wir gemeinsam beraten, was zu tun ist.' Darauf erhob sich der Kardinalpriester Petrus: er habe gesehen, wie jener die Messe feierte, ohne zu kommunizieren. Johannes, Bischof von Narni, und der Kardinaldiakon Johannes, gaben an, sie hätten gesehen, wie jener einen Diakon im Pferdestall weihte, ohne die vorgeschriebenen Zeiten zu beachten. Kardinaldiakon Benedikt und seine Mitdiakone und Priester sagten aus, sie wüßten, daß er Bischofsweihen gegen Geld vornehme und in der Stadt Todi einen Zehnjährigen zum Bischof weihe. Zu untersuchen, wie er heilige Orte und Gegenstände mißbrauche, sei unnötig: wir hätten es leichter mit eigenen Augen sehen als von andern hören können. Bezüglich Ehebruch gaben sie an, sie hätten es zwar nicht mit eigenen Augen gesehen, wüßten aber ganz sicher, daß er die Witwe des Rainerius und Stephana, die Konkubine seines Vaters, und die Witwe Anna zusammen mit ihrer Enkelin mißbraucht habe; aus dem heiligen päpstlichen Palast habe er ein Bordell und Freudenhaus gemacht. Vor den Augen der Öffentlichkeit habe er an Treibjagden teilgenommen...
Bald sagte der Kaiser: ,In dieser Sache gibt es so viele Zeugen wie in Unserem Heer Kämpfer.' Die heilige Synode erwiderte: ,Wenn Eure Hoheit einverstanden ist, soll ein Brief an den Papst gesandt werden, damit er erscheine und sich von all diesen Anschuldigungen reinige.' " (Es folgt der Wortlaut des Briefes, wobei die Anklagen wiederholt werden und der Papst aufgefordert wird, sich vor der Synode zu rechtfertigen. Die Antwort war kurz:)

„Johannes, Bischof, Diener der Diener Gottes, an alle Bischöfe! Es ist Uns zu Ohren gekommen, daß Ihr einen andern zum Papst machen wollt. Wenn Ihr das tut, exkommuniziere ich Euch im Namen des allmächtigen Gottes. Dann habt Ihr keine Erlaubnis mehr, jemand zu weihen und die Messe zu lesen."

(Die Synode antwortet mit einem neuen Schreiben:) „... Wenn Ihr unverzüglich zur Synode kommt und Euch von den Vorwürfen reinigt, werden wir Eure Autorität voll anerkennen. Wenn Ihr aber, was ferne sei, es verschmäht, zu erscheinen und Euch von den vorgeworfenen Verbrechen zu reinigen – noch dazu, wo Euch nichts hindert zu kommen:

weder eine Fahrt übers Meer noch Krankheit, noch ein langer Reiseweg –, dann werden wir Eure Exkommunikation geringachten, sie vielmehr auf Euch zurückschicken, was wir zu Recht können: Judas, der Verräter, ja Verkäufer Unseres Herrn Jesus Christus, hatte früher vom Herrn die Vollmacht zu binden und zu lösen erhalten, als der Herr sagte: ,Wahrlich ich sage euch: was ihr auf Erden binden werdet, wird auch im Himmel gebunden sein, und was ihr auf Erden löst, wird auch im Himmel gelöst sein.' Solange Judas gut unter seinen Mitjüngern war, konnte er binden und lösen. Nachdem er aber wegen seiner Gier zum Mörder geworden war und das Leben aller töten wollte, wen konnte er dann noch lösen oder binden – außer sich selbst, den er mit unseliger Schlinge erdrosselte! – Gegeben am 22. November, gesandt durch den Kardinalpriester Hadrian und den Kardinaldiakon Benedikt."

(Die Gesandten kehrten unverrichteterdinge mit dem Brief zurück. Der Papst, der sich in Tivoli aufhielt, war auf die Jagd gegangen, und keiner wußte, wo er sich befand. Darauf beschloß die Synode:) „, ,Eine unerhörte Wunde ist mit einem unerhörten Mittel auszubrennen. Hätte er in seiner Sittenlosigkeit nur sich allein und nicht allen geschadet, könnte man das irgendwie hinnehmen. Wie viele aber, die erst keusch lebten, sind durch sein Beispiel unzüchtig geworden! Wie viele Rechtschaffene sind durch sein Vorbild Verbrecher geworden! Wir bitten deshalb Eure kaiserliche Macht, jenes Scheusal, das durch keine Tugend von seinen Lastern entschuldigt wird, aus der Heiligen Römischen Kirche zu jagen und einen andern an seine Stelle zu setzen, der durch das Beispiel seines guten Wandels zum Führen fähig und uns allen zum Nutzen ist; vor sich selbst soll er recht leben, und uns soll er das Beispiel eines guten Lebens geben.' Darauf der Kaiser: ,Mir gefällt, was Ihr sagt. Nichts ist Uns willkommener, als wenn ein solcher für den päpstlichen Stuhl gefunden werden kann.'

Auf diese Worte hin riefen alle mit einer Stimme: ,Leo, den ehrwürdigen Protoskriniar (Vorsteher der Kanzlei) der römischen Kirche, einen bewährten und des höchsten priesterlichen Amtes würdigen Mann, wählen wir zum Hirten, zum Papst der Heiligen Römischen Kirche, und wir verwerfen wegen seiner Sittenlosigkeit den Apostaten Johannes!' "

Liudprandi liber de rebus gestis Ottonis Magni Imperatoris 10ff. (MGH SS III [ed. Pertz, Hannover 1839, unv. Nachdr. Stuttgart 1963] S. 343ff.); Übers. R. Fröhlich. – Bischof Liudprand von Cremona nahm, zusammen mit ca. 50 Bischöfen und 17 Kardinälen, an der Synode von 963 teil.

963 Nachdem sich Johannes XII. gegen Otto mit Berengar von Ivrea verbündet hat, läßt der Kaiser – nach einem blutigen Strafgericht – die Römer schwören, keinen Papst ohne seine Zustimmung einzusetzen. Johannes XII. läßt er – entgegen den kanonischen Bestimmungen, daß kein Gericht über dem Papst stehe – durch eine Synode absetzen.

967 Otto läßt seinen gleichnamigen Sohn zum Kaiser krönen.

um 945 – 986 Das Christentum weitet sich allmählich nach Dänemark, Schweden und Norwegen aus. Es entstehen die Bistümer Schleswig, Aarhus, Ribe; sie werden – obwohl außerhalb des Reiches liegend – dem Erzbistum Bremen unterstellt.

954 Alberich II., der mächtigste Senator in Rom, der seit 936 alle (vier) Päpste designiert hat, läßt auf dem Krankenlager die Römer schwören, als nächsten Papst seinen (zu dieser Zeit 17jährigen) Sohn Octavian zu wählen. Dies geschieht im folgenden Jahr (Johannes XII.); damit ist geistliche und weltliche Oberherrschaft in Rom in einer Hand! (Der Namenswechsel bei der Papstwahl wird im 10. Jh. üblich.)

963 Johannes XII. wird – nach dem Treuebruch gegenüber dem Kaiser – wegen schwerer weiterer Anklagen (Mord, Sakrileg, Simonie, Unzucht) von Otto I. abgesetzt.

zwischen 963 und 969 Syrien und Cypern werden durch Kaiser Nikephoros für Byzanz aus arabischer Hand zurückerobert.

zwischen 969 und 976 Byzanz – unter Kaiser Johannes – gewinnt das Gebiet bis zum Euphrat zurück.

968 Nach der Annahme des Christentums durch Fürst Mieczyslaw (966) entsteht in Posen das erste polnische Bistum.

971 **Bulgarien** wird byzantinische Provinz. Um die Spannungen zum Westen beizulegen, wird 972 die Ehe Ottos II. mit der byzantinischen Prinzessin Theophanu arrangiert.

seit 975 Blütezeit der arabischen Wissenschaft in Spanien.

976 Araber, aus Sizilien kommend, fallen in Kalabrien und Apulien ein. Da der byzantinische Kaiser keine Hilfe leisten kann, führt Otto II. den Gegenangriff – er scheitert durch die Niederlage beim Cap Colonna (983).

983 Durch Krankheit endet Otto II. 28jährig in Rom. Für seinen vierjährigen Sohn führt Theophanu, und nach deren Tod (991) Adelheid die Regentschaft. 994 wird Otto III. für mündig erklärt.

984 Der Norweger Erik der Rote dringt nach **Grönland** vor; sein Sohn Leif Erikson erreicht um das Jahr 1000 Labrador („erste" Entdeckung Amerikas).

988 Die **russische Kirche** unterstellt sich nach der Taufe des Großfürsten Vladimir von Kiew und seiner Heirat mit der byzantinischen Prinzessin Anna dem Patriarchat von Konstantinopel.

995 – 1002 **Otto III.** Sein politisches Ziel ist ein christliches Imperium, das Italien, Deutschland und slawische Gebiete umfaßt, mit Rom als kaiserlicher Residenz. (In Aachen läßt er das Grab Karls d. Gr. öffnen, um sein Vorbild zu ehren.) – Bischöfen werden nun auch schon ganze Grafschaften (nicht mehr nur Vogteien) verliehen – damit verbunden die Gerichtsbarkeit auch für schwere Verbrechen, Zölle, Markt- und Bannrechte: der Grundstein für die spätere Territorialmacht der geistlichen Landesfürsten.

1002 Wie sein Vater stirbt Otto III. jung (20 J.) an Krankheit in Rom.

995 Unter Zwangsmaßnahmen führt König Olaf Trygvason von **Norwegen** das Christentum in seinem Land ein.

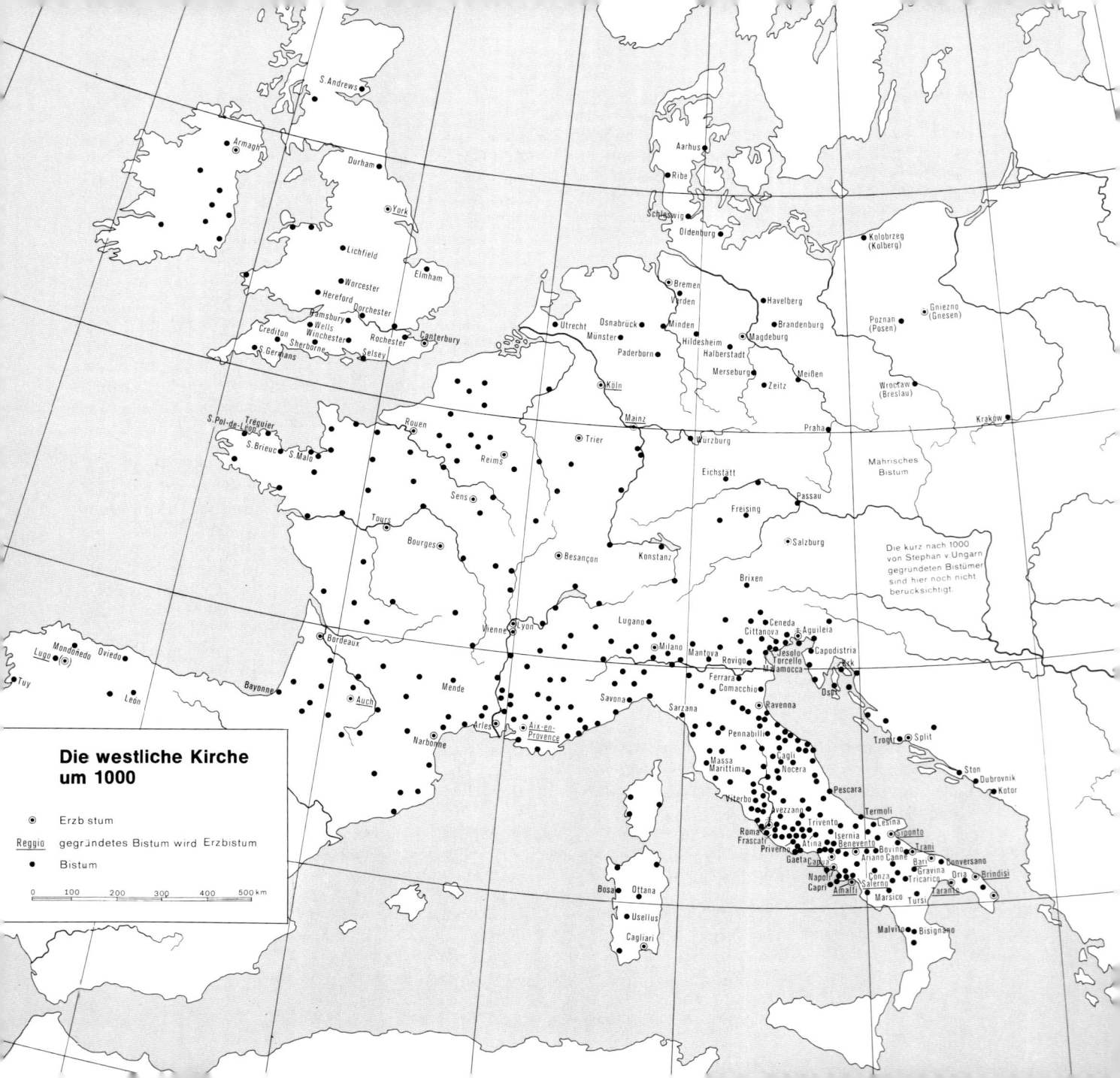

Die westliche Kirche um 1000

⊙ Erzb stum
Reggio gegründetes Bistum wird Erzbistum
• Bistum

0   100   200   300   400   500 km

Die kurz nach 1000
von Stephan v. Ungarn
gegründeten Bistümer
sind hier noch nicht
berücksichtigt.

S. Andrews
Armagh
Durham
York
Lichfield
Elmham
Worcester
Hereford
Dorchester
Ramsbury
Wells
Crediton
Winchester
Sherborne
Selsey
Rochester
Canterbury
S. Germans
Tréguier
S. Pol-de-Léon
S. Brieuc
S. Malo
Rouen
Reims
Sens
Tours
Bourges
Vienne
Lyon
Bordeaux
Bayonne
Auch
Mende
Narbonne
Arles
Aix-en-Provence
Savona
Sarzana
Besançon

Utrecht
Köln
Trier
Mainz
Würzburg
Eichstätt
Freising
Salzburg
Passau
Brixen
Konstanz
Bremen
Verden
Osnabrück
Minden
Münster
Paderborn
Hildesheim
Halberstadt
Merseburg
Zeitz
Havelberg
Brandenburg
Magdeburg
Meißen
Aarhus
Ribe
Schleswig
Oldenburg
Kolobrzeg
(Kolberg)
Poznań
(Posen)
Gniezno
(Gnesen)
Wrocław
(Breslau)
Kraków
Praha
Mährisches
Bistum

Lugano
Milano
Mantova
Rovigo
Ceneda
Cittanova
Aquileia
Jesolo
Torcello
Malamocco
Capodistria
Pick
Ossr
Ravenna
Comacchio
Ferrara
Pennabilli
Cagli
Nocera
Massa Marittima
Viterbo
Avezzano
Trivento
Termoli
Lesina
Siponto
Trani
Pescara
Roma
Frascati
Privemo
Gaeta
Napoli
Capri
Amalfi
Salerno
Conza
Atina
Isernia
Benevento
Ariano
Bovino
Canne
Bari
Conversano
Gravina
Tricarico
Oria
Brindisi
Taranto
Marsico
Tursi
Malvito
Bisignano
Trogir
Split
Ston
Dubrovnik
Kotor

Tuy
Mondoñedo
Lugo
Oviedo
León

Bosa
Ottana
Usellus
Cagliari

B. Innerkirchliche Entwicklung

Die politischen Wirren lähmen auch das innerkirchliche Leben. Weder Synoden noch lebhafte theologische Diskussionen, noch größere Gruppen umfassende Bewegungen treten hervor – mit einer Ausnahme: Cluny. Seine Ausstrahlung nimmt kontinuierlich zu und greift gegen Ende des Jahrhunderts bereits in die Nachbarländer. Sein Einsatz für die Reform der Kirche, verstanden vor allem als Zurückdrängen des Einflusses der Laien, als Kampf gegen Simonie und Priesterehe, wird im folgenden Jahrhundert von den Päpsten übernommen.

909 Die Synode von Trosly bei Laon beklagt die herrschenden **Mißstände**: „Die Welt ist voll Unzucht und Ehebruch, Kirchenraub, Mord und Unterdrückung der Armen." In den Klöstern würden Laienäbte mit Weib und Kind, Vasallen und Jagdhunden hausen, während die Mönche verwahrlosten.

909 Gründung des Klosters **Cluny** durch Herzog Wilhelm von Aquitanien – es wird zum Ausgangspunkt der tiefgreifendsten Kirchenreform (vgl. Investiturstreit, 11. Jh.). Seine ungestörte Entfaltung wird dadurch ermöglicht, daß sein Stifter es direkt Rom unterstellt (= Exemtion) und es so von weltlicher und geistlicher Einmischung freihält; außerdem erfreut sich Cluny einer Zahl ungewöhnlich langlebiger und bedeutender Äbte:

927 – 942	Odo
942 – 954	Aymard
954 – 994	Majolus
994 – 1048	Odilo
1049 – 1109	Hugo

Die Klosterordnung Clunys verschärfte das Stillschweigen, verlängerte die Gebetszeiten und legte Wert auf festlich gestaltete Liturgie. Bald werden andere Klöster – zuerst in Burgund und Lothringen, dann in Deutschland und Italien – Cluny unterstellt oder von dort aus gegründet: bis Anfang des 12. Jh. sind es bereits ca. 1200 Abteien.

932 Neben dem Gottesdienst mit der Gemeinde kommen die **Privatmessen** (seit dem 6. Jh.) immer mehr auf. Die Synode von Dingolfing (ebenso in Mainz 950/954) schreibt den Priestern an bestimmten Tagen dreimaliges Zelebrieren vor.

1022 Die Synode von Seligenstadt verbietet den Priestern, mehr als drei Messen an einem Tag zu lesen.

933 Bischof Adalbero von Metz gründet in **Gorze** ein Kloster strenger Askese, das sich zu einem Reformzentrum entwickelt (andere Klöster im Bereich Metz, Toul, Verdun, Lüttich, Trier fordern zur eigenen Erneuerung Mönche aus Gorze an) – in Deutschland hängen nach und nach 160 Klöster von Gorze ab.

950 In der Nähe seiner Geburtsstadt Rossano (Süditalien) gründet **Nilus** eine klösterliche Niederlassung. Seine strenge Askese und Liebe zur Einsamkeit finden viel Beachtung – Otto III. veranlaßt ihn, in Rom die Abtei Tre Fontane zu übernehmen und später die noch heute bestehende Abtei Grottaferrata (bei Rom) zu gründen († 1004).

966 Das Frauenkloster Quedlinburg wird von Otto I. gegründet (seine Tochter Mathilde ist die erste Äbtissin); es entwickelt sich zur bedeutenden Bildungsstätte.

968 Im Zuge der **Wendenmission** (zwischen Elbe, Saale und Oder) Gründung des Erzbistums **Magdeburg** durch Otto I. Die Mission erleidet 982 durch einen großangelegten Aufstand der Wenden einen Rückschlag.

973 Gründung des Bistums Prag.

993 Zum ersten Mal erfolgt mit der Kanonisierung des Bischofs Ulrich von Augsburg († 973) eine

Die Kirche in Rußland

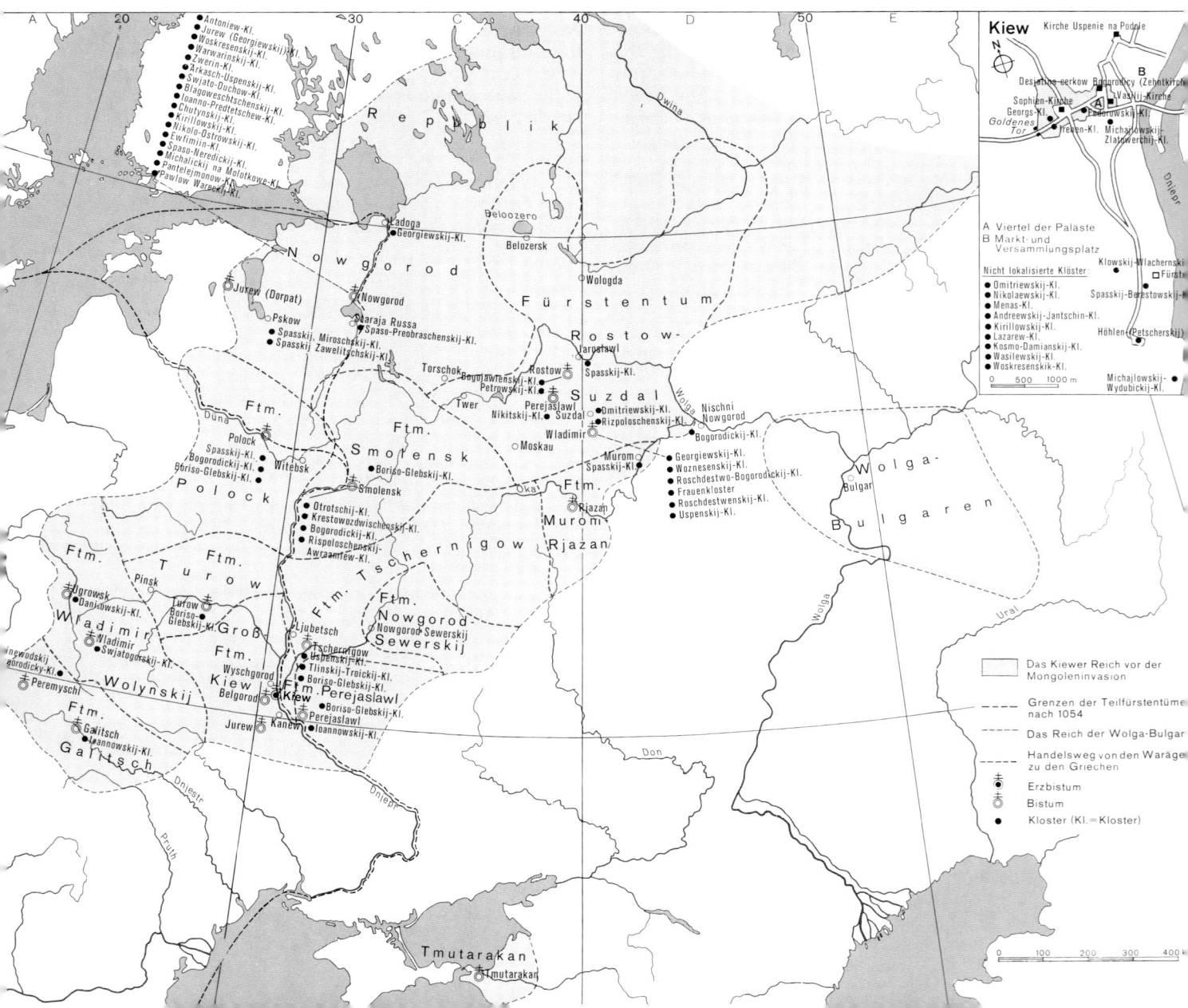

Kiew

Kirche Uspenie na Podole

A Viertel der Paläste
B Markt- und Versammlungsplatz

Nicht lokalisierte Klöster:
- Dmitriewskij-Kl.
- Nikolaewskij-Kl.
- Menas-Kl.
- Andreewskij-Jantschin-Kl.
- Kirillowskij-Kl.
- Lazarew-Kl.
- Kosmo-Damianskij-Kl.
- Wasilewskij-Kl.
- Woskresensik-Kl.

Michajlowskij-
Wydubickij-Kl.

Desjatina-zerkow Bogorodicy (Zehntkirche)

Sophien-Kirche
Georgs-Kl.
Goldenes Tor
Wasilij-Kirche
Irenen-Kl.
Michajlowskij-
Zlatowerchij-Kl.

Klowskij-Wlacherni
Spasskij-Berestowskij-Kl.
Höhlen-(Petscherskij)

Legende:

Das Kiewer Reich vor der Mongoleninvasion

Grenzen der Teilfürstentümer nach 1054

Das Reich der Wolga-Bulgaren

Handelsweg von den Warägern zu den Griechen

⚜ Erzbistum
⚜ Bistum
● Kloster (Kl. = Kloster)

Orte und Klöster (Karte):

- Antoniew-Kl.
- Jurew (Georgiewskij)-Kl.
- Woskresenskij-Kl.
- Warwarinskij-Kl.
- Zwerin-Kl.
- Arkasch-Uspenskij-Kl.
- Swjato-Duchow-Kl.
- Blagoweschtschenskij-Kl.
- Ioanno-Predtetschew-Kl.
- Chutynskij-Kl.
- Kirillowskij-Kl.
- Nikolo-Ostrowskij-Kl.
- Ewfimiin-Kl.
- Spaso-Neređickij-Kl.
- Michalickij na Molotkowke-Kl.
- Panteleimonow-Kl.
- Pawlow Waraeckij-Kl.

R e p u b l i k   N o w g o r o d

Dwina

Ladoga
Georgiewskij-Kl.

Beloozero
Belozersk

Wologda

Fürstentum

Rostow-

Jaroslawl

Jurew (Dorpat)
Nowgorod
Pskow
Staraja Russa
Spaso-Preobraschenskij-Kl.
Spasskij, Miroschskij-Kl.
Spasskij, Zawelitschskij-Kl.

Torschok
Bogojawlenskij-Kl.
Petrowskij-Kl.
Rostow
Spasskij-Kl.
Suzdal
Perejaslawl
Nikitskij-Kl.
Suzdal
Dmitriewskij-Kl.
Rizpoloschenskij-Kl.
Nischni Nowgorod

Wladimir
Moskau
Bogorodickij-Kl.

Ftm.
Twer

Ftm.
Smolensk

Düna
Polock
Spasskij-Kl.
Bogorodickij-Kl.
Boriso-Glebskij-Kl.
Witebsk
Boriso-Glebskij-Kl.
Smolensk

P o l o c k

Otrotschij-Kl.
Krestowozdwischenskij-Kl.
Bogorodickij-Kl.
Rispoloschenskij-Kl.
Awraamiew-Kl.

Murom
Spasskij-Kl.
Georgiewskij-Kl.
Woznesenskij-Kl.
Roschdestwo-Bogorodickij-Kl.
Frauenkloster
Roschdestwenskij-Kl.
Uspenskij-Kl.

Oka
Ftm.
Murom

Rjazan
Ftm. Rjazan

Ftm. Tschernigow

Wolga-
Bulgar
B u l g a r e n

Wolga

Ftm. Turow

Pinsk
Ugrowsk
Danilowskij-Kl.
Turow
Boriso-Glebskij-Kl.
Ftm. Groß-Nowgorod-

Ural

Ftm. Nowgorod-Sewerskij
Sewerskij

Wladimir
Wladimir
Swjatogorskij-Kl.

Ljubetsch
Tschernigow
Uspenskij-Kl.
Wyschgorod
Tlinskij-Troickij-Kl.
Boriso-Glebskij-Kl.

inowodskij-
gorodicky-Kl.
Peremyschl
W o l y n s k i j

Ftm. Kiew
Kiew
Belgorod
Boriso-Glebskij-Kl.
Perejaslawl
Ftm. Perejaslawl

Ftm. Galitsch
Galitsch
loannowskij-Kl.
G a l i t s c h

Jurew
Kanew
Ioannowskij-Kl.

Dnjestr
Dnjepr
Don
Wolga

Pruth

Tmutarakan
Tmutarakan

0 500 1000 m

0 100 200 300 400

durch den Papst bzw. durch eine römische Synode vorgenommene **Heiligsprechung** (im allgemeinen entschieden Bischöfe oder Provinzialsynoden über die Einführung von Heiligenverehrung in ihrem Bereich).

997 Adalbert, Bischof von Prag und Freund Ottos III., der sich der Ostmission widmet, wird im heidnischen Preußen getötet. Otto III. besucht 1000 dessen Grab in Gnesen und bestimmt die Stadt zur Metropole der noch auszubauenden polnischen Kirche.

998 Bewunderer und Anhänger findet unter seinen Zeitgenossen **Romuald** von Ravenna († 1024), der lange Zeit als Eremit in Venedig und dann in Spanien (beim Kloster Cuxa) lebt, bis ihn Otto III., der für ihn schwärmt, zum Abt in Sant' Apolinare in Classe (Ravenna) macht (er bleibt nur kurze Zeit, wandert dann durch Italien und gründet noch mehrere eremitische Niederlassungen). Sein Werk wird fortgeführt durch **Petrus Damiani** (seit 1043 Prior des Klosters Fonte Avellana), der der italienischen Eremitenbewegung eine feste organisatorische Form gibt.

999 **Gerbert von Aurillac,** der berühmteste Gelehrte der damaligen Zeit (Leiter der Domschule in Reims, 982 Abt von Bobbio, 998 Erzbischof von Ravenna), wird von seinem Freund Otto III. zum neuen Papst – **Silvester II.** – erhoben.

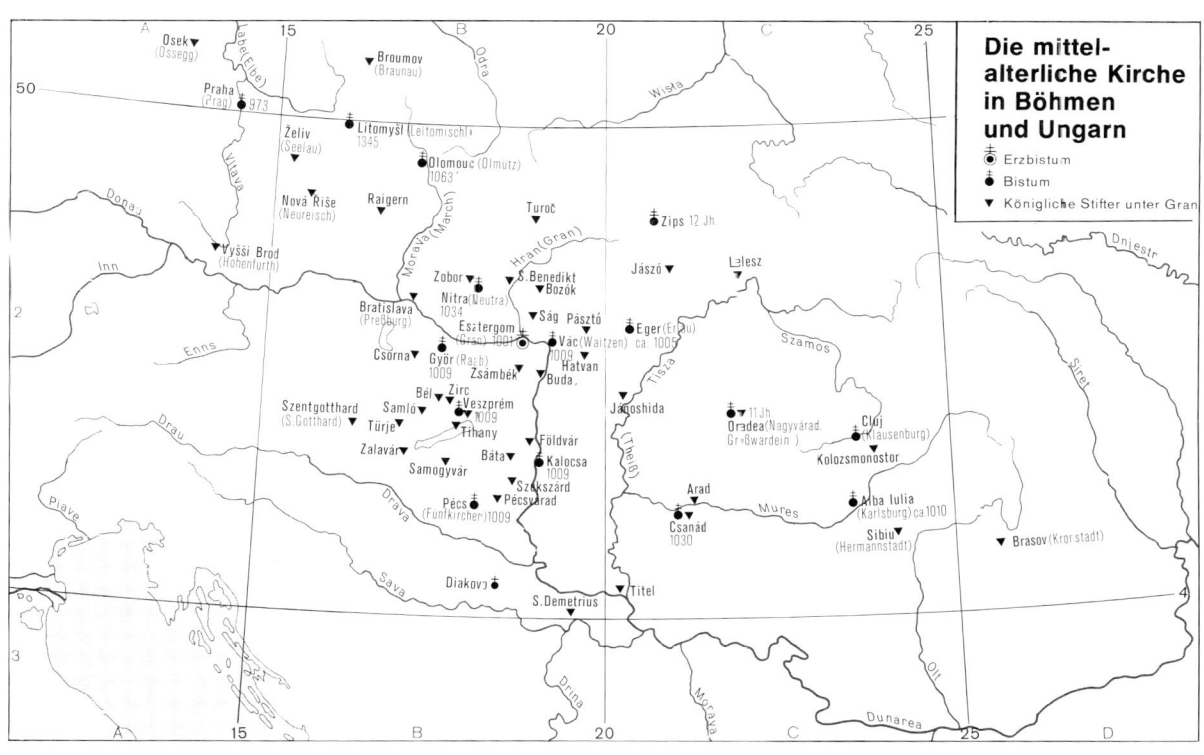

Die Päpste des 11. Jahrhunderts

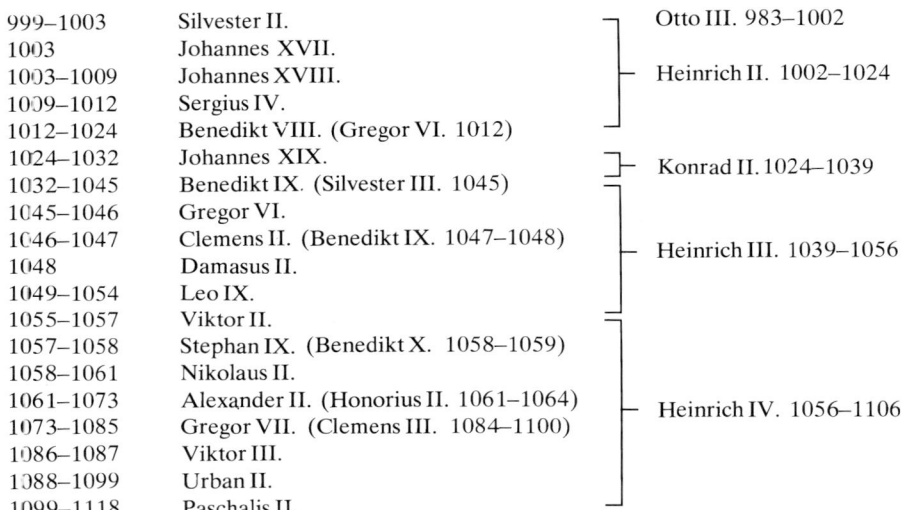

999–1003	Silvester II.
1003	Johannes XVII.
1003–1009	Johannes XVIII.
1009–1012	Sergius IV.
1012–1024	Benedikt VIII. (Gregor VI. 1012)
1024–1032	Johannes XIX.
1032–1045	Benedikt IX. (Silvester III. 1045)
1045–1046	Gregor VI.
1046–1047	Clemens II. (Benedikt IX. 1047–1048)
1048	Damasus II.
1049–1054	Leo IX.
1055–1057	Viktor II.
1057–1058	Stephan IX. (Benedikt X. 1058–1059)
1058–1061	Nikolaus II.
1061–1073	Alexander II. (Honorius II. 1061–1064)
1073–1085	Gregor VII. (Clemens III. 1084–1100)
1086–1087	Viktor III.
1088–1099	Urban II.
1099–1118	Paschalis II.

Die deutschen Könige und Kaiser

Otto III. 983–1002

Heinrich II. 1002–1024

Konrad II. 1024–1039

Heinrich III. 1039–1056

Heinrich IV. 1056–1106

Stammbaum der fränkischen oder salischen Kaiser

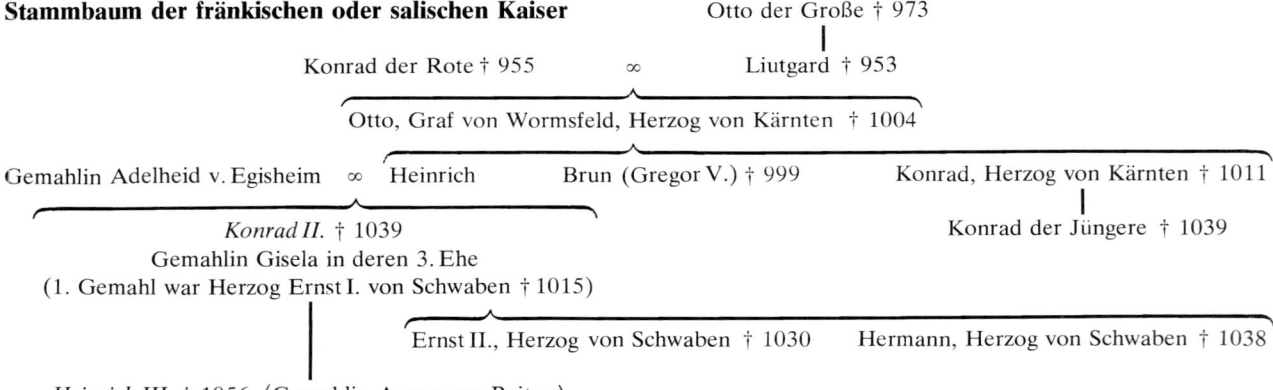

Otto der Große † 973

Konrad der Rote † 955 ∞ Liutgard † 953

Otto, Graf von Wormsfeld, Herzog von Kärnten † 1004

Gemahlin Adelheid v. Egisheim ∞ Heinrich   Brun (Gregor V.) † 999   Konrad, Herzog von Kärnten † 1011

Konrad II. † 1039
Gemahlin Gisela in deren 3. Ehe
(1. Gemahl war Herzog Ernst I. von Schwaben † 1015)

Konrad der Jüngere † 1039

Ernst II., Herzog von Schwaben † 1030   Hermann, Herzog von Schwaben † 1038

Heinrich III. † 1056 (Gemahlin Agnes von Poitou)

Heinrich IV. † 1106

Konrad   Heinrich V.   Agnes † 1143
† 1101   † 1125   Gemahl Friedrich von Büren, Herzog von Schwaben

Vgl. Ploetz, Auszug aus der Geschichte,
26. Aufl. (1960), S. 476.

11. Jahrhundert

Der Kampf um den Bischof

A. Kirche und Umwelt

Im Mittelpunkt des Jahrhunderts steht die Auseinandersetzung zwischen Gregor VII. und Heinrich IV. Reichspolitik und kirchliche Reform prallen in der Frage der Besetzung von Bischofsstühlen aufeinander. Der Ernst, mit dem auf beiden Seiten das „Recht" beansprucht wird, zeigt die Grenzen der überkommenen Zwei-Gewalten-Lehre: die Führung der Christenheit durch zwei in Eintracht verbundene Häupter tendiert mit innerer Logik zur Unterordnung des einen unter das andere. Im Ausschluß des Königs aus der Gemeinschaft der Christen (Exkommunikation), im geschärften Sinn für die Unterscheidung von „geistlich" und „weltlich" bahnt sich, obwohl von keiner Seite beabsichtigt, die allmähliche Trennung von Kirche und Staat an.

1001	Krönung Stephans I. (der Heilige) zum König der Ungarn nach Übersendung der Krone durch Papst Silvester II.
1016	Simonistische Praktiken erreichen extreme Formen. Um das Erzbistum Narbonne für seinen zehnjährigen Sohn zu erhalten, zahlt Graf von Cerdaña 100 000 Goldschillinge. Erstes Festsetzen der **Normannen in Unteritalien**.
seit 1031	Mit dem Auseinanderfallen des Omajjadenreiches (Córdoba) setzt in Spanien die Wiedereroberung maurisch besetzter Gebiete ein (Ende der „Reconquista" 1492 mit der Eroberung Granadas).
1033	Vereinigung des Königreiches Burgund mit dem Deutschen Reich (Konrad II.).
1040	Einführung des **„Gottesfriedens"** (treuga Dei) in Südfrankreich: Adelsfehden dürfen nur an bestimmten Tagen ausgetragen werden (Waffenruhe von Mittwochabend bis Montag früh, an manchen Orten noch ausgedehnter).
1046	**Absetzung der Päpste** Gregor VI., Silvester III., Benedikt IX. auf der Synode von **Sutri** und Rom, auf Betreiben König Heinrichs III. Neuer Papst wird Klemens II. (Bischof Suidger von Bamberg), durch den die Reformbewegung von Cluny in Rom Einfluß erlangt. Heinrich erhält als „Schutzherr der Römer" (Patricius Romanorum) das Recht, den Kandidaten für die Papstwahl zu benennen.
1059	Die in der Kirche immer stärker werdende Forderung nach Freiheit führt zur **Neuregelung der Papstwahl** durch Nikolaus II. (Zuerst beraten die Kardinalbischöfe, dann werden die Kardinalkleriker hinzugezogen; ihr Ergebnis wird durch die Zustimmung von Klerus und Volk von Rom endgültig.) Die Rechte Heinrichs (s. o. 1046) werden respektiert, sind aber für jeden Nachfolger neu zu bestätigen. Bündnis des Papstes mit den Normannen: sie (Robert Guiskard) erhalten Unteritalien zu Lehen, verpflichten sich ihrerseits, die Freiheit der Papstwahl zu verteidigen.
1060	Geistliche und weltliche Ratgeber Heinrichs IV. erklären die Dekrete Nikolaus' II. für ungültig.
1061	Nach dem Tod Nikolaus' II. wird – noch vor einer möglichen Mitsprache des Königs – Anselm von Lucca zum Papst (Alexander II.) erhoben. Hein-

Europa um das Jahr 1000

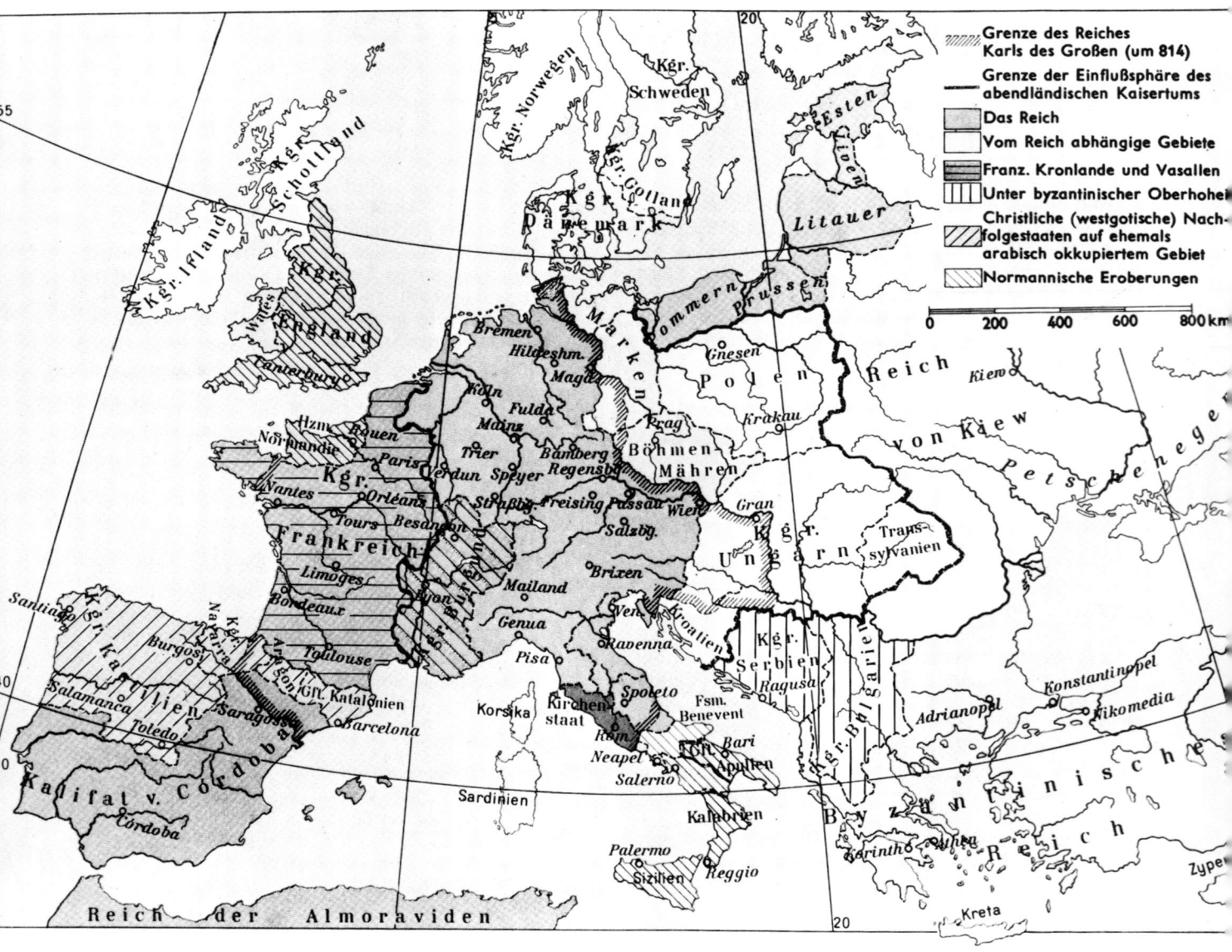

Legende:

- ⬚ Grenze des Reiches Karls des Großen (um 814)
- — Grenze der Einflußsphäre des abendländischen Kaisertums
- ▨ Das Reich
- ▫ Vom Reich abhängige Gebiete
- ▤ Franz. Kronlande und Vasallen
- ▥ Unter byzantinischer Oberhoheit
- ▨ Christliche (westgotische) Nachfolgestaaten auf ehemals arabisch okkupiertem Gebiet
- ◪ Normannische Eroberungen

0   200   400   600   800 km

Kgr. Schottland

Kgr. Irland

Kgr. England

Canterbury

Kgr. Norwegen

Kgr. Schweden

Kgr. Gotland

Esten

Liven

Litauer

Kgr. Dänemark

Bremen

Hildeshm.

Magdbg.

Marken

Pommern

Prussen

Polen

Gnesen

Krakau

Reich von Kiew

Kiew

Petschenegen

Köln

Fulda

Mainz

Hzm. Normandie

Rouen

Paris

Trier

Verdun

Speyer

Straßbg.

Bamberg

Regensbg.

Freising

Passau

Böhmen

Mähren

Prag

Wien

Gran

Kgr. Ungarn

Transsylvanien

Kgr. Frankreich

Nantes

Orléans

Tours

Besançon

Limoges

Bordeaux

Toulouse

Lyon

Mailand

Brixen

Salzbg.

Genua

Venedig

Kroatien

Kgr. Serbien

Ragusa

Kgr. Bulgarien

Adrianopel

Konstantinopel

Nikomedia

Santiago

Kgr. Kastilien

Burgos

Salamanca

Toledo

Navarra

Aragon

Gft. Katalonien

Saragossa

Barcelona

Córdoba

Kalifat v. Córdoba

Korsika

Pisa

Ravenna

Spoleto

Kirchenstaat

Rom

Fsm. Benevent

Neapel

Salerno

Bari

Apulien

Kalabrien

Sardinien

Palermo

Sizilien

Reggio

Byzantinisches Reich

Korinth

Kreta

Zype

Reich der Almoraviden

rich IV. proklamiert dagegen Bischof Cadalus von Parma (Honorius II., † 1071). In den folgenden Auseinandersetzungen gewinnt Alexander auch in Deutschland Anerkennung.

1066 Die Normannen erobern (gegen Byzanz) Sizilien. Der Normanne Wilhelm besiegt König Harald von England in der Schlacht von **Hastings**. Bis 1071 unterwirft Wilhelm I., der Eroberer, ganz England.

1071 Mit der Kapitulation Baris vor den Normannen verliert Byzanz den letzten Stützpunkt auf italienischem Boden.

1072 Alexander II. exkommuniziert die Räte Heinrichs IV. wegen ihres ‚schlechten Einflusses‘ auf den (22jährigen) König.

1073 Nach dem Tod Alexanders II. wird der Archidiakon **Hildebrand** (Mönch aus Cluny) auf tumultartiges Verlangen des Volkes von Rom hin zum Papst – **Gregor VII.** – erhoben (später von Heinrich IV. als unrechtmäßige Wahl vorgeworfen). Die Ostersynode in Rom verhängt über die Räte Heinrichs wegen Simonie die Exkommunikation.

1074 Um die Christen Kleinasiens vor den Seldschuken zu schützen – Vernichtung eines byzantinischen Heeres 1071 bei Manzikert –, plant Gregor die Entsendung eines Heeres. Das Vorhaben scheitert an den Spannungen zu Frankreich und Deutschland.

1075 Gregor VII. verbietet (auf der Fastensynode zu Rom) jede Übertragung eines Kirchenamtes durch Laienhand, besonders die Investitur der Bischöfe durch den deutschen König. – Heinrich IV. besetzt weiterhin Bischofsstühle, darunter Mailand, Fermo, Spoleto.

1076 Jan.: Heinrich IV. und 26 Bischöfe erklären auf der Reichssynode zu Worms „Hildebrand, nicht **Papst**, sondern falscher Mönch" für **abgesetzt**. 22. Febr.: Gregor verkündet den **Bann über Heinrich IV.**, entbindet die Untertanen vom Treueid. – Die deutschen Fürsten fordern Heinrich – unter Androhung einer Neuwahl – auf, sich innerhalb eines Jahres vom Bann lösen zu lassen.

1077 28. Jan.: König Heinrich erscheint im Gewand des Büßers vor dem Papst, der sich in der Burg **Canossa** aufhält; er wird daraufhin vom Bann gelöst. Trotzdem wählen die Fürsten Rudolf von Schwaben zum neuen König.

1080 Erneute Bannung und Absetzung Heinrichs, der angeblich mit einem Gegenpapst gedroht hat, falls Gregor den Gegenkönig Rudolf von Schwaben († im gleichen Jahr) nicht exkommuniziere. Heinrich erhebt daraufhin Wibert von Ravenna zum Gegenpapst: Klemens III. († 1100).

1084 Nach der Einnahme Roms (Sommer 1083) wird Heinrich IV. von Klemens zum Kaiser gekrönt. Gregor VII., in der Engelsburg belagert, wird von Normannen (Robert Guiskard) befreit, muß aber wegen der über die Plünderungen der Normannen entrüsteten Bevölkerung Rom verlassen († 1085 in Salerno, heiliggesprochen 1606). Die gregorianische Partei erhebt als Nachfolger Viktor III. († 1087), dann Urban II. (früherer Abt von Cluny).

1089 Gegen die kaiserliche Übermacht bringt Urban II. die Ehe zwischen Gräfin Mathilde von Canossa (43 J.) und dem 17jährigen Welf V., Sohn des abgesetzten Herzogs Welf IV. von Bayern, zustande. (Nach der Versöhnung zwischen Heinrich V. und Welf V. 1096 Trennung der Ehe.)

1095 Nov.: Auf der Synode von Clermont ruft Urban II. zum Kreuzzug auf: Befreiung der Christen im Osten und der heiligen Stätten von der Herrschaft des Islam.

1096 **1. Kreuzzug** (bis 1099): französische, normannische und flandrische Ritter, Teilnahme mehrerer Fürsten. u. a. Gottfried von Bouillon, Raimund von Toulouse. (Vorausziehende ungeordnete Scharen [50 000 – 70 000], die der Wanderprediger **Peter von Amiens** begeistert hat, werden in Kleinasien von den Türken vernichtet).

1098 Eroberung von Antiochia, nach 7monatiger Belagerung. Auffindung der heiligen Lanze.

1099 15. Juli: **Erstürmung Jerusalems** (nach 5wöchiger Belagerung). Errichtung des „Königreiches Jerusalem" (bis 1187) unter Gottfried v. Bouillon.

Die Sätze des „Dictatus Papae" (1075)

„1. Die Römische Kirche ist von dem Herrn allein gegründet worden.

2. Der Römische Bischof allein darf der allgemeine Bischof genannt werden.

3. Nur jener kann Bischöfe absetzen oder wieder in die Gemeinschaft der Kirche aufnehmen.

4. Sein Legat soll allen Bischöfen auf dem Konzil vorsitzen, auch wenn er geringeren Ranges ist, und er kann über sie das Urteil der Absetzung aussprechen.

5. Der Papst vermag Abwesende abzusetzen.

6. Mit denen, die er in den Bann getan hat, soll man unter anderem nicht im selben Hause weilen.

7. Er allein darf, wenn es die Zeit erfordert, neue Gesetze geben, neue Gemeinden bilden, aus einem Chorherrenstift eine Abtei machen und andererseits ein reiches Bistum teilen und arme Bistümer zusammenlegen.

8. Er allein darf sich der kaiserlichen Insignien bedienen.

9. Des Papstes Füße allein haben alle Fürsten zu küssen.

10. Sein Name allein darf in den Kirchen genannt werden.

11. Dieser Name ist einzig in der Welt.

12. Ihm ist es erlaubt, Kaiser abzusetzen.

13. Ihm ist es gestattet, falls die Notwendigkeit dazu zwingt, Bischöfe von einem Sitze nach einem anderen zu versetzen.

14. Er kann einen Geistlichen von jeder Kirche senden, wohin er will.

15. Der von ihm Eingesetzte kann wohl einer anderen Kirche vorstehen, darf aber nicht dienen und soll auch nicht von irgendeinem Bischof einen höheren Rang annehmen.

16. Keine Synode darf ohne seine Einwilligung als eine allgemeine bezeichnet werden.

17. Kein Rechtssatz und kein Buch darf ohne seine Ermächtigung als kanonisch gelten.

18. Sein Ausspruch darf von keinem in Frage gestellt werden; er selbst darf allein die Urteile aller verwerfen.

19. Er selbst darf von niemand gerichtet werden.

20. Niemand unterfange sich, einen zu verurteilen, der an den Apostolischen Stuhl appelliert.

21. Alle wichtigeren Angelegenheiten einer jeden Kirche sollen dem Apostolischen Stuhl übertragen werden.

22. Die Römische Kirche hat sich nie geirrt und wird nach dem Zeugnis der Schrift nie in Irrtum verfallen.

23. Der Römische Bischof wird, falls seine Wahl kanonisch gültig erfolgte, unzweifelhaft kraft der Verdienste des heiligen Petrus heilig, wie der heilige Bischof Ennodius von Pavia (gest. 521) bezeugt; ihm stimmen viele heilige Väter zu, wie man aus den Dekreten des seligen Papstes Symmachus (498–514) ersehen kann.

24. Nach seiner Entscheidung und mit seiner Erlaubnis ist es den Untertanen gestattet, Klage zu erheben.

25. Er vermag ohne Mitwirkung einer Synode Bischöfe abzusetzen und Gebannte wieder in die Gemeinschaft der Kirche aufzunehmen.

26. Niemand soll als Katholik gelten, der nicht mit der katholischen Kirche übereinstimmt.

27. Er vermag Untertanen von ihrer Treueverpflichtung gegen Ungerechte zu entbinden."

Registrum Gregorii VII., MG Epp. sel. (ed. Caspar 1920–23) II, n. 55a.
Gottfried Guggenbühl – Otto Weiss, Quellen zur Geschichte des Mittelalters, Zürich: Schulthess ³1954, S. 99–101, Nr. 42 (Dictatus Papae 1075) nach dem Übersetzungstext von Georg Erler.

B. Innerkirchliche Entwicklung

Der Wille zur Reform wendet sich nicht nur gegen die Vergabe kirchlicher Ämter durch Laien. Nach innen bedeutet er die Hinwendung zum „Geistlichen": neu eingeschärfte Verpflichtung zum Zölibat, Loyalität der Bischöfe gegenüber dem Papst, Verbot der Simonie. Die erwachte religiöse Kraft führt gegen Ende des Jahrhunderts zu neuen Ordensgründungen, sie bewegt Tausende dazu (sosehr auch andere Motive mitspielen), sich in Abenteuer und Gefahren des Kreuzzugs zu stürzen. Kompromißloser Anspruch und Initiative des Papstes machen ihn immer mehr zum religiös-politischen Führer des Abendlandes, das zur selben Zeit Skandinavien, Polen, Ungarn für das Christentum gewinnt.

1000 **Island** wird christlich.

1001 Durch die Gründung der Erzbistümer **Gnesen** (**Polen**) und **Gran** (**Ungarn**) werden beide Völker dem christlichen Imperium verbunden.

1007 Gründung des Bistums **Bamberg** durch Heinrich II. zum Ziele der **Slawenmission.**

1015 – 1028 König **Olav** (der Heilige) setzt das Christentum in **Norwegen**, z. T. mit Gewaltmaßnahmen (Zwangstaufe) durch. Um die gleiche Zeit werden weite Teile Schwedens christlich (um 1014 erstes schwedisches Bistum in Skara).

1029 † Fulbert von Chartres, Bischof und Begründer der Domschule von Chartres (Schüler Gerberts von Aurillac [s. S. 79]; berühmter Schüler Fulberts wird Berengar von Tours [s. u. 1059]).

1054 16. Juli: Gesandte Leos IX. legen die **Bannbulle gegen Michael Kerullarios**, Patriarch von Konstantinopel, auf den Altar der Hagia Sophia nieder. Darauf Gegenexkommunikation. Seitdem **Trennung der beiden Kirchen** (Rücknahme des Bannes 1964).

1057 Volkserhebung in Mailand („**Pataria**" = Lumpengesindel) gegen die verweltlichte Kirche: Priester, die ihre Stellung durch Simonie erhalten haben oder mit einer Frau zusammenleben, werden verjagt bzw. zur Beobachtung des Zölibats gezwungen.

1059 Papstwahldekret Nikolaus' II. (vgl. S. 81). Beschlüsse der Lateransynode zur Kirchenreform (im Sinne Clunys): Androhung der Exkommunikation für Kleriker im Konkubinat; Verbot, eine Kirche – gegen Entgelt oder umsonst – aus Laienhand entgegenzunehmen (**erstes Verbot der Laieninvestitur**).

Bischof Berengar von Tours, der die Konsekration von Brot und Wein in der Messe mehr symbolisch als real versteht, muß auf der gleichen Synode eine Erklärung unterzeichnen, welche die körperliche Realität Christi nach der Wandlung betont. Eine erneute Vorladung nach Rom 1079 verlangt von ihm die Zustimmung, daß Brot und Wein „substantiell" in Leib und Blut Christi verwandelt werden (sog. „**Abendmahlsstreit**").

1074 Gregor VII. erneuert auf den Fastensynoden in Rom 1074 u. 75 die Sanktionen gegen Simonie und Klerikerehe. Widerstände in Frankreich und Deutschland (Pariser Synode 1074: das Zölibatsgesetz sei unerträglich und unvernünftig).

1078 Bischöfen, die ihren Klerikern – gegen eine Geldspende – das Konkubinat nachsehen, wird Amtsenthebung angedroht.

1089 Synode zu Melfi (Urban II.): verheiratete Subdiakone verlieren ihr Amt; bei Unverbesserlichkeit wird ihre Frau dem Landesherrn als Sklavin zugesprochen.

1095 Erneute Dekrete gegen Klerikerkonkubinat auf der Synode von Clermont (Urban II.). Erst allmählich – bis zum Ende des 12. Jhs. – gelingt es, die Zölibatsforderungen durchzusetzen.

1075 Fastensynode zu Rom: erneutes Verbot der Laieninvestitur (vgl. 1059). Im „**Dictatus Papae**" – einer (privaten) Aufstellung von Leitsät-

Verbreitung der Reform von Cluny im 11. Jahrhundert

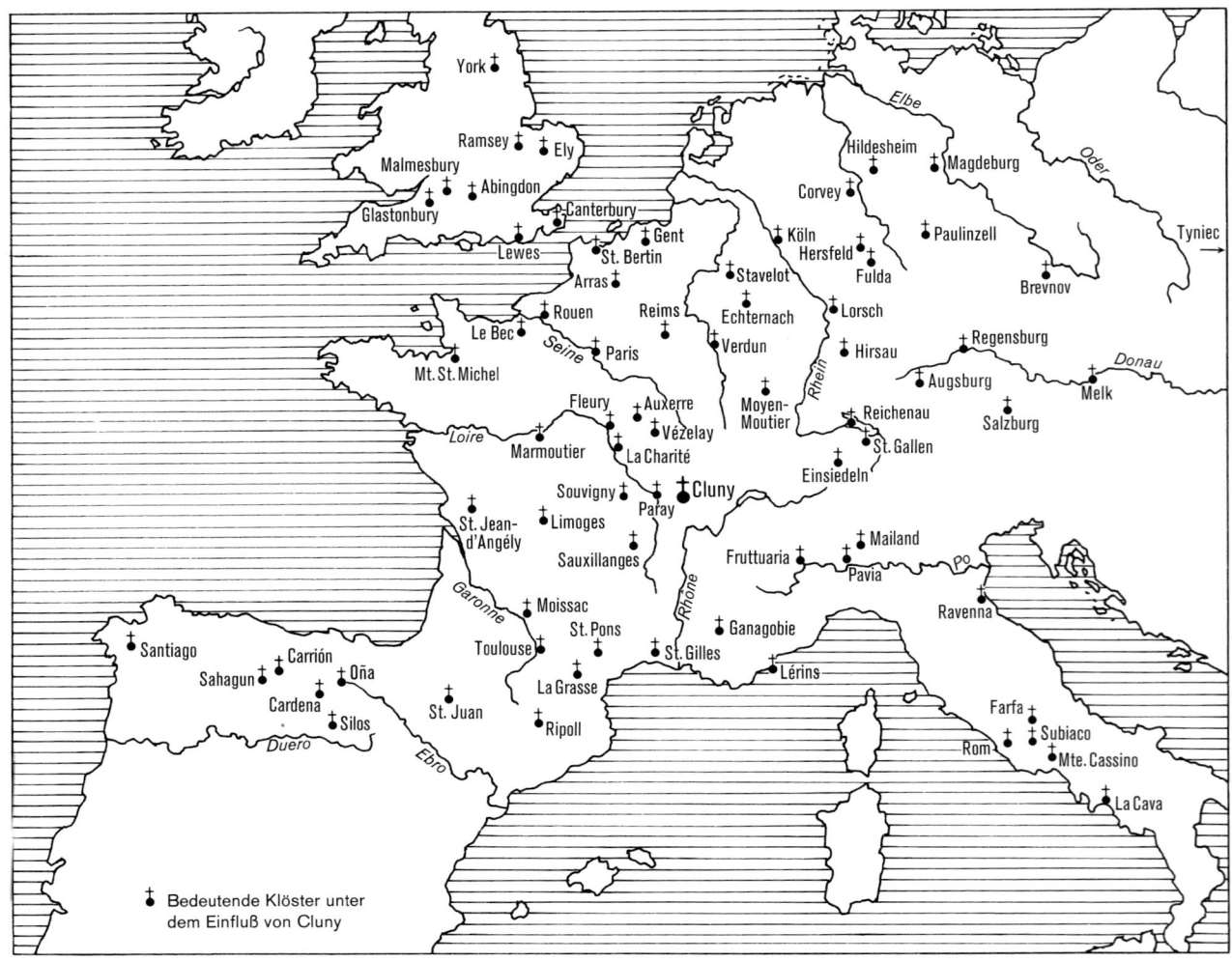

York

Ramsey
Ely
Malmesbury
Abingdon
Glastonbury
Canterbury
Lewes
Gent
St. Bertin
Arras
Rouen
Reims
Le Bec
Seine
Paris
Mt. St. Michel
Fleury
Auxerre
Vézelay
Marmoutier
La Charité
Loire
Souvigny
Cluny
St. Jean-
d'Angély
Limoges
Paray
Sauxillanges
Garonne
Moissac
St. Pons
Santiago
Toulouse
St. Gilles
Carrión
Sahagun
Oña
La Grasse
Cardena
St. Juan
Silos
Ripoll
Duero
Ebro

Elbe
Oder
Hildesheim
Magdeburg
Corvey
Köln
Paulinzell
Tyniec
Hersfeld
Stavelot
Fulda
Brevnov
Echternach
Lorsch
Verdun
Hirsau
Regensburg
Donau
Rhein
Augsburg
Melk
Moyen-
Moutier
Reichenau
Salzburg
St. Gallen
Einsiedeln
Mailand
Fruttuaria
Po
Pavia
Ravenna
Ganagobie
Rhône
Lérins
Farfa
Subiaco
Rom
Mte. Cassino
La Cava

♱ Bedeutende Klöster unter
  dem Einfluß von Cluny

zen – stellt Gregor die päpstliche Würde über die kaiserliche: der Papst könne Kaiser, aber auch Bischöfe absetzen, Untertanen vom königlichen Treueid entbinden; er selbst unterstehe keinem Gericht.

1076 Unter Abt Wilhelm wird **Kloster Hirsau** (im Schwarzwald) ein Hauptstützpunkt der gregorianischen Partei.

1084 **Bruno von Köln** (geb. um 1033 in Köln), Priester und Theologieprofessor in Reims, zieht sich, nachdem er seinen Bischof wegen Simonie angezeigt und deshalb seine Stelle verloren hat, mit sechs Gefährten ins Gebirgstal Cartusia bei Grenoble zurück. „La Chartreuse" wird das Mutterkloster der **Kartäuser** (Leben nach der Benediktinerregel, verschärft zugunsten der Kontemplation: Verpflichtung zu fast beständigem Stillschweigen, Enthaltung von Fleischspeisen, Handarbeit, getrenntes Wohnen in Einzelhütten mit Garten).

1093 **Anselm**, geb. in Aosta, Abt in Bec (Normandie), wird Erzbischof **von Canterbury** (bis 1109): ‚Vater der Scholastik' (credo, ut intelligam); im „Proslogion" entwickelt er den sog. **ontologischen Gottesbeweis** (der Begriff Gottes als höchstes Wesen schließt notwendig seine Existenz mit ein); in seiner Schrift „Cur Deus homo?" löst er die frühmittelalterliche (u. patristische) Redemptionstheorie (Loskauf der gefallenen Menschheit aus der Herrschaft des Teufels durch Christus) ab durch die **Satisfaktionstheorie**: Christus ist Mensch geworden, um der durch die Sünde verletzten Ehre Gottes genugzutun.

1098 **Robert von Molesme,** Benediktinerabt in der Diözese von Langres, gründet, um die ursprüngliche benediktinische Strenge wiederherzustellen, ein Reformkloster in der Einöde von Cîteaux (lat. Cistercium): Forderung äußerster Armut (auch in der Ausstattung der Kirchen). Ausgangspunkt des **Zisterzienserordens**, der durch **Bernhard von Clairvaux** (geb. 1091) Ansehen und Verbreitung erreicht.

Die Päpste des 12. Jahrhunderts　　　　　**Die deutschen Könige und Kaiser**

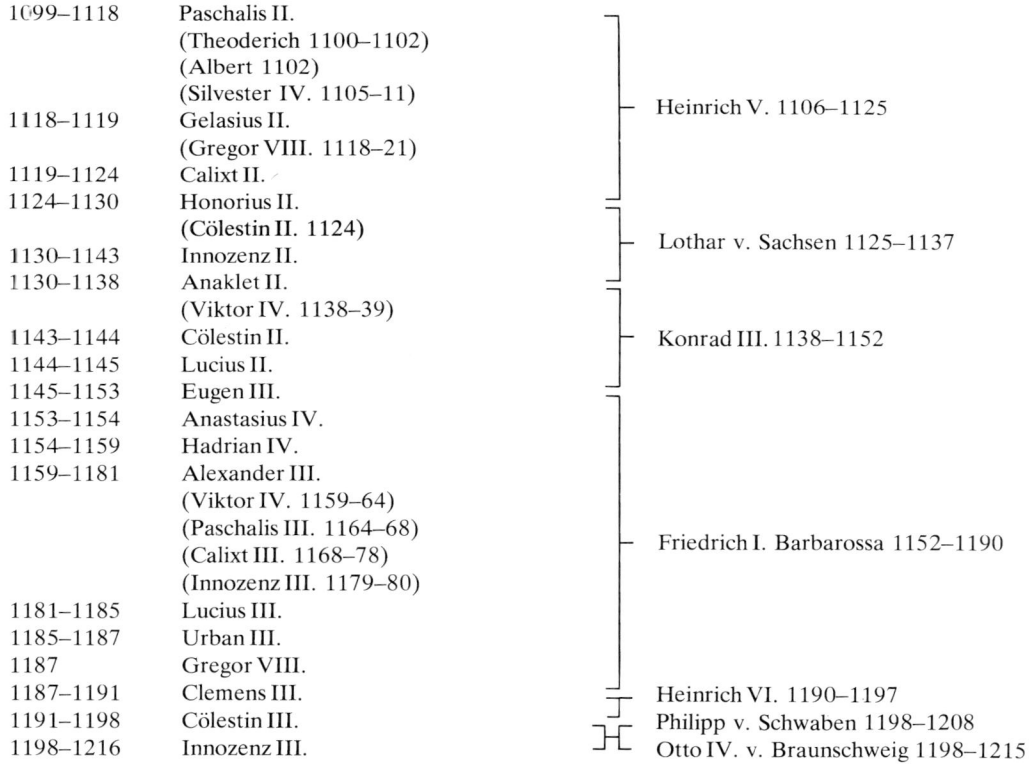

1099–1118	Paschalis II.
	(Theoderich 1100–1102)
	(Albert 1102)
	(Silvester IV. 1105–11)
1118–1119	Gelasius II.
	(Gregor VIII. 1118–21)
1119–1124	Calixt II.
1124–1130	Honorius II.
	(Cölestin II. 1124)
1130–1143	Innozenz II.
1130–1138	Anaklet II.
	(Viktor IV. 1138–39)
1143–1144	Cölestin II.
1144–1145	Lucius II.
1145–1153	Eugen III.
1153–1154	Anastasius IV.
1154–1159	Hadrian IV.
1159–1181	Alexander III.
	(Viktor IV. 1159–64)
	(Paschalis III. 1164–68)
	(Calixt III. 1168–78)
	(Innozenz III. 1179–80)
1181–1185	Lucius III.
1185–1187	Urban III.
1187	Gregor VIII.
1187–1191	Clemens III.
1191–1198	Cölestin III.
1198–1216	Innozenz III.

Heinrich V. 1106–1125

Lothar v. Sachsen 1125–1137

Konrad III. 1138–1152

Friedrich I. Barbarossa 1152–1190

Heinrich VI. 1190–1197
Philipp v. Schwaben 1198–1208
Otto IV. v. Braunschweig 1198–1215

12. Jahrhundert
Die Zeit der Kreuzzüge

A. Kirche und Umwelt

Der Gegenstand des Investiturstreites hat sich allmählich verlagert. Während Wahl und Einsetzung des Bischofs im Wormser Konkordat (1122) eine Regelung finden, geht die Auseinandersetzung um das grundsätzliche Verhältnis von Kaiser- und Papsttum weiter und erreicht unter Friedrich I. einen neuen Höhepunkt. Der Kampf bleibt unentschieden: durch wechselnde Bündnisse können Machtkonstellationen (Normannen in Süditalien, der lombardische Städtebund, die deutschen Fürsten, die Interessen des französischen oder englischen Königs) gegeneinander ausgespielt werden. – Mit dem Aufruf zum Kreuzzug durch Papst Urban II. übernimmt die Kirche die religiös-politische Führung des Abendlands und ordnet die aufkommenden nationalen Strebungen noch einmal einer gemeinsamen Idee unter. Die breite Resonanz nötigt auch die Kaiser, das „Kreuz zu nehmen", ohne daß sie eigene politische oder religiöse Ziele propagieren können.

1103	Heinrich IV. verkündet einen 4jährigen **Reichsfrieden,** eine Atempause vor allem für die Juden, die den Pogromen der Kreuzfahrer ausgesetzt waren.
1107	Heinrich I. von **England** (1100–1135) verzichtet auf die Investitur mit Ring und Stab; der Papst gestattet, daß der kanonisch gewählte Bischof in England noch vor der Weihe den Lehenseid ablegt.
1111	Im Vertrag von Sutri erklärt sich Heinrich V. bereit, auf die Investitur zu verzichten, falls die Kirche alle Regalien (weltliche Herrschaftsrechte und vom Reich verliehene Güter) zurückgebe. Paschalis II. ist einverstanden, doch die Regelung scheitert am heftigen Protest der geistlichen und weltlichen Fürsten.

1116 † **Ivo von Chartres,** Theologe. Seine Unterscheidung zwischen geistlicher Investitur (durch Ring und Stab) und weltlicher (Überreichung des Zepters) trägt wesentlich zur Schlichtung des Investiturstreites bei.

1122	Beilegung des Investiturstreits durch das **Wormser Konkordat** zwischen Heinrich V. und Kalixt II.: der König verzichtet auf die Investitur mit Ring und Stab; die Wahl des Bischofs geschieht in Deutschland in Anwesenheit, aber ohne Mitwirkung des Königs; die Belehnung erfolgt vor der Weihe (ein unerwünschter Kandidat kann somit ausgeschlossen werden), in Italien und Burgund innerhalb von sechs Monaten nach der Weihe (keine Einspruchsmöglichkeit des Kaisers).
1139	Die Grafschaft um Porto, seit 1094 selbständig, erklärt sich zum Königreich (Alfons I.).

1179 päpstliche Anerkennung Portugals.

1147 – 1149 Nach der Eroberung Edessas durch die Seldschuken (1144) gewinnt Bernhard von Clairvaux im Auftrag des Papstes König Ludwig VII. von Frankreich und Konrad III.

Die Verbindung zwischen Babenbergern, Saliern und Staufern

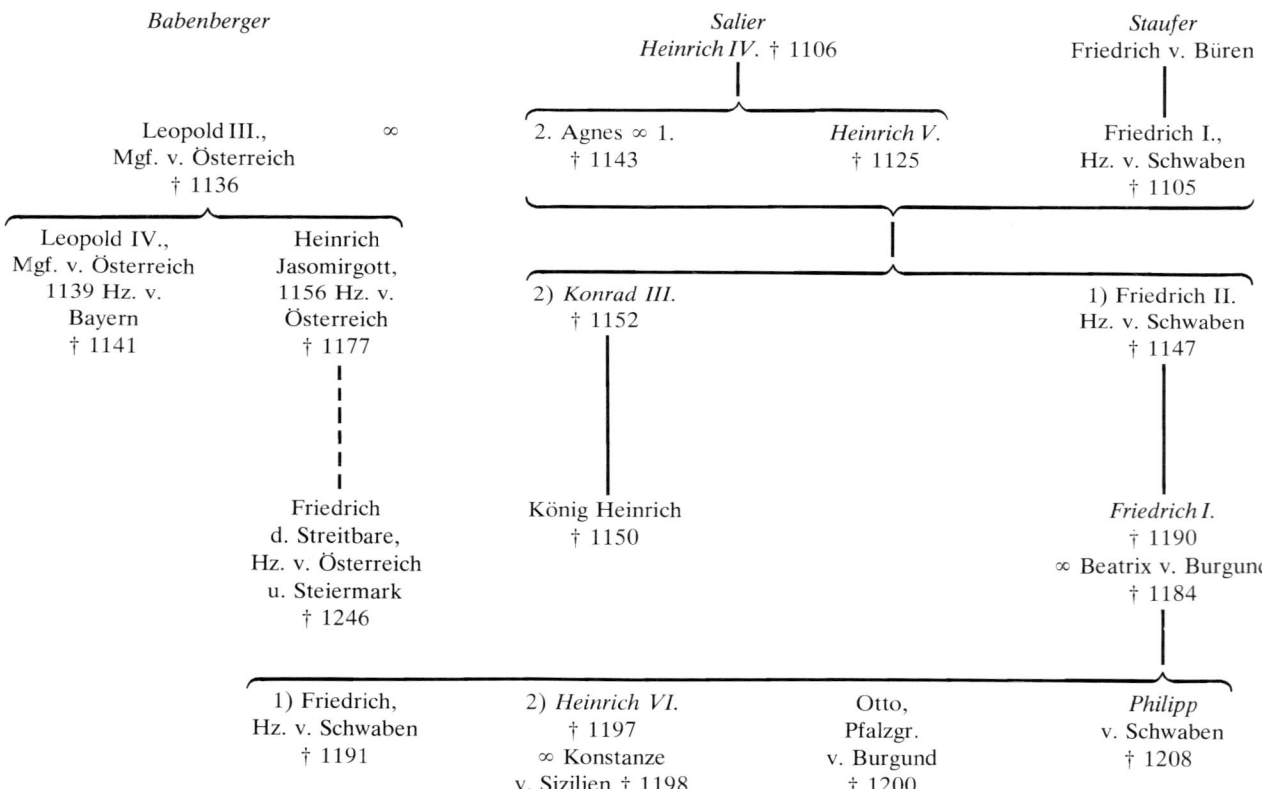

Babenberger

Salier
Heinrich IV. † 1106

Staufer
Friedrich v. Büren

Leopold III.,
Mgf. v. Österreich
† 1136   ∞

2. Agnes ∞ 1.
† 1143

Heinrich V.
† 1125

Friedrich I.,
Hz. v. Schwaben
† 1105

Leopold IV.,
Mgf. v. Österreich
1139 Hz. v.
Bayern
† 1141

Heinrich
Jasomirgott,
1156 Hz. v.
Österreich
† 1177

2) *Konrad III.*
† 1152

1) Friedrich II.
Hz. v. Schwaben
† 1147

Friedrich
d. Streitbare,
Hz. v. Österreich
u. Steiermark
† 1246

König Heinrich
† 1150

Friedrich I.
† 1190
∞ Beatrix v. Burgund
† 1184

1) Friedrich,
Hz. v. Schwaben
† 1191

2) *Heinrich VI.*
† 1197
∞ Konstanze
v. Sizilien † 1198

Otto,
Pfalzgr.
v. Burgund
† 1200

Philipp
v. Schwaben
† 1208

Vgl. Ploetz, a. a. O., S. 488.

zum **(2.) Kreuzzug**. Das Unternehmen bleibt wegen der Spannungen zwischen beiden Königen (Ludwig verbündet sich mit den Normannen, Konrad mit den Byzantinern) erfolglos.

Zur gleichen Zeit ruft Bernhard v. Cl. zum Kreuzzug gegen die Wenden (Pommern) auf: sie sollten „entweder vernichtet oder bekehrt werden".

1150 Gründung der **Universität Paris**.

1156 Die Mark **Österreich** wird selbständiges Herzogtum.

1157 Ein Übersetzungsfehler führt zu Spannungen zwischen Kaiser und Papst. Das Schreiben Hadrians zum Reichstag von Besançon spricht von „beneficia" (Wohltaten, auch: Lehen), die der Kaiser vom Papst empfangen habe. Kanzler Rainald von Dassel übersetzt mit „Lehen" (Absicht?). Die päpstlichen Legaten – darunter der spätere Papst Alexander III. – werden von den empörten Fürsten zur Abreise gezwungen. In einem Brief korrigiert Hadrian: er habe von Wohltaten, nicht Lehen gesprochen.

1159 Bei der Papstwahl entscheidet sich der größere Teil der Kardinäle für **Alexander III.** (Verbündeter der Normannen), der andere für **Viktor IV.** (Freund des Kaisers). Alexander findet die Unterstützung von Sizilien, England und Frankreich, hinter Viktor stehen Deutschland, Burgund, Oberitalien.

1177 Verständigung Friedrichs I. mit Alexander III., nachdem sich die lombardischen Städte gegen den Kai-

ser (Niederlage gegen die Mailänder bei Legnano) gestellt haben.

1170 **Thomas Becket**, 1155–62 Kanzler Heinrichs II. von England, dann Erzbischof von Canterbury, wird in der Kathedrale von Rittern des Königs erschlagen. Er hatte sich der Einschränkung der geistlichen Gerichtsbarkeit und des Rechts auf Berufung nach Rom widersetzt. (Heiligsprechung 1173) Der König leistet 1074 an seinem Grab Buße.

1187 Sultan Saladin erobert Jerusalem. Darauf

1189 **(3.) Kreuzzug** unter Führung des Kaisers Friedrich Barbarossa. Kurz nach einem ersten glänzenden Sieg bei Ikonion ertrinkt der Kaiser im Fluß Saleph (Kleinasien) beim Baden (10. 6. 1190). Sein Sohn, Herzog Friedrich von Schwaben, der das Heer weiterführt, stirbt während der Belagerung von Akkon.

1191 Einnahme von Akkon; Waffenstillstand mit Saladin. Christliche Pilger erhalten die Erlaubnis, die heiligen Stätten in Jerusalem zu besuchen.

1197 Ein von Heinrich VI. vorbereiteter Kreuzzug scheitert durch den plötzlichen Tod des Kaisers.

1191 Machtgewinn des Kaisers: Heinrich VI., in Rom von Cölestin III. zum Kaiser gekrönt, gewinnt Sizilien (bereits 1186 Heirat mit der erbberechtigten Normannin Konstanze).

1196 Der Tod Heinrichs VI. macht den Plan eines Erbkaisertums über Deutschland und Sizilien zunichte.

B. Innerkirchliche Entwicklung

Die Prediger einer Reform haben nun auch die Augen der Laien für den Gegensatz zwischen Anspruch und Wirklichkeit der Kirche geschärft. Zahlreich sind die Proteste gegen Verweltlichung und Reichtum. Die angegriffene Hierarchie reagiert mit Verboten und drängt dadurch die Gegner zu engerem Zusammenschluß. Der Kampf gegen die Ketzer gewinnt allmählich die gleiche

Bedeutung – und wird mit gleichen Ablässen versehen – wie die Teilnahme am Kreuzzug. – Neben der extrovertierten Form der neuerwachten Frömmigkeit entstehen parallel dazu asketisch-beschauliche Klöster. Mystische Innerlichkeit und religiös-politischer Einsatz finden ihre Verkörperung in Bernhard von Clairvaux, der überragenden Gestalt dieses Jahrhunderts.

Glaubenskriege und Kreuzzüge im Mittelalter

Seit 722 andauernde Glaubenskriege der Christen zur Rückeroberung Spaniens aus den Händen der Araber

1071/78 Die mohammedanischen Seldschuken bedrängen Byzanz und erobern Jerusalem

1035 Der christliche König Alphons v. Asturien-Leon erobert Toledo. Darauf weitere wechselvolle Kämpfe spanischer Könige und Ritter gegen die Mauren

1095 Byzanz bittet den Papst um Unterstützung gegen die Seldschuken

1096–99 I. Kreuzzug Gft. Edessa, Fst. Antiochia, Kgr. Jerusalem gegründet

um 1130 Ritterorden der Templer und Johanniter entstehen

1144 Die Türken erobern Edessa

1146–49 II. Kreuzzug in das Heilige Land, gleichzeitig gegen die Wenden an der Elbe

1187 Sultan Saladin erobert Jerusalem und den größten Teil der von den Franken besetzten Gebiete (darunter Akkon)

1189–92 III. Kreuzzug Friedrich Barbarossa Richard Löwenherz (Engl.) Philipp II. August (Frk.) Eroberung Zyperns Rückeroberung Akkons

1202–04 IV. Kreuzzug Eroberung Konstantinopels und Teile Griechenlands Gründung des Lateinischen Kaiserreichs

1209–29 Kreuzzug gegen die Albigenser in Südfrankreich

1212 Kinderkreuzzug

1226–83 Deutschordensritter erobern Preußen

1228–29 V. Kreuzzug Friedrich II. gewinnt durch Vertrag mit dem Sultan Jerusalem zurück

1232–34 Kreuzzug gegen die aufständischen Stedinger Bauern in Norddeutschland

1244 Endgültige Eroberung Jerusalems durch die Türken

1248–54 VI. Kreuzzug Ludwig d. Heilige von Frankreich versucht das Heilige Land von Ägypten her zurückzuerobern

nach 1250 Verhandlungen zwischen Christen und Mongolen über einen gemeinsamen Angriff gegen den Islam

1261 Ende des Lateinischen Kaiserreichs

1270 VII. Kreuzzug Ludwig der Heilige v. Frankreich zieht gegen das islamische Tunesien

1271 Sultan Baibors (Mamluk) erobert u. a. Antiochien und die Festung Krak des Chevaliers

1291 Ende der „fränkischen" Herrschaft im Heiligen Land

1291 Akkon fällt an die Türken

1396 Die Türken (Osmanen) siegen über die Kreuzfahrer bei Nikopolis und erobern den Balkan

1453 Die Türken erobern Konstantinopel

1529 Die Türken belagern Wien

1571 Die Türken erobern Zypern

1683 Die Türken erneut vor Wien

Nach Heinz D. Schmid (Hrsg.), Fragen an die Geschichte, Bd. 2 (Die europäische Christenheit), Frankfurt a. M.: Hirschgrabenverlag 1975, S. 67.

1113 Paschalis II. bestätigt den **Johanniterorden**. Entstanden aus der Bruderschaft des hl. Johannes zu Jerusalem, widmet er sich zunächst der Krankenpflege, bald auch dem bewaffneten Kampf gegen die Ungläubigen. Hauptsitz des Ordens wird später (1530–1798) Malta, daher auch **Malteser** genannt (Tracht: schwarzer Mantel mit weißem Kreuz).

1115 **Bernhard**, geb. 1091 bei Dijon, 1113 ins Kloster von Citeaux (s. S. 87) eingetreten, wird erster Abt der Tochtergründung **Clairvaux**. Seine Ausstrahlungskraft als Theologe, Mystiker, Prediger führt zur raschen Verbreitung des Zisterzienserordens. (Als Bernhard 1153 stirbt, zählt der Orden bereits 350 Klöster.)

1120 **Norbert von Xanten**, geb. um 1082, seit 1115 Priester und Wanderprediger, gründet im Tal Prémontré bei Laon ein kontemplativ-asketisches Kloster (†1134).

1126 Die „**Prämonstratenser**" werden von Honorius II. als Orden bestätigt. Hauptaufgabe wird die Pfarreiseelsorge.

um 1120 Acht Ritter aus Frankreich (darunter Hugo von Payens) schließen sich zum Schutz der Jerusalempilger zusammen; nach ihrer Niederlassung auf dem (vermeintlichen) Tempelplatz zu Jerusalem als **Templerorden** bezeichnet. Gelübde der Armut, der Keuschheit und des Gehorsams, Verpflichtung zum Kampf gegen die Ungläubigen. Tracht: weißer Mantel mit rotem Kreuz. (1312 wird der Orden von Papst Clemens V. aufgehoben, s. S. 109).

1123 Das Wormser Konkordat (s. S. 89) wird vom **1. Laterankonzil** (IX. Ökumenisches) bestätigt. Einhaltung des Gottesfriedens (s. S. 81) und Verbot der Simonie werden erneut eingeschärft, ebenso daß Kleriker nicht mit einer Frau unter einem Dache wohnen dürfen (vgl. DS 711).

1139 Nach dem Tod seines Rivalen Anaklet beruft Innozenz II. eine allgemeine Synode nach Rom (**2. Laterankonzil**, X. Ökumenisches). Alle Weihen und Maßnahmen Anaklets werden für ungültig erklärt. Der Chorherr Arnold von Brescia, der behauptet, kein Geistlicher, der Güter besitze, könne selig werden, wird zum Stillschweigen verurteilt. Erneutes Verbot der Simonie, des Zinsnehmens, des Medizin- und Rechtsstudiums für Mönche. Ehen von Klerikern (vom Subdiakon an) werden für ungültig erklärt, nicht nur wie bisher für unerlaubt.

seit 1140 Auftreten der **Katharer**, vor allem in Südfrankreich: Manichäistische Auffassungen, die über Bulgarien (Sekte der Bogomilen) ins Abendland gelangt sind, führen zur Leugnung der Menschwerdung und Auferstehung Christi, zur Verwerfung der Sakramente (auch der Ehe).

1141 † Hugo von St. Viktor (geb. 1097). Seine mystische Theologie – im Anschluß an Dionysius Areopagita – entwickelt sich zur theologischen Schule („Viktoriner") und beeinflußt nachhaltig die Mystik des 12.–14. Jahrhunderts.

1142 † **Abälard**. Zusammen mit Anselm von Canterbury (s. S. 87) gilt er als Begründer der Scholastik, vor allem ihrer wissenschaftlichen Methode; er geht dabei nicht vom Glauben aus wie Anselm, sondern verwendet den methodischen Zweifel als Weg zur Wahrheit: „nihil credendum, nisi prius intellectum". – Geb. 1079 in der Bretagne; Lehrer in Paris, wo er sich in seine Schülerin Héloïse verliebt; ihr Onkel, der Kanoniker Fulbert, läßt ihn daraufhin überfallen und entmannen; Eintritt ins Kloster St-Denis (1119), später erneute Lehrtätigkeit in Paris; auf Betreiben seines Gegners Bernhard v. Cl. werden mehrere Sätze aus seinen Werken verurteilt, ihm selbst wird durch Innozenz III. Klosterhaft verordnet.

um 1145 Bischof Otto von Freising, Teilnehmer am 2. Kreuzzug, schreibt seine „Weltchronik". Geschichte wird dabei – im Anschluß an Augustinus – als Widerstreit zweier Reiche, des himmlischen und des irdischen, verstanden.

seit 1147 steht Rom unter dem Einfluß des asketischen Predigers **Arnold von Brescia** (s. J. 1139). Seine Forderung nach Armut der Kirche treibt ihn an die Spitze einer Volksbewegung, die Papst Eu-

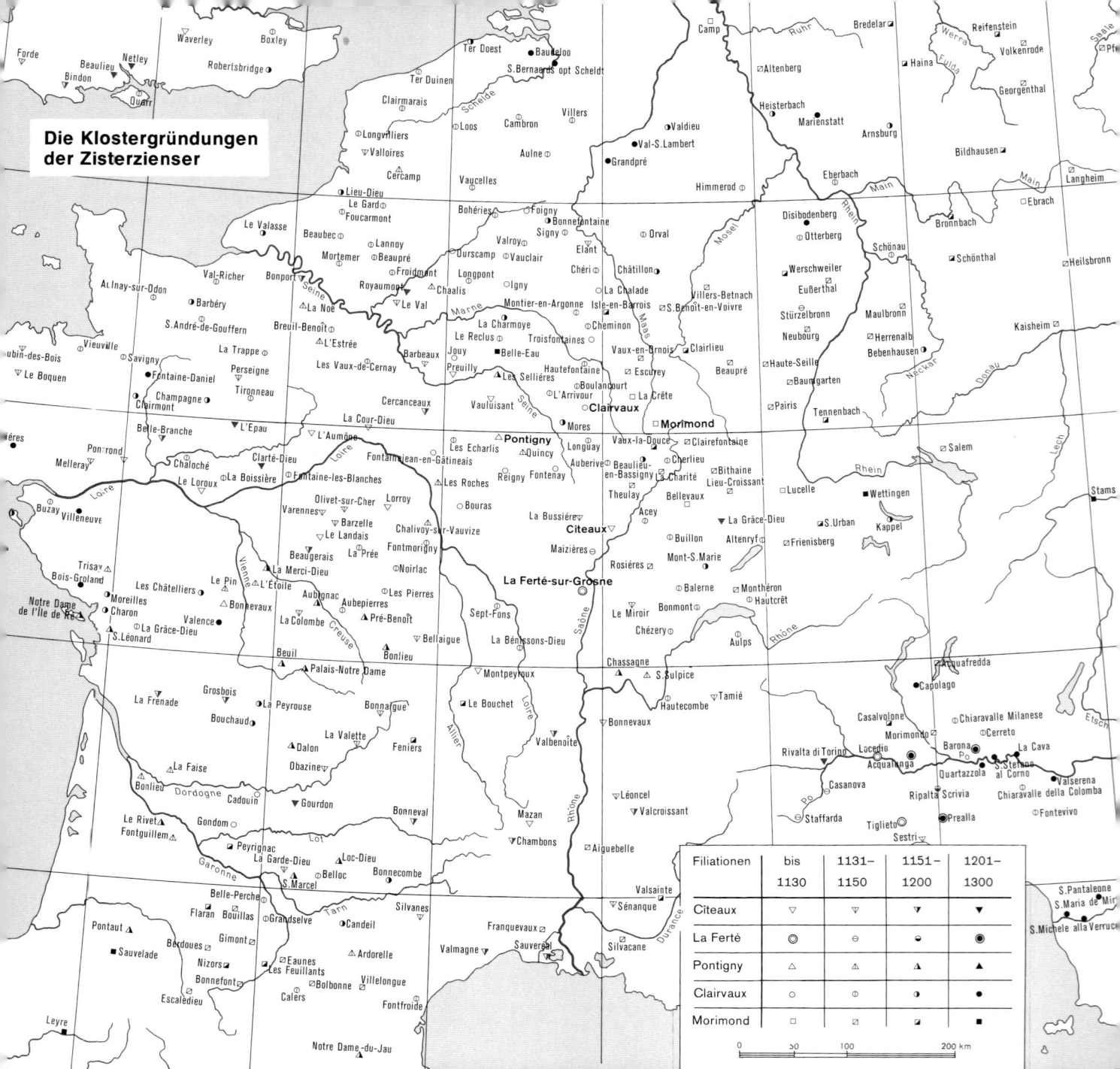

gen III. zum Verlassen der Stadt nötigt. Erst als Barbarossa eingreift (1155), wird Arnold an den päpstlichen Stadtpräfekten ausgeliefert: er wird gehängt, sein Leichnam verbrannt, die Asche in den Tiber gestreut.

um 1150 gründet **Hildegard**, Benediktinerin, das Kloster Rupertsberg bei **Bingen**. Ihr Einsatz für kirchliche Reformen, ihre mystischen Erlebnisse, theologische und naturwissenschaftliche Schriften, die Unterstützung durch Bernhard von Clairvaux machen sie zu einer der geachtetsten Frauen der damaligen Zeit († 1179).

1156 Auf dem Berg Karmel in Palästina entsteht eine Gemeinschaft von Eremiten. Ihre streng beschauliche Regel wird 1226 von Honorius III. bestätigt. 1238 übersiedeln die **Karmeliter** vor der Bedrohung durch den Islam nach Europa.

1158 † Gratian, Mönch und Lehrer in Bologna. Seine Sammlung des geltenden kirchlichen Rechts (Decretum Gratiani) begründet das Kirchenrecht als besonderen Wissenschaftszweig („Vater der kirchlichen Rechtswissenschaft").

1160 † **Petrus Lombardus**, geb. Anfang des 12. Jh. in Novara, später Lehrer an der Domschule zu Paris und 1159/60 Bischof der Stadt. Seine „Vier Bücher der Sentenzen", beeinflußt von Abälard und Hugo von St. Viktor, sind bis zum 16. Jh. das unangefochtene Lehrbuch für den theologischen Unterricht.

1176 Der Kaufmann Petrus Waldes aus Lyon entsagt – angeregt durch die Lektüre der Hl. Schrift – seinem Besitz und predigt Armut und Nachfolge Christi, kritisiert bald auch die Sünden des Klerus. Als über die **„Waldenser"** 1184 der Kirchenbann verhängt wird, nähern sie sich den Katharern; sie verwerfen nun die kirchliche Lehrautorität, Sakramente, Heiligenverehrung. Waldes weiht Bischöfe und Priester. Zentrum der Bewegung vor allem in Frankreich (Languedoc, Provence, Dauphiné) und in der Lombardei.

1184 Gegen die zunehmende Ketzerei beschließen Lucius III. und Friedrich Barbarossa, über die Häretiker Kirchenbann und Reichsacht zu verhängen (im Lauf des 13. Jh. wird es immer mehr üblich, sie zu verbrennen). Die Ketzer sollen nicht nur auf Anzeige hin verurteilt, sondern aufgespürt werden: Geburt der **Inquisition** (seit 1232 stehende Einrichtung unter Leitung des Papstes).

1179 **3. Laterankonzil** (XI. Ökumenisches), das den Friedensschluß zwischen Barbarossa und Alexander III. besiegeln soll. Um strittige Papstwahlen in Zukunft zu verhindern, muß der gültige Papst von nun an mit 2/3 der Stimmen gewählt sein. Weitere Regelungen u. a.: Verbot, mehrere kirchliche Stellen zu besitzen (Pfründenhäufung), Exkommunikation der Katharer (und ihrer Sympathisanten), Konfiszierung ihrer Güter. – An jeder Kathedrale soll ein eigener Lehrer für die Unterweisung armer Schüler angestellt werden.

1190 Aus einer Brüderschaft für Krankenpflege während der Belagerung von Akkon (3. Kreuzzug) entsteht der **Deutsche Orden**, 1198 zum Ritterorden umgewandelt (weißer Mantel, schwarzes Kreuz).

1226 Herzog Konrad von Masowien ruft den Orden gegen die Einfälle heidnischer Pruzzen zu Hilfe.

1402 Seit Friedrich II. (Goldbulle von Rimini 1226) zur selbständigen Herrschaft im unterworfenen Land ermächtigt, gebietet der Deutsche Orden über Neumark, Pommerellen, Culmer Land, Kurland, Livland, Estland, Gotland (Sitz des Hochmeisters seit 1309 die Marienburg).

1466 Nach der Niederlage gegen die im Preußischen Bund (1440) zusammengeschlossenen und von Polen unterstützten preußischen Städte und Stände muß der Orden im 2. Thorner Frieden die meisten Gebiete an Polen abtreten und dessen Oberhoheit anerkennen. Seitdem schwindende Bedeutung.

1809 Aufhebung des Deutschen Ordens durch Napoleon (Weiterbestehen in Österreich).

Nach 1945 Wiederherstellung des Deutschen Ordens in der Bundesrepublik und in Österreich (wo ihn die Nationalsozialisten aufgehoben hatten). Sitz des Hochmeisters: Wien; Aufgaben: Seelsorge, Sozialhilfe, Mission in Schweden (1975 74 Mitglieder in 13 Häusern).

Die Päpste des 13. Jahrhunderts

1198–1216	Innozenz III.
1216–1227	Honorius III.
1227–1241	Gregor IX.
1241	Cölestin IV.
1243–1254	Innozenz IV.
1254–1261	Alexander IV.
1261–1264	Urban IV.
1265–1268	Clemens IV.
(1268–1271	Sedisvakanz)
1271–1276	Gregor X.
1276	Innozenz V.
1276	Hadrian V.
1276–1277	Johannes XXI.
1277–1280	Nikolaus III.
1281–1285	Martin IV.
1285–1287	Honorius IV.
1288–1292	Nikolaus IV.
(1292–1294	Sedisvakanz)
1294	Cölestin V.
1294–1303	Bonifaz VIII.

Die deutschen Könige und Kaiser

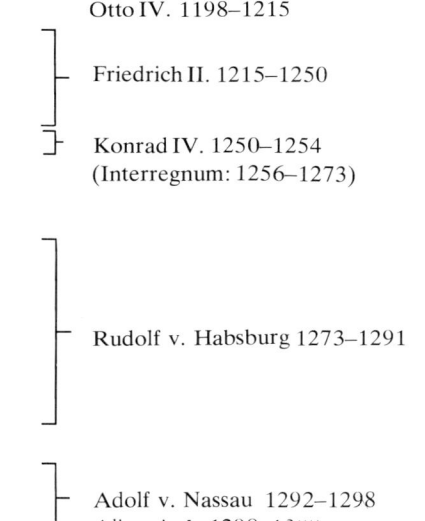

Otto IV. 1198–1215

Friedrich II. 1215–1250

Konrad IV. 1250–1254
(Interregnum: 1256–1273)

Rudolf v. Habsburg 1273–1291

Adolf v. Nassau 1292–1298
Albrecht I. 1298–1308

13. Jahrhundert

Höhepunkt päpstlicher Macht

A. Kirche und Umwelt

Die Auseinandersetzung zwischen „Imperium" und „Sacerdotium" endet mit dem Zusammenbruch des staufischen Kaisertums. Doch beruht der Sieg des Papsttums nur zum geringen Teil auf eigener Macht. Der aufstrebenden, sich gegen den Kaiser stemmenden partikulären Kräfte von Fürsten und Staaten können sich geschickte Päpste nur eine Zeitlang bedienen. Mit der Enthauptung des letzten Staufers verblaßt auch die Einheit des Imperiums. Die erwachenden Nationalstaaten, vorab Frankreich, verfolgen ihre Interessen autonom, und es gelingt dem Papsttum nicht mehr, sie in eine neue Universalität hineinzubinden.

---

seit 1198 **Innozenz III.**, mit 37 Jahren Papst, erreicht durch geschickte Politik die Lehensabhängigkeit der meisten europäischen Fürsten (Sizilien, England, Aragon, Portugal, Dänemark, Polen, Böhmen, Ungarn). Im Papsttum sieht er eine aller weltlichen Macht überlegene Würde. Aus dem „Nachfolger des Petrus" wird im 13. Jahrhundert der „Stellvertreter (vicarius) Christi".

1202 Innozenz III. ruft zu einem neuen (4.) **Kreuzzug** auf, mit Ägypten als Ziel. Das Unternehmen endet in Konstantinopel. Die Kreuzfahrer erzwingen – nach Eroberung der Stadt – den Anschluß der griechischen an die römische Kirche. Balduin I. von Flandern wird den Byzantinern als Kaiser aufgezwungen. Gegen die Fremdherrschaft beanspruchen mehrere Städte (Nikaia, Trapezunt, das Despotat von Epiros) die Fortsetzung des griechischen Kaisertums.

1261 Erneuerung der griechischen Herrschaft in Konstantinopel, durch Michael VIII. Palaiologos. Ende des Lateinischen Kaiserreiches.

1209 Beginn der **Albigenserkriege**. Nach der Ermordung des päpstlichen Legaten Peter von Castelnau durch einen Pagen des Grafen Raimund VI. von Toulouse ruft Innozenz III. zum Kreuzzug gegen Raimund und die Katharer (bzw. „Albigenser" – nach der Stadt Albi, dem Zentrum der Bewegung) auf. Bis 1229 sind die meisten Ketzer vernichtet.

1212 Tausende von Jugendlichen aus Frankreich und Deutschland brechen zum Kreuzzug ins Heilige Land auf (**„Kinderkreuzzug"**). Schiffsherren, die von Marseille aus den Transport übernehmen, verkaufen die Kinder auf dem Sklavenmarkt in Alexandria.

1212 – 1250 **Friedrich II.**, König von Deutschland und Sizilien (Kaiserkrönung 1220). Nach der dem Papst gegebenen Zusage, beide Reiche nicht zu vereinigen, widmet sich Friedrich vor allem seinem sizilianischen Erbe. Der Glanz seines Hofes, wo sich Dichter und Gelehrte sammeln, seine Distanz gegenüber Religion, das Interesse für Naturwissenschaft, Philosophie und Astrologie machen ihn zum Vorläufer einer selbständigen, sich in den Mittelpunkt stellenden und von Religion lösenden Staatsgewalt.

1220 Um die geistlichen Fürsten für die Wahl seines Sohnes (Heinrich VII.) zu gewinnen, überläßt der Kaiser ihnen in der „Confoederatio cum principibus ecclesiasticis" wichtige königliche

Das römisch-katholische Christentum im Machtbereich der Mongolen (13.–14. Jahrh.)

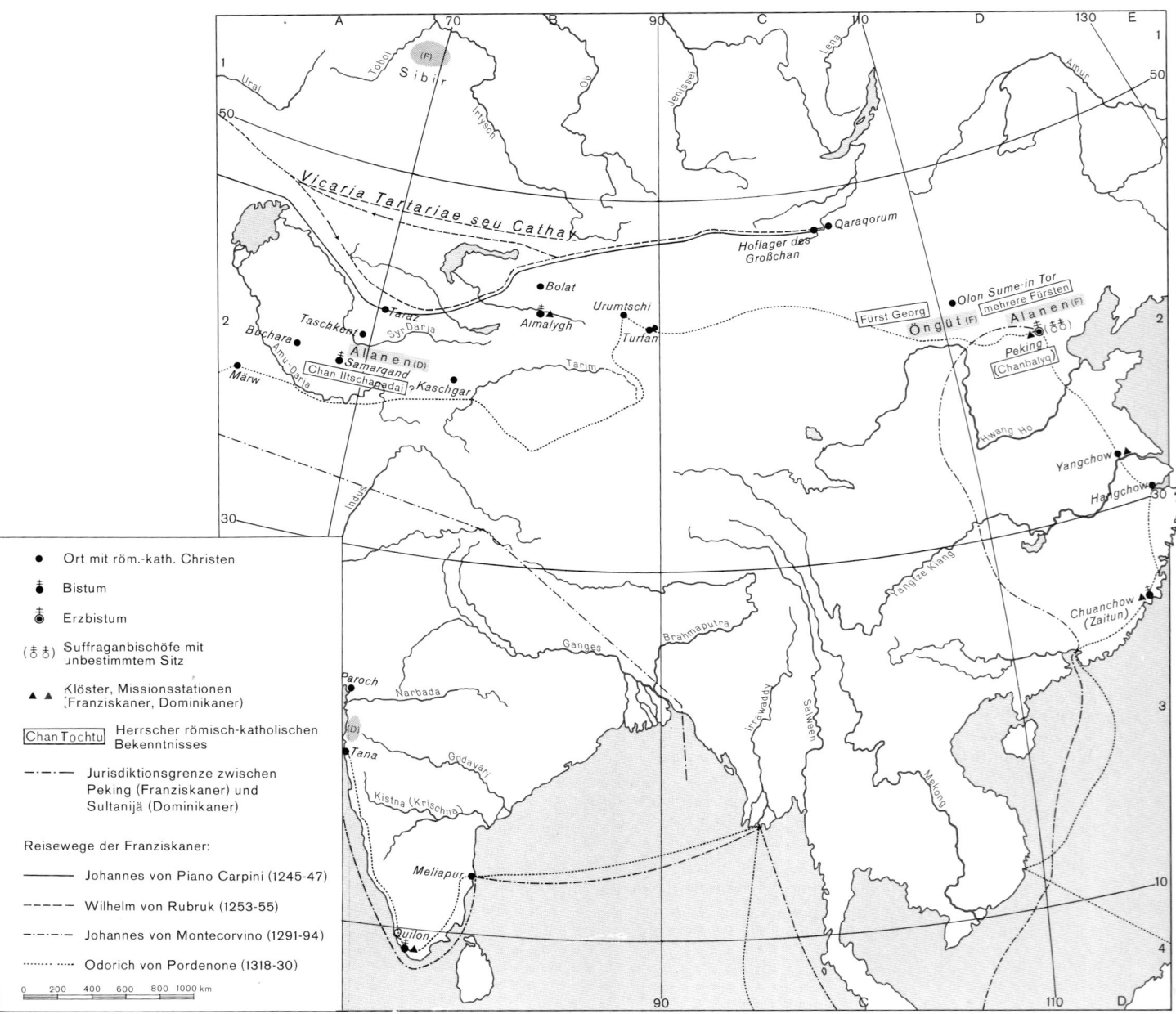

Legend:

- ● Ort mit röm.-kath. Christen
- ⚒ Bistum
- ⚒ Erzbistum
- (⚒ ⚒) Suffraganbischöfe mit unbestimmtem Sitz
- ▲ ▲ Klöster, Missionsstationen (Franziskaner, Dominikaner)
- [Chan Tochtu] Herrscher römisch-katholischen Bekenntnisses
- —·—·— Jurisdiktionsgrenze zwischen Peking (Franziskaner) und Sultanijä (Dominikaner)

Reisewege der Franziskaner:

- ———— Johannes von Piano Carpini (1245-47)
- – – – – Wilhelm von Rubruk (1253-55)
- —·—·— Johannes von Montecorvino (1291-94)
- ········· Odorich von Pordenone (1318-30)

0 200 400 600 800 1000 km

Labels on map: Sibir (F), Ural, Tobol, Irtysch, Ob, Jenissei, Lena, Amur, *Vicaria Tartariae seu Cathay*, Bolat, Qaraqorum, Hoflager des Großchan, Taraz, Taschkent, Almalygh, Urumtschi, Turfan, Fürst Georg, Olon Sume-in Tor mehrere Fürsten (F), Öngüt (F), Alanen (ठ ठ), Peking (Chanbalyq), Buchara, Amu-Darja, Syr-Darja, Alanen (D), Samarqand, Chan Iltschagadai, Kaschgar, Tarim, Märw, Hwang Ho, Yangchow, Hangchow, Chuanchow (Zaitun), Yangtze Kiang, Indus, Ganges, Brahmaputra, Narbada, Paroch, (D), Tana, Godavari, Irawaddy, Salween, Mekong, Kistna (Krischna), Meliapur, Quilon

Rechte (Regalien): Markt-, Münz- und Zollrecht, Befestigungshoheit und Gerichtsbarkeit. Selbständigkeit und Unabhängigkeit der Fürsten gegenüber dem König werden dadurch gestärkt (Entwicklung zum Landesherren).

1231 Die weltlichen Fürsten erhalten von Heinrich VII. die gleichen Rechte (Statutum in favorem principum).

1228 Friedrich II., nach einem abgebrochenen Kreuzzug von Gregor IX. gebannt (1227), bricht erneut nach Palästina auf (**5. Kreuzzug**) und erhält Jerusalem, Bethlehem und Nazareth durch Vertrag mit Sultan Elkamil von Ägypten (1229). Lösung vom Bann 1230.

1244 Erneute Eroberung Jerusalems durch die Moslems (endgültiger Verlust der Stadt). Darauf
1248 Kreuzzug des französischen Königs Ludwig IX. (der Heilige); er gerät mit dem ganzen Heer in Gefangenschaft und kann erst nach hohem Lösegeld zurückkehren.
1270 Erneutes Unternehmen Ludwigs IX. (**7. Kreuzzug**); mit einem Großteil des Heeres kommt er in Tunis um.

1241 Nach der Eroberung Kiews (1240) besiegen die **Mongolen** bei **Liegnitz** ein deutsch-polnisches Ritterheer und ein ungarisches im Tal der Theiß. Der Rückzug der Mongolen nach dem plötzlichen Tod des Großkhans Ugedeis entscheidet über den ‚westlichen‘ Charakter Europas.

um 1250 Die Rückeroberung (Reconquista) Spaniens ist – bis auf das arabische Königreich Granada, das 1492 fällt – abgeschlossen.

1268 Konradin, Enkel Friedrichs II., wird beim Versuch, das von Papst Klemens IV. an Karl von Anjou (dem Bruder des französischen Königs) verliehene Königreich Sizilien als sein Erbe zu gewinnen, von Karl besiegt und in Neapel hingerichtet. Damit endet das Königtum der Staufer und die kaiserliche Herrschaft in Italien.

1271 – 1295 Reisen des Venezianers Marco Polo bis nach China, wo er das Vertrauen des Kaisers gewinnt. Seine Reisebeschreibungen vermitteln Europa Kenntnisse über den Fernen Osten. Gründung von Missionsgemeinden in China (sie bestehen bis 1370).

1291 Die Eroberung von Akkon durch die Mohammedaner – die letzte bedeutende Festung der Christen – beendet die Zeit der Kreuzzüge.

B. Innerkirchliche Entwicklung

Ein überragender Papst eröffnet das Jahrhundert: Zeichen der inneren und äußeren Stärke, die die Kirche gewinnt. Das Anliegen des Investiturstreites – die vom Kaiser unbeeinflußte Wahl der Bischöfe – wird voll erreicht; die Bedrohung päpstlicher Freiheit durch die Verbindung des Reiches mit Sizilien endet mit dem Tod des letzten Staufers. Auch die Ketzergefahr wird beseitigt, das Aufkommen neuer Proteste durch die Inquisition erschwert. Zugleich bieten sich zwei neue Orden – Franziskaner und Dominikaner – all denen an, die Verweltlichung und mangelnde Glaubensunterweisung als die Zeitübel erkennen. – Während die politische Führung durch die Kirche nach dem Mißerfolg der Kreuzzüge verblaßt, stellt sie die überragenden Gelehrten der Geisteswissenschaft (Hochscholastik).

1198 – 1216 Innozenz III. Er vereinigt theologische Bildung, Kenntnis des Kirchenrechts, politisches Gespür mit persönlicher Integrität und intensiver Arbeitskraft. Durchdrungen von der „Fülle päpstlicher Gewalt“, achtet er dennoch die ebenfalls vor Gott unmittelbar verliehene weltliche Gewalt. Allerdings unterstehen die Fürsten als Glieder der Christenheit der seelsorgerischen Obhut der Kirche.

1202 † **Joachim von Fiore.** Der Gründerabt des Klo-

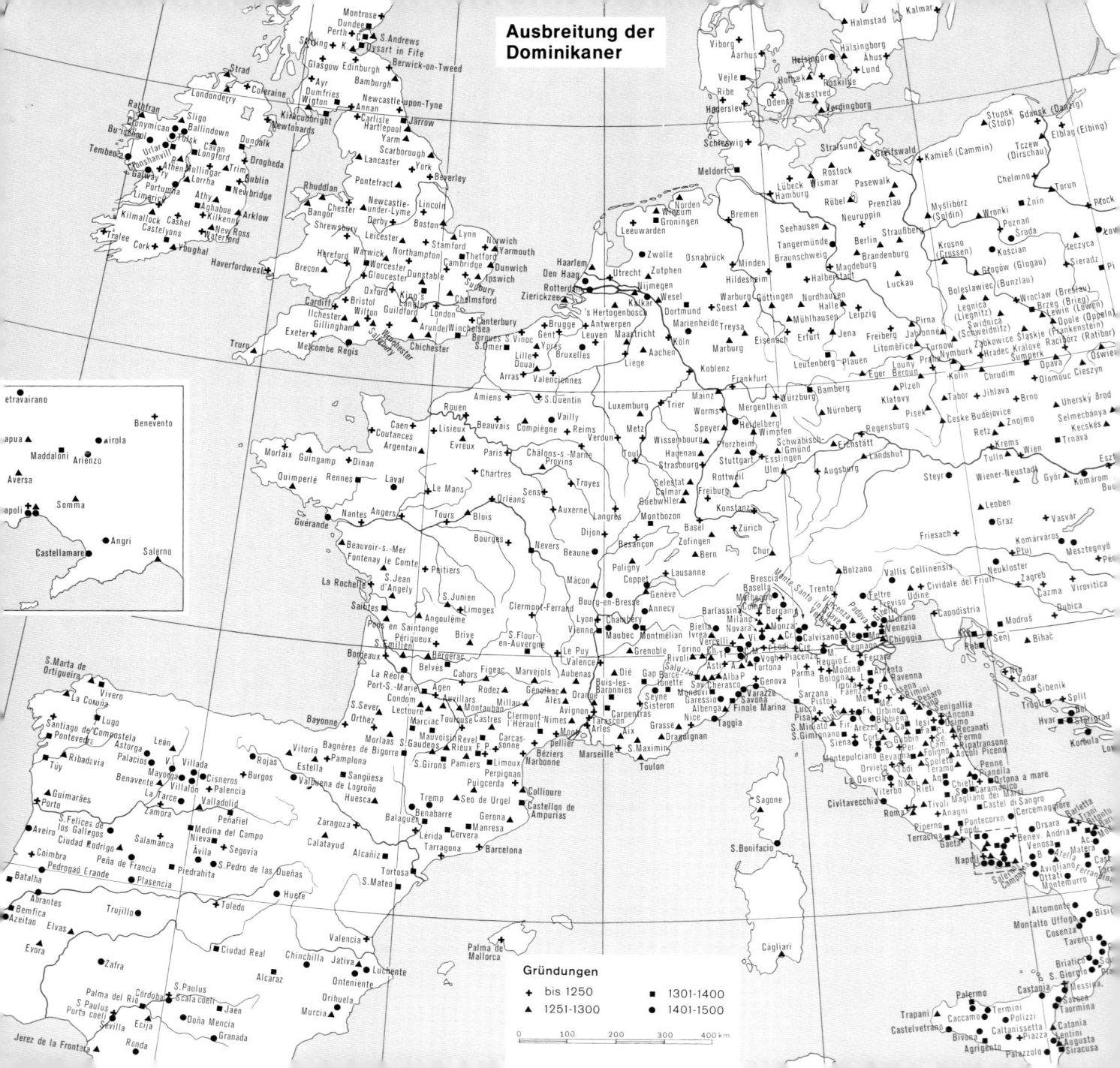

Ausbreitung der Dominikaner

Gründungen

- ✝ bis 1250
- ▲ 1251–1300
- ■ 1301–1400
- ● 1401–1500

0   100   200   300   400 km

sters San Giovanni in Fiore (Kalabrien) gewinnt in den nächsten Jahrzehnten durch seine Geschichtstheologie großen Einfluß im Franziskanerorden. Einteilung der Geschichte in drei Zeitalter: der Zeit des Vaters (AT) mit der Vorherrschaft des fleischlich-ehelichen Menschen, folgt die Zeit des Sohnes (NT) mit der Vorherrschaft der Priester. Höhepunkt wird die Zeit des Heiligen Geistes, mit den Mönchen als Hauptträgern: eine Geistkirche in Armut und Frieden, ohne Hierarchie, Sakramente, äußeren Kultus; ihr Anbruch wird auf 1260 berechnet.

1260 Die Erwartung vom Anbruch des „Dritten Reiches" führt in Italien zu großen Geißlerwallfahrten.

1207 **Dominikus**, geb. 1170 in Caleruega (Kastilien), beginnt in Südfrankreich zu predigen, vor allem gegen die Irrlehren der Katharer.

1215 In Toulouse gründet Dominikus eine Priestergemeinschaft, die sich, vor allem durch Predigt und Lehrtätigkeit, der Bekehrung der Katharer (Albigenser) widmen will.

1216 Honorius III. bestätigt die von den „Predigerbrüdern" (OP = Ordo Praedicatorum) angenommene Augustinerregel. 1220 wählt eine erste Vollversammlung der Brüder die Lebensform des „Bettelordens" (Verzicht auf Besitz und feste Einkünfte).

1221 6. Aug.: Dominikus stirbt in Bologna (heiliggesprochen 1234). Die „**Dominikaner**" bilden bereits 8 Ordensprovinzen mit 60 Klöstern.

1208 **Franz von Assisi,** geb. 1181 (oder 1182) in Assisi als Sohn eines reichen Tuchhändlers, wählt ein Leben der größtmöglichen Armut und der Wanderpredigt gemäß dem Evangelium (Mt 10); Gefährten schließen sich an.

1210 Innozenz III. bestätigt Franz und seinen Gefährten die gewählte Lebensweise und gestattet die Predigt.

1212 Klara (Sciffi) und ihre Schwester Agnes aus Assisi entschließen sich zum gleichen Leben der Armut (seit 1253 Orden der **Klarissen**).

1219 Franz, der sich für die Bekehrung der Mohammedaner einsetzt, erhält – nach einer Audienz bei Sultan El-Kamil – Predigterlaubnis in mohammedanischem Gebiet (Rückkehr nach Italien im Herbst 1220).

1223 Honorius III. approbiert feierlich die Regel der Minderbrüder (OFM = Ordo Fratrum Minorum, „**Franziskaner**").

1226 Nach Vollendung seines „Sonnengesanges" stirbt Franziskus, der seit 1224 die Wundmale (Stigmata) trägt, am 3. Okt. in Portiunkula. Der „liebevollste und liebenswürdigste aller Mönche" (Harnack) wird bereits 1228 heiliggesprochen.

um 1210 Frauen, die in überfüllten Klöstern keine Aufnahme finden, entschließen sich, Gemeinschaften zu bilden (ohne Ordensgelübde). Rasche Verbreitung der „**Beginen**" (vermutlich nach ihrer grauen Tracht: bigio = beige) in Frankreich und Deutschland. Später (Konzil von Vienne 1311) wegen schwärmerischer Züge verboten.

1215 **4. Laterankonzil** (XII. Ökumenisches), mit 400 Bischöfen, 800 Äbten, Gesandten der Könige von Deutschland, Frankreich, England, Aragón, Ungarn. Erklärungen gegen Katharer und Waldenser, Hervorhebung der Wesensverwandlung (Transsubstantiation) von Brot und Wein in der Eucharistie, innerkirchliche Reformbestimmungen (u. a. die Vorschrift, wenigstens einmal im Jahr zu beichten und zu kommunizieren), Vorschriften für Juden (Ausgehverbot in der Karwoche, Tragen besonderer Kleidung), Werbung für den Kreuzzug.

seit 1230 Die Universität von Paris entwickelt sich zum Zentrum der **Scholastik**, in der aristotelische Begrifflichkeit (nachdem über die Araber in Spanien die Werke des Aristoteles bekanntgeworden sind) zum Durchdenken und Systematisieren der Glaubenslehre herangezogen wird. Die herausragenden Gelehrten stellen der Dominikaner- und der Franziskanerorden.

1245 † **Alexander von Hales**, gefeierter Theologe in Paris. Er verwendet zum ersten Mal das System des Aristoteles für das theologische Denken

um 1248 **Albertus Magnus**, Dominikaner, in Paris (geb. um 1200 in Lauingen/Donau) und Köln. Zu seinen Hörern zählt Thomas von Aquin. Schriften über philosophische, theologische, naturwissenschaftliche und medizinische Fragen; † 1280, heiliggesprochen

Ausbreitung der Franziskaner

Gründungen bis 1300

0   100   200   300   400km

1931. Wegen seiner Vielseitigkeit als „doctor universalis" bezeichnet.

seit 1248 Bonaventura, Franziskaner, geb. 1221 in Mittelitalien, Schüler des Alexander v. Hales, in Paris. Sein Denken orientiert sich (neben Aristoteles) vor allem an Platon und Augustinus. Persönlicher Freund des Thomas von Aquin (wie dieser stirbt er im Jahr 1274, während des Konzils zu Lyon).

seit 1256 Thomas von Aquin, Dominikaner, als Magister der Theologie in Paris (1256–61 u. 1269–72). Geb. 1226 (oder 1227) in Aquino (bei Neapel), mit 17 Jahren Eintritt in den Dominikanerorden, Studium in Köln (Schüler von Albertus Magnus), Lehrtätigkeit in Paris, Rom und Neapel. † 1274 in Fossanuova, auf dem Weg zum Konzil von Lyon. – Seine ‚Summa theologica' (unvollendet) und die ‚Summa contra gentiles' sind ein Höhepunkt spekulativer Kraft und systembildender Theologie („Doctor angelicus").

1278   Der Dominikanerorden verpflichtet seine Mitglieder auf die Lehre des Thomas.
1323   Heiligsprechung durch Johannes XXII.
1567   Pius V. erhebt Thomas zum Kirchenlehrer.
1923   Pius XI. empfiehlt Thomas als Maßstab der Theologie (Enzyklika „Studiorum ducem").

um 1295   Joh. **Duns Scotus**, Franziskaner, in Paris (geb. um 1265 in Südschottland, später Lehrtätigkeit in Oxford, Paris und Köln, † 1308). Gegen Thomas von Aquin faßt er Gott mehr als Willen (Voluntarismus) denn als Sein. Der scharfsinnige Denker („doctor subtilis") erringt im Franziskanerorden eine ähnlich beherrschende Stellung wie Thomas bei den Dominikanern: die Scholastik zerfällt in Thomismus und Skotismus; beide Schulen bekämpfen sich in den folgenden Jahrhunderten heftig.

1231   Gregor IX. ordnet die **Inquisition**: verurteilte Ketzer sind innerhalb von 8 Tagen durch den weltlichen Arm hinzurichten (Scheiterhaufen), Reuige erhalten lebenslangen Kerker; während des Prozesses erhalten die Angeklagten keinen gerichtlichen Beistand, Verbot der Berufung an weitere Instanzen. Öffentliche und private Glaubensgespräche unter Laien werden verboten. (Konstitution „Excommunicamus").

1245   1. Konzil von Lyon (XIII. Ökumenisches). Der unter Gregor IX. 1239 ausgebrochene Konflikt mit Friedrich II. wird vom Nachfolger Innozenz'

IV. durch den Prozeß gegen den Kaiser verschärft. Das Konzil erklärt den Kaiser und König wegen Eidbruch, Häresieverdacht und Friedensstörung für abgesetzt. Friedrich stirbt (1250), bevor der militärische Kampf gegen den Papst entschieden ist.

1248   Grundsteinlegung des Kölner Doms.

1264   Einführung des **Fronleichnamsfestes** (seit 1246 in der Diözese Lüttich) für die ganze Kirche durch Urban IV.

1274   2. Konzil von Lyon (XIV. Ökumenisches). Hauptthemen des Konzils sind Papstwahl, Kreuzzug, Union mit der griechischen Kirche. – Um die Erfahrung von 1268–71, als sich die Kardinäle drei Jahre lang nicht auf einen Papst einigen konnten, nicht zu wiederholen, beschließt das Konzil, daß die Kardinäle künftig in den Wahlräumen eingeschlossen bleiben (**Konklave**), bis der neue Papst bestimmt ist. Sie haben innerhalb von 10 Tagen nach dem Tod eines Papstes zusammenzutreten. – Für die Finanzierung eines Kreuzzuges (der wegen des Falls von Akkon 1291 nicht mehr zustande kommt), soll auf sechs Jahre eine 10%ige Steuer erhoben werden. – Gesandte des griechischen Kaisers Michael VIII. beschwören auf dem Konzil die **Union mit der Lateinischen Kirche** (29. Juni).

1281   Papst Martin IV., der Karl von Anjou und dessen Pläne einer Wiedereroberung Konstantinopels unterstützt, bannt Michael VIII., nachdem dieser neue, über das letzte Konzil hinausgehende Forderungen des Papstes (u. a. die ausdrückliche Einfügung des „Filioque" ins Glaubensbekenntnis der Griechen) abgelehnt hatte. Die Einheit der beiden Kirchen bricht damit wieder auseinander.

1294   Die Verweltlichung des Papsttums führt zu einer Gegenreaktion: die Kardinäle wählen einen durch seine Frömmigkeit bekannten Einsiedler. Der neue Papst **Cölestin V.** stellt jedoch bald fest, daß er den Anforderungen des Amtes nicht gewachsen ist; er dankt im gleichen Jahr freiwillig ab. Der neue Papst **Bonifaz VIII.** ist von seinem politischen Auftrag überzeugt.

103

Päpste und Könige des 14. Jahrhunderts

Päpste		*Deutschland*		*Frankreich*		*England*	
1294–1303	Bonifaz VIII.	Albrecht I.	1298–1308	Philipp IV.	1285–1314	Edward I.	1272–1307
1303–1304	Benedikt XI.			der Schöne			
1305–1314	Klemens V.	Heinrich VII.	1308–1313			Edward II.	1307–1327
(1314–1316	Sedisvakanz)			Ludwig X.	1314–1316		
1316–1334	Johannes XXII.	Ludwig IV.,	1314–1347	Philipp V.	1316–1322	Edward III.	1327–1377
1334–1342	Benedikt XII.	d. Bayer		Karl IV.	1322–1328		
1342–1352	Klemens VI.	Karl IV.	1346–1378	Philipp VI.	1328–1350		
1352–1362	Innozenz VI.			Johann II.	1350–1364		
				der Gute			
1362–1370	Urban V.			Karl V.	1364–1380		
1370–1378	Gregor XI.			der Weise			
1378–1389	Urban VI.	Wenzel	1378–1400	Karl VI.	1380–1422	Richard II.	1377–1399
	Klemens VII.						
	1378–1394						
1389–1404	Bonifaz IX.						
	Benedikt XIII.						
	1394–1417						

Die Bulle „Unam Sanctam" Bonifaz' VIII.

„*Eine* heilige, katholische und apostolische Kirche müssen wir anerkennen und daran festhalten, so heißt uns der Glaube. Und an eine solche Kirche glauben Wir fest und bekennen dies schlicht. Außer ihr gibt es weder Heil noch Vergebung der Sünden – wie der Bräutigam im Hohenlied (6,9) ausspricht: ‚Einzig ist sie, meine Taube, meine fehlerlose; einzig ist sie ihrer Mutter, erlesen ihrer Gebärerin.' Sie bildet einen mystischen Leib, dessen Haupt Christus ist – sein Haupt aber ist Gott. In ihr gibt es ‚*einen* Herrn, *einen* Glauben, *eine* Taufe' (Eph 4,5). So gab es zur Zeit der Sintflut *eine* Arche Noe, das Vorbild der *einen* Kirche, und sie war als *ein* Stück gefertigt und hatte nur *einen* Steuermann und Führer, nämlich Noe; außerhalb von ihr wurde alles, was auf Erden lebte, vernichtet. Ihr gilt unsere Verehrung – der einzigen, wie der Herr beim Propheten (Ps 22,21) sagt: ‚Entreiß, o Gott, meine Seele dem Schwert, den Fängen des Hundes mein einziges Gut.' Für ‚seine Seele' bittet er, d.h. für

14. Jahrhundert
Krise des Papsttums

A. Kirche und Umwelt

Dem Papst wie dem Kaiser sind die Führung des Abendlandes entglitten. Da die deutschen Fürsten keinen starken König wünschen, kann Frankreich seine Macht ausweiten, den Papst zur Übersiedlung nach Avignon bewegen und den Interessen französischer Politik unterordnen. – Die Vorrangigkeit, mit der nun allenthalben nationale Ziele verfolgt werden, führt zu bedeutenden Verlagerungen und Konflikten: den Päpsten gelingt es nicht mehr, die Kreuzzugsidee neu zu beleben; der päpstliche Einfluß bei der deutschen Königswahl wird von den Kurfürsten ausgeschaltet; Ansprüche der französischen und englischen Krone auf Territorien in Frankreich führen zum 100jährigen Krieg zwischen beiden Ländern. Schließlich bestimmt der Gegensatz zwischen Frankreich–Neapel und Deutschland–Italien das große abendländische Schisma.

1302 In der Bulle „**Unam Sanctam**" definiert Bonifaz VIII. das Verhältnis von geistlicher zu weltlicher Gewalt. Das weltliche Schwert wird dem König vom Papst anvertraut – es steht unter der Aufsicht der Kirche. Gehorsam gegenüber dem Papst ist für jeden Menschen heilsnotwendig.

1303 Philipp IV., über den päpstlichen Anspruch empört, läßt Bonifaz VIII. auf Schloß Anagni (bei Rom) gefangennehmen, um ihn vor ein allgemeines Konzil zu zwingen. Bonifaz, obwohl wenige Tage später von den Bürgern des Ortes befreit, verfällt in Raserei und stirbt einige Wochen später.

1309 Klemens V., früher Erzbischof von Bordeaux, verlegt seine Residenz von Rom nach Avignon. Er gerät dort – ebenso wie seine Nachfolger – völlig unter den Einfluß des französischen Königs („**babylonische Gefangenschaft**" der Kirche 1309–1377).

1310 Auf Verlangen Philipps IV. muß Klemens V. einen Prozeß gegen (den toten) Bonifaz VIII. eröffnen und die Bulle „Unam Sanctam" (scheinbar) außer Kraft setzen.

1312 Reichtum und Einfluß des **Templerordens** in Frankreich veranlassen Philipp IV., seine **Aufhebung** vom Papst zu verlangen, wegen angeblicher „Ketzerei und Sittenlosigkeit". Ohne daß die päpstliche Untersuchungskommission und das Konzil von Vienne (1310–12) eine Schuld des Ordens bestätigen können, verfügt Klemens V. die Aufhebung. Der Großmeister Jakob von Molay endet auf dem Scheiterhaufen (1314).

1324 Gegen Bannung und Absetzung durch Johannes XXII. der das Bestätigungsrecht der deutschen Königswahl beansprucht (und: vor der Bestätigung sei der Papst Verwalter des Reiches!), appelliert Ludwig IV. an ein allgemeines Konzil („Appellation von Sachsenhausen").

1338 Nachdem Ludwig IV. von Johannes XXII. suspendiert worden war, da er nicht um Bestätigung seiner Königswürde nachgesucht habe (1323), erklären die deutschen Kurfürsten im **Kurverein zu Rense**, daß der rechtmäßige Gewählte auch ohne päpstliche Zustimmung König sei.

1356 Die **Goldene Bulle**, welche die Königswahl den 7 Kurfürsten vorbehält, erwähnt keinerlei Bestätigungsrecht des Papstes.

sich, für das Haupt wie auch für den Leib, mit dem er die *eine* Kirche meint, die eins ist durch den einen Bräutigam, den einen Glauben, die Sakramente und die Liebe. Sie ist das in *einem* Stück gewirkte Kleid des Herrn, das nicht zerschnitten, sondern durch Los vergeben wurde (Joh 19,23). Deshalb besitzt die eine und einzige Kirche nur *einen* Leib und nur *ein* Haupt: Christus – nicht etwa zwei Köpfe wie ein Monstrum. Stellvertreter Christi sind Petrus und dessen Nachfolger, sagt doch der Herr zu Petrus: ‚Weide meine Schafe!' (Joh 21,17.) ‚Meine' sagt er, und das will man durchaus im eingeschränkten Sinn, nicht eingegrenzt auf diese oder jene, sondern – so können wir daraus entnehmen – alle sind ihm anvertraut. Mögen die Griechen oder andere behaupten, sie seien Petrus und seinen Nachfolgern nicht übergeben – sie bekennen damit notwendigerweise, daß sie nicht zu den Schafen Christi gehören; denn der Herr sagt im Johannesevangelium, es gebe nur ‚*einen* Schafstall und *einen* Hirten' (Joh 10,16).

Zu dieser seiner Vollmacht gehören zwei Schwerter, das geistliche und das zeitliche – so lehrt das Evangelium. Denn als die Apostel sagten: ‚Zwei Schwerter sind hier' (Lk 22,38) – in der Kirche natürlich, da ja die Apostel sprachen –, da erwiderte der Herr nicht, es seien zu viele, sondern: es ist genug. Wahrlich, wer bestreitet, daß auch das zeitliche Schwert zur Vollmacht des Petrus gehört, beachtet nicht das Wort des Herrn: ‚Stecke dein Schwert in die Scheide' (Mt 26,52). Beide Schwerter gehören also zur Vollmacht der Kirche, das geistliche und das weltliche. Doch ist das eine für die Kirche, das andere von der Kirche zu führen; das eine durch die Hand des Priesters, das andere von Königen und Soldaten, jedoch nach Auftrag und Duldung des Priesters. Es muß das Schwert dem Schwerte unterstehen, die weltliche Autorität der geistlichen Macht unterworfen sein. Denn der Apostel sagt (Röm 13,1): ‚Es gibt keine Gewalt, die nicht von Gott ist; die aber, die es gibt, sind von Gott geordnet.' – Das wäre jedoch nicht der Fall, wenn das eine Schwert nicht unter dem anderen stünde und als geringeres durch das andere zum obersten Ziel geführt würde; nach dem hl. Dionysius ist es nämlich gottgesetzte Ordnung, daß das Niedere über das Mittlere zum Höchsten geführt werde. Nach der in der Welt herrschenden Ordnung wird also nicht alles in gleicher Weise und unmittelbar, sondern das Niedere über das Mittlere, das Tiefere

durch das Höhere in die rechte Ordnung eingefügt. Daß aber die geistliche Gewalt an Würde und Adel jede irdische überragt, müssen wir um so mehr betonen, als das Geistliche vor dem Zeitlichen den Vorrang hat. Wir sehen das auch in aller Deutlichkeit bei der Besteuerung, bei Segnung und Weihe, daran, wie Macht empfangen und verwaltet wird. Denn – so bezeugt die (göttliche) Wahrheit – die geistliche Gewalt hat die irdische einzusetzen und zu richten, wenn sie nicht gut gehandelt hat. So erfüllt sich für die Kirche und die kirchliche Gewalt die Weissagung des Jeremias (1,10): ‚Siehe, ich setze dich heute über Völker und Reiche, usw.'

Daher wird, wenn sie vom rechten Weg abweicht, die irdische Gewalt von der geistlichen gerichtet; verfehlt sich eine geistliche Gewalt niederer Ordnung, so spricht die höhere Gericht; fehlt indessen die höchste Gewalt, so kann sie nur von Gott, nicht mehr von Menschen gerichtet werden – gemäß dem Wort des Apostels (1 Kor 2,15): ‚Der geistliche Mensch richtet alles, er selbst aber wird von niemand gerichtet.' Doch ist diese Autorität, auch wenn sie dem Menschen verliehen und von ihm ausgeübt wird, nicht menschlicher, sondern eher göttlicher Art, durch göttlichen Spruch dem Petrus gegeben, ihm und seinen Nachfolgern in jenem Wort besiegelt, in dem er als ‚Fels' bezeichnet wird, nämlich als der Herr zu Petrus sagte (Mt 16,19): ‚Alles, was du binden wirst, usw.' Wer immer daher dieser von Gott gesetzten Gewalt widersteht, widersetzt sich der Anordnung Gottes – es sei denn, er nimmt wie die Manichäer zwei Prinzipien an, was wir jedoch als falsch und häretisch verurteilen; denn, wie Moses sagt (Gen 1,1): nicht ‚in principiis' (mit mehreren Prinzipien), sondern ‚in principio' (Doppelbedeutung: in einem Prinzip, oder: im Anfang) schuf Gott Himmel und Erde. Deshalb kann kein Mensch das Heil erlangen, wenn er sich nicht unter den Gehorsam des römischen Hohenpriesters stellt. Das erklären, sagen, definieren und verkünden Wir.

Gegeben im Vatikan, im achten Jahr Unseres Pontifikats.

Text in: Quellen zur Geschichte des Papsttums und des römischen Katholizismus, Bd. 1: Von den Anfängen bis zum Tridentinum. Von Carl Mirbt, neu bearb. von Kurt Aland, Tübingen: Mohr (Siebeck) [6]1967, Nr. 746, S. 458 bis 460. Übers. von R. Fröhlich.

1339 – 1453 „Hundertjähriger Krieg" zwischen Frankreich und England.

1348 Gründung der **Universität Prag**, der ersten im deutschen Reich, nach dem Muster der Universität von Paris.

1348 – 1352 In Europa wütet die Pest (etwa $1/3$ der deutschen Bevölkerung überlebt sie nicht; in England verringert sich die Einwohnerzahl von ca. 4 auf ca. $2\,1/2$ Millionen); neues Aufleben der Geißlerwallfahrten (vgl. J. 1260); im Elsaß und in Österreich werden Tausende von Juden umgebracht – unter dem Vorwurf, sie hätten die Brunnen vergiftet.

um 1350 Das Studium antiker Literatur leitet in Italien die Epoche des **Humanismus** – die wissenschaftlich-geistige Seite der **Renaissance** – ein (Petrarca 1304–74, Poggio 1380–1459, L. Valla 1406/07–57).

1377 Mit Gregor XI. kehrt die päpstliche Residenz von Avignon nach Rom zurück. Maßgeblich dafür eingesetzt hatte sich die hochgeachtete Mystikerin Katharina von Siena (1347–80, Mitglied des Dritten Ordens des hl. Dominikus; 1461 heiliggesprochen).

1378 Die Uneinigkeit der Kardinäle führt zu einer Doppelwahl: Urban VI. (anerkannt von Deutschland, Mittel- und Norditalien, Flandern und England) und Klemens VII. (Frankreich, Süditalien, Sizilien). Das **„große abendländische Schisma"** besteht 37 Jahre lang.

1388 Gründung der Universität Köln.

1389 Die „türkische Gefahr" wird langsam akut: Sieg der Türken über die Serben auf dem Amselfeld.

1393 Die Türken erobern Bulgarien.

1396 Sieg der Türken bei Nikopolis über das christliche Heer unter Sigismund von Ungarn.

1422 Die Türken belagern zum ersten Mal Konstantinopel.

1391 Verfolgung der Juden in Kastilien, Aragón, Katalonien (häufig nur Wahl zwischen Tod und Taufe), ebenso Zwangsbekehrung der Mauren.

B. Innerkirchliche Entwicklung

Die führende Stellung der Kirche im 13. Jahrhundert – Innozenz III., die Erneuerung des geistlichen Lebens durch Franziskaner und Dominikaner, die Blütezeit der Scholastik – geht innerhalb von wenigen Jahrzehnten verloren. Die Kräfte, die den Papst über den Kaiser emporheben, wenden sich nun von ihm ab, ja richten sich gegen ihn: gegen den Zentralismus der Kurie protestieren die Bischöfe, gegen seine theoretische Begründung entwickeln Theologen die Lehre der Überlegenheit eines allgemeinen Konzils über den Papst (Konziliarismus). Verhängnisvoll wird auch der Verlust sittlicher Glaubwürdigkeit der Päpste. Politische Schachzüge, der Ausbau des kirchlichen Finanzsystems verbrauchen ihre Kräfte und Interessen. Die ersten Stimmen, die im Papst den Antichrist sehen, werden laut. Das ,große abendländische Schisma' wird zum Tiefpunkt des Papsttums.

1300 Zum ersten Mal wird durch Bonifaz VIII. ein ,heiliges Jahr' ausgerufen.

1302 Während noch Innozenz III. († 1216) die Unabhängigkeit der weltlichen Gewalt von der geistlichen anerkannt hatte, erklärt nun **Bonifaz VIII.**, daß der Papst ursprünglich auch Träger der obersten weltlichen Gewalt sei (Bulle: „Unam Sanctam").

1305 – 1314 Klemens V. Er erhebt Anspruch auf das Einkommen vakanter kirchlicher Stellen („fructus medii temporis"). Neubesetzte Stellen müssen das erste Jahreseinkommen an die Kurie abführen („Annaten"). – Ein ausgeklügeltes Abgabensystem, dazu die Ausdehnung des päpstlichen Anspruches auf Stellenbesetzung

Pest und Geißlerwallfahrten um 1350

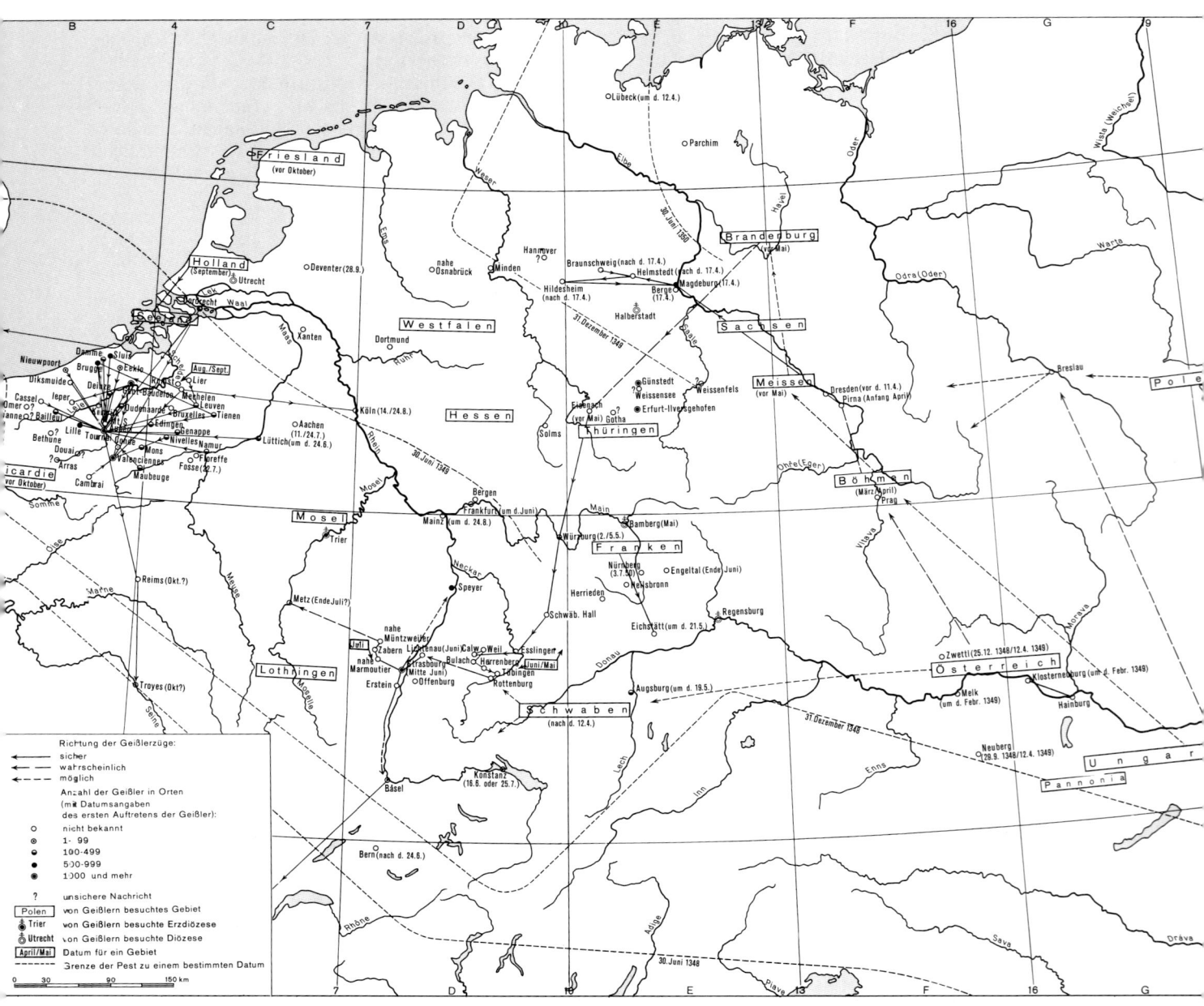

Friesland (vor Oktober)

○ Lübeck (um d. 12.4.)

○ Parchim

Holland (September)
○ Utrecht

○ Deventer (28.9.)

Brandenburg (vor Mai)

nahe Osnabrück
● Minden

Hannover ?

Braunschweig (nach d. 17.4.)
Helmstedt (nach d. 17.4.)
Berge (17.4.) Magdeburg (17.4.)

Hildesheim (nach d. 17.4.)
Halberstadt

Sachsen

Nieuwpoort
Diksmuide
Cassel
○ Omer?
○anne? ● Bailleul
Bethune
Douai ?
Arras
icardie (vor Oktober)
Cambrai

Brugge
Deinze
Ieper
Lille
Tournai Dolhe
Valenciennes
Maubeuge

Sluis
Eeklo
○ Lier
Mechelen
Leuven
Bruxelles Tienen
Edingen
Nivelles Namur
Fosse (22.7.)
Genappe
Floreffe
Mons

Aug./Sept

Xanten
Dortmund

Westfalen

Köln (14./24.8.)

Aachen (11./24.7.)
Lüttich (um d. 24.6.)

Hessen

Günstedt
Weissensee
Erfurt-Ilversgehofen
Eisenach (vor Mai) Gotha
Thüringen

Meissen (vor Mai)

Dresden (vor d. 11.4.)
Pirna (Anfang April)

Breslau

Pole

Solms

Bergen
Frankfurt (um d. Juni)
Mainz (um d. 24.8.)

Mosel

Trier

Reims (Okt.?)

Metz (Ende Juli?)

Speyer

nahe Münzwewiler
Jull
Zabern Lichtenau (Juni)
nahe Marmoutier Strassburg (Mitte Juni)
Erstein
Offenburg

Calw Weil
Bulach Herrenberg (Juni/Mai)
Tübingen
Rottenburg

Lothringen

Troyes (Okt?)

Böhmen (März/April)
Prag

Bamberg (Mai)
Würzburg (2./5.5.)

Franken

Nürnberg (3.7.50)
Engeltal (Ende Juni)
Neuhronn

Herrieden
Schwäb. Hall
Eichstätt (um d. 21.5.)

Esslingen

Augsburg (um d. 19.5.)

Regensburg

31. Dezember 1348

Zwettl (25.12. 1348/12.4. 1349)

Österreich

Klosterneuburg (um d. Febr. 1349)

Melk (um d. Febr. 1349)
Hainburg

Schwaben (nach d. 12.4.)

Konstanz (16.6. oder 25.7.)

Donau

Neuberg (29.9. 1348/12.4. 1349)

Ungar

Pannonia

Bern (nach d. 24.6.)

macten die Kurie in den folgenden Jahrzehnten zur größten Finanzmacht Europas.

1311 – 1312 **Konzil von Vienne** (XV. Ökumenisches), in Anwesenheit Klemens' V. Die Liste der Geladenen wird mit dem französischen König abgesprochen. Gegenstand des Konzils sind die Anschuldigungen gegen den Templerorden (Aufhebung des Ordens durch päpstliche Verfügung am 3. April 1312), Einmischung der weltlichen Gewalt in kirchliche Angelegenheiten (in den besonderen Gerichtsstand des Klerus, seine Steuerfreiheit), das Problem der Exemtionen (die Bischöfe klagen über die große Zahl von Klöstern, die nicht mehr ihnen, sondern dem Papst direkt unterstehen). Das Konzil endet ohne durchgreifende Reformdekrete.

1323 Die Auffassung der strengen Richtung im Franziskanerorden („Spiritualen"), Christus und die Apostel hätten nicht nur kein individuelles, sondern auch kein gemeinsames Eigentum besessen, wird von Johannes XXII. als häretisch bezeichnet (Bulle: „Cum inter nonnullos"). Der Franziskanergeneral Michael von Cesena wird abgesetzt und gebannt.

1326 In seiner Streitschrift „Defensor Pacis" (Verteidiger des Friedens) wendet **Marsilius von Padua** demokratische Vorstellungen auf die innerkirchliche Ordnung an: kirchliches Recht sei, was von der Mehrheit der Bischöfe (auch gegen den Papst) bzw. von der Mehrheit der Gläubigen (auch gegen die Bischöfe) gebilligt werde. Oberstes Organ der Kirche sei ein „Universalkonzil", auf dem nicht nur die Hierarchie, sondern auch die Laien vertreten sein müßten.

1327 † **Meister Eckhart**. Geb. um 1260 in Hochheim bei Gotha, Eintritt in den Dominikanerorden, Oberer einer Provinz, ab 1311 Lehrer der Theologie in Paris, Straßburg, Köln. – Seine mystische Frömmigkeit, seine Lehre von der „Gottesgeburt" in der Seele des Gläubigen, von der „Berührung" mit Gott im „Seelenfünklein" haben großen Einfluß auf die Mystik in Deutschland. – Mißverständliche Aussagen vor allem über die

Vergöttlichung des Menschen führten dazu, daß 28 Sätze seiner Werke als häresieverdächtig verurteilt wurden (1329; vgl. DS 950–980).

Weitere herausragende Gestalten der „deutschen Mystik":

1361 † Johann **Tauler**, geb. um 1300, Dominikaner, Prediger in Straßburg.
1366 † Heinrich **Seuse** (lat. Suso), geb. um 1295, Dominikaner, in Konstanz und Ulm.
1381 † Johannes **van Ruysbroeck**, geb. 1293, Weltgeistlicher, dann Chorherr bei Brüssel.

1349 † **Wilhelm von Ockham**. Der franziskanische Gelehrte – geb. um 1300 bei London – trennt das Denken der Vernunft (Philosophie) scharf von der Theologie, die sich auf die Autorität der Bibel und der Kirche stützt. Eine Begründung des Glaubens mit der Vernunft ist unmöglich. – Seine Lehre, daß Allgemeinbegriffen keine Realität außerhalb des Verstandes zukomme, beeinflußt als **„Nominalismus"** die weitere Entwicklung des philosophischen Denkens.

1373 † Birgitta von Schweden (geb. 1303 in Finstad bei Uppsala). Nach dem Tod ihres adligen Gatten (1344) gründete sie 1346 zu Vadstena den „Birgittenorden" (auch „Erlöserorden"), der in Skandinavien weite Verbreitung erlangt. Seit 1350 in Rom gewinnt sie durch ihr asketisches Leben, durch ihre Visionen und Offenbarungen, durch ihre Anprangerung kirchlicher Mißstände – wie Katharina von Siena fordert sie die Rückkehr des Papstes aus Avignon – die Hochachtung ihrer Umwelt (1391 heiliggesprochen).

1384 † John **Wiclif**. Geb. um 1328 in England, Professor der Philosophie und Theologie in Oxford. Übersetzung der Bibel ins Englische. – Seine Überzeugung, nur das dürfe gelten, was in der Bibel steht, führt zur Ablehnung von Papsttum (der Papst ist der Antichrist!), Hierarchie, von mehreren Sakramenten. – Durch Unterstützung von Adel und Bürgern bleiben kirchliche Maßnahmen (Verurteilung 1382) unwirksam, doch werden seine Anhänger – die „Lollarden" (= Ketzer) – nach 1400 grausam verfolgt.

Päpste und Könige des 15. Jahrhunderts

Päpste		*Deutschland*	*Frankreich*	*England*
1389–1404	Bonifaz IX.	Ruprecht v. d. Pfalz	Karl VI.	Heinrich IV.
	Benedikt XIII.	1400–1410	1380–1422	1399–1413
	1394–1417			
1404–1406	Innozenz VII.			
1406–1415	Gregor XII.	Sigismund		Heinrich V.
	Alexander V.	1410–1437		1413–1422
	1409–1410			
	Johannes XXIII.			
	1410–1415			
1417–1431	Martin V.		Karl VII.	Heinrich VI.
1431–1447	Eugen IV.	Albrecht II.	1422–1461	1422–1461
	Felix V. 1439–1449	1438–1439		
1447–1455	Nikolaus V.	Friedrich III.		
1455–1458	Kalixt III.	1440–1493		
1458–1464	Pius II.		Ludwig IX.	Edward IV.
1464–1471	Paul II.		1461–1483	1461–1483
1471–1484	Sixtus IV.			Edward V. 1483
1484–1492	Innozenz VIII.		Karl VIII.	Richard III.
1492–1503	Alexander VI.	Maximilian I.	1483–1498	1483–1485
		1493–1519		Heinrich VII.
				1485–1509

15. Jahrhundert
Glanz der Renaissance

A. Kirche und Umwelt

Der Zerfall der Christenheit in zwei, ja drei päpstliche Obödienzen führt schließlich zu einem gemeinsamen und erfolgreichen Bemühen der Königreiche zur Wiederherstellung der kirchlichen Einheit. Durchgreifende innerkirchliche Reformen scheitern jedoch am Widerstand der Päpste. Während die Konsolidierung (Spanien, Rußland) und Auseinandersetzung (England – Frankreich) nationaler Staaten anhält, versinkt Rom in der Baufreudigkeit und dem Luxus der Renaissancepäpste. Die Eroberung Konstantinopels durch die Türken 1453 – das Ende des Oströmischen Reiches – erschüttert das Abendland, ohne daß die Reaktionen über Gefühle hinausgehen.

1413 Durch Verhandlungen mit drei Päpsten gelingt es Kaiser Sigismund, für das nächste Jahr ein allgemeines Konzil nach Konstanz einberufen zu lassen, das die Einheit der Kirche wiederherstellen soll.

1414 – 1418 Konzil zu Konstanz. Die Wahl und Anerkennung **Martins V.** beendet die Spaltung der Kirche.

1429 Jeanne d'Arc, „Jungfrau von Orléans", führt nach mehreren Siegen über die Engländer Karl VII. zur Krönung nach Reims (16. Juli).

1431 Im weiteren Verlauf des Krieges fällt Jeanne in die Hand der Engländer, wird als Ketzerin verurteilt und verbrannt (30. 5.).
1456 Revision des Urteils auf Befehl des Papstes.
1920 Heiligsprechung von Jeanne d'Arc durch Benedikt XV.

1438 Die französische Nationalversammlung veröffentlicht eigenmächtig eine Reihe von Reformdekreten des Basler Konzils, welche die Rechte des Papstes einschränken. Die **„pragmatische Sanktion von Bourges"** wird zur Grundlage des Gallikanismus (des französischen Nationalkirchentums): weitgehender Einfluß des Königs auf die Besetzung der Bistümer, Einschränkung der geistlichen Gerichtsbarkeit, Besteuerung der Kirche durch den Staat u. a. Von Bedeutung wird das Recht, vom Urteil des kirchlichen Gerichts an das königliche Gericht zu appellieren.

1448 Im **Wiener Konkordat** (in Kraft bis 1803) gelangen Kaiser Friedrich III. und Nikolaus V. zu einer Einigung über das päpstliche Stellenbesetzungsrecht in Deutschland.

um 1450 Johann Gutenberg entwickelt in Mainz den Buchdruck mit gegossenen Metallettern. – Seit Anfang des Jahrhunderts Herstellung von Papier als Schreibmaterial.

1453 Konstantinopel, dem das Reich keine wirksame Hilfe leistet, wird **von den Türken erobert.** Rußland übernimmt als „Drittes Rom" das orthodoxe Erbe – Moskau wird in dieser Zeit nationaler und kirchlicher Mittelpunkt.

1462 – 1505 Durch **Iwan III.** entsteht in Rußland aus Teilfürstentümern ein nationaler Einheitsstaat.

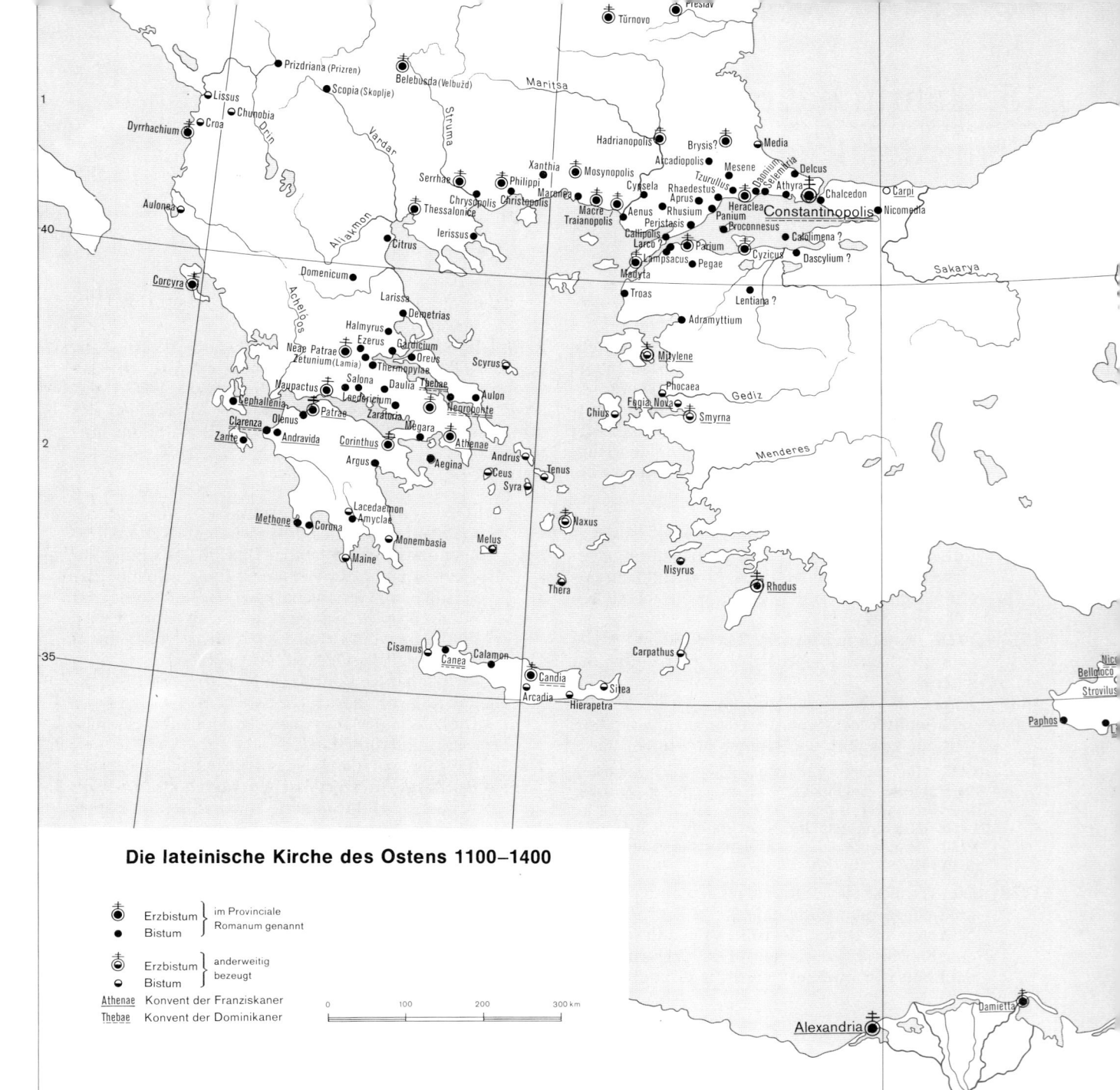

Türnovo · Preslav

Prizdriana (Prizren) ·
Scopia (Skoplje) ·
Belebusda (Velbuzd) ·

Lissus
Chunobia
Dyrrhachium · Croa

Drin
Maritsa

Hadrianopolis · Brysis? · Media ·

Xanthia · Mosynopolis · Arcadiopolis · Mesene · Dianium · Delcus
Serrhae · Philippi · Tzurullus · Splendria · Athyra
Chrysopolis · Christepolis Maronea Cypsela Rhaedestus Aprus · Chalcedon · Carpi
Thessalonice Macre Aenus Rhusium Heraclea Panium Constantinopolis · Nicomedia
Traianopolis Peristasis Proconnesus
Ierissus Callipolis Larco? Parium · Catolimena?
Citrus Larco? · Parium · Cyzicus · Dascylium?
Lampsacus Pegae

Aulonaa

Corcyra

Domenicum · Madyta
Troas Sakarya

Larissa Lentiana?

Demetrias Adramyttium
Halmyrus
Neae Patrae Ezerus Gardicium
Zetunium (Lamia) Oreus
Thermopylae Scyrus Mitylene

Naupactus Salona Daulia Thebae Aulon Phocaea
Lederichum Zaratora Negroponte Chius Fugia Nova
Cephallenia Patrae Megara Smyrna
Clarenza Olenus Athenae
Zante Andravida Andrus
Corinthus Ceus Tenus
Argus Aegina Syra

Gediz

Menderes

Methone Lacedaemon
Amyclae Maina Naxus
Coruna Monembasia Nisyrus
Maine Melus Rhodus
Thera

Cisamus Calamon Carpathus
Canea
Candia Nica
Arcadia Sitea Bellioco?
Hierapetra Strovilus

Paphos

Die lateinische Kirche des Ostens 1100–1400

Erzbistum ⎫
} im Provinciale
Bistum ⎬
} Romanum genannt

Erzbistum ⎫
} anderweitig
Bistum ⎬
} bezeugt

Athenae Konvent der Franziskaner
Thebae Konvent der Dominikaner

0   100   200   300 km

Alexandria
Damietta

1469 Die Vereinigung von **Kastilien und Aragón** durch die Heirat von Isabel und Ferdinand reiht Spanien unter die europäischen Großmächte ein.

1478 Sixtus IV. gibt seine Zustimmung zu einem von Isabel und Ferdinand verlangten Neuaufbau der **Inquisition in Spanien** „zum Schutz von Krone und Kirche". Ihre Härte gegen neu-(= zwangs-) getaufte Juden führt 1485 zu einem Attentat gegen Peter Arbues, Inquisitor von Aragonien (zwischen 1483–98 insgesamt ca. 9000 durch die Inquisition verfügte Hinrichtungen).

1492 Ausweisung der Juden aus Spanien
1497 Vertreibung der Juden aus Portugal
1502 Ausweisung der Mauren aus Spanien.

1484 Die Kölner Inquisitoren Jakob Sprenger und Heinrich Institoris organisieren mit Hilfe der Bulle „Summis desiderantes affectibus" Innozenz' VIII. den Hexenprozeß in Deutschland. Der „Hexenhammer" des H. Institoris, der eine Beschreibung des Hexenwesens und seiner Bekämpfung gibt, löst eine Welle von Hexenprozessen aus.

1492 Mit der **Eroberung Granadas** ist ganz Spanien unter christlicher Herrschaft.
Auf der Suche nach einem westlichen Seeweg nach Indien entdeckt **Christoph Kolumbus** nach 61tägiger Seereise Amerika (Landung auf dem heutigen S. Salvador).

1494 Die neuentdeckten Gebiete im Westen werden im **Vertrag von Tordesillas** durch Alexander VI. zwischen Spanien und Portugal geteilt. (Die Demarkationslinie verläuft 360 Seemeilen westlich der Kapverdischen Inseln).

113

Bulle „Summis desiderantes affectibus" Innozenz' VIII. über die Verfolgung der Hexen, vom 5. Dezember 1484.

Innozenz, Bischof, Diener der Diener Gottes, zum immerwährenden Gedächtnis der Sache

Überaus groß ist unser Verlangen – wie es der Seelsorge entspricht –, daß der katholische Glaube gerade zu unseren Zeiten sich festige und erstarke und daß jede Art von Häresie weit von den Gläubigen ferngehalten werde. Deshalb erklären und bestätigen wir von neuem das, wodurch unser frommer Wunsch seine Wirksamkeit erlangt und wodurch Eifer und Beobachtung des Glaubens den Herzen der Gläubigen stärker eingeprägt werden. Zu diesem Zwecke müssen, in Wahrnehmung unseres Amtes, wie durch die Hacke eines umsichtigen Landarbeiters alle Irrtümer ausgerottet werden.

Nun haben wir vor kurzem – zu unserem größten Bedauern – vernommen, daß in einigen Teilen Süddeutschlands wie auch im Gebiet von Mainz, Köln, Trier, Salzburg und Bremen, in Provinzen, Städten, Ländern, Orten und Diözesen zahlreiche Personen beiderlei Geschlechts, ohne Rücksicht auf ihr Seelenheil und abweichend vom katholischen Glauben, mit Dämonen männlicher und weiblicher Gestalt sich eingelassen haben. Mit Zauberformeln, Gesängen und Beschwörungen und anderen ruchlosen abergläubischen Praktiken, durch Verbrechen und Untaten lassen sie die Säuglinge, den Nachwuchs der Tiere, die Feldfrüchte, Weintrauben und Baumfrüchte, Männer und Frauen, Zugtiere, Vieh und Kleintiere und andere Arten von Lebewesen, auch Weinberge, Obstgärten, Wiesen, Weiden, Getreide und Gemüse zugrunde gehen, ersticken und verschwinden. Sie bewirken, daß Männer, Frauen, Vieh, Kleintiere und andere Lebewesen von grausamen inneren und äußeren Schmerzen und Qualen befallen und gepeinigt werden, daß Männer nicht zeugen, Frauen nicht empfangen können, daß Ehegatten ihren Frauen, Frauen ihren Männern die eheliche Erfüllung nicht zu geben vermögen. Sie scheuen sich nicht, den Glauben, den sie durch die Taufe empfangen haben, mit frevelhaften Worten zu leugnen und andere zahlreiche ruchlose Ausschreitungen zu begehen und zu vollenden, zur Gefahr für ihre Seelen, zur Beleidigung der göttlichen Majestät, zum verderblichen Beispiel und zum Ärgernis vieler Menschen. Der Feind des Menschengeschlechts leitet sie dazu an.

Wir hatten unseren geliebten Sohn Heinrich Institoris für die genannten Teile Süddeutschlands unter Einbeziehung der genannten Städte und Gebiete, wie auch Jakob Sprenger für bestimmte Teile des Rheinlandes – beide sind Theologieprofessoren aus dem Dominikanerorden – durch apostolische Schreiben zur Untersuchung dieser häretischen Verderbtheit beauftragt. Dennoch sind einige Kleriker und Laien dieser Gebiete so unverschämt, den besagten Inquisitoren ihre Tätigkeit in den genannten Gebieten nicht zu gestatten und die Bestrafung der erwähnten Ausschreitungen und Verbrechen sowie die Verhaftung und Züchtigung der betreffenden Personen nicht zuzulassen. Sie wollen alles genauer wissen, als es nötig ist, und berufen sich darauf, daß in den Vollmachtsbriefen die Provinzen, Städte, Diözesen, Länder und andere hier angeführte Orte wie auch die genaue Art der Vergehen nicht namentlich und spezifisch ausgedrückt und sie deshalb nicht betroffen seien. So bleiben in den besagten Gebieten derartige Ausschreitungen und Verbrechen ungestraft, unter offenkundiger Schadenfreude und ohne Sorge für das Heil der Seelen.

Wir haben deshalb den festen Willen, alle Arten von Hindernissen, welche die Tätigkeit der Inquisitoren in irgendeiner Weise hemmen könnten, aus dem Weg zu räumen und mit geeigneten Mitteln dafür zu sorgen, daß nicht die Seuche häretischer Verderbtheit und andere Ausschreitungen zum Verderben weiterer Unschuldiger ihr Gift verbreite. Dazu verpflichtet uns unser Amt, dazu treibt uns der besondere Eifer für den Glauben. Damit es nicht geschieht, daß Provinzen, Städte, Diözesen, Länder und obengenannte Orte in den besagten Teilen Süddeutschlands des nötigen Dienstes der Inquisition entbehren, stellen wir kraft dieses Schreibens mit apostolischer Autorität fest, daß den Inquisitoren dort die Wahrnehmung der Inquisition zusteht. Ihnen ist die Möglichkeit zu geben, bei den angegebenen Exzessen und Verbrechen die Maßregelung, Verhaftung und Bestrafung der Personen vorzunehmen. Das gilt bei allen Fällen und in jeder Sache so, als wären in den erwähnten Briefen Provinzen, Städte, Diözesen, Länder, Orte, Personen und Schandtaten namentlich und detailliert ausgedrückt. Indem wir vorsichtshalber den Geltungsbereich der genannten Briefe und die Vollmacht auf Provinzen, Städte, Diözesen, Länder und Orte wie auch auf Personen und Verbrechen der genannten Art ausdehnen, erneuern wir mit gleicher Autorität die Vollmacht der genannten Inquisitoren. Beide und jeder für sich können – unter Hinzuziehung unseres geliebten Sohnes Johannes Grem-

B. Innerkirchliche Entwicklung

Mit innerer Logik erhebt sich angesichts mehrerer konkurrierender Päpste die Forderung nach einem allgemeinen Konzil. Zu heftigen Auseinandersetzungen führt dabei die Frage, ob es eine dem Papst übergeordnete Instanz geben könne, ob Päpste absetzbar sind. Obwohl die praktischen Maßnahmen des Konstanzer Konzils von den folgenden Päpsten anerkannt werden, bleiben die theoretischen Ansprüche unbestätigt, ja die Berufung an ein allgemeines Konzil gegenüber einem päpstlichen Spruch wird 1460 ausdrücklich verboten. – Mit der wiedergewonnenen Stärke des Papsttums werden zugleich dringende innerkirchliche Reformen, darunter Stellenbesetzung und Finanzgebaren, immer aufs neue verschoben. Proteste aus den Reihen des Klerus (Wiclif, Hus, Savonarola) enden gewöhnlich – mangels Unterstützung durch die Fürsten – mit der Liquidation ihrer Träger. Die von Papst und Kirche sich abwendenden Interessen der Staaten ermöglichen es den Renaissancepäpsten, sich relativ ungestört den kirchenstaatlichen und privaten Ambitionen hinzugeben.

1408   Um die Einheit der Kirche wiederherzustellen, treffen sich die Kardinäle Gregors und Benedikts – gegen den Willen der beiden Oberhäupter – in Livorno und beschließen, 1409 ein allgemeines Konzil nach Pisa einzuberufen.

1409   Sowohl über Gregor XII. wie über Benedikt XIII. spricht das **Konzil von Pisa** die Absetzung aus und wählt Alexander V. zum neuen Papst. Da die Verurteilten den Rücktritt verweigern, gelangt die Kirche von der ‚verruchten Zweiheit‘ zur ‚verfluchten Dreiheit‘.

1413   Beharrliche Verhandlungen Kaiser Sigismunds erreichen die Zustimmung der drei Päpste zur Einberufung eines Konzils nach Konstanz.

1414 – 1418   **Konzil von Konstanz** (XVI. Ökumenisches). Im Dekret „Sacrosancta" erklärt sich die Synode zur Vertretung der Gesamtkirche, der auch der Papst Gehorsam schulde. Nach Absetzung bzw. Rücktritt der drei Päpste wird **Martin V.** gewählt. – Verurteilung der Irrlehren des John Wiclif (s. J. 1384) und des Johannes Hus.

1415   **Jan Hus** (geb. um 1370 in Südböhmen, später Professor der Theologie in Prag) wird trotz eines Geleitbriefes von Kaiser Sigismund während des Konzils als Ketzer verhaftet, verurteilt und verbrannt. Daraufhin Aufstände in Böhmen ‚zur Verteidigung der Freiheit der Predigt und zum Schutz gegen bischöfliche Gewalt‘. Die Hussitenkriege (1420–31) enden im wesentlichen mit den „Prager Kompaktakten" (1433), die den Laienkelch und die freie Predigt durch approbierte Priester zugestehen.

1423   Gemäß den Beschlüssen des Konstanzer Konzils, nach fünf, sieben und dann jeweils nach 10 Jahren eine allgemeine Synode abzuhalten, beruft Martin V. ein **Konzil** nach **Pavia**, verlegt es, als eine Seuche ausbricht, nach **Siena** und löst es schließlich, als es nur spärlich beschickt wird, wieder auf, ohne daß irgendein Reformdekret verabschiedet wurde.

1431   Widerwillig, aber dem Konstanzer Zeitplan entsprechend, beruft **Eugen IV.** ein **Konzil** nach **Basel** (XVII. Ökumenisches). Ein Versuch, es nach 4 Monaten aufzulösen, scheitert am entschlossenen Widerstand der Konzilsteilnehmer. Als Reformdekrete die päpstliche Gewalt beschneiden sollen, verlegt der Papst – nach erfolglosem Protest –

1437   das Konzil nach **Ferrara**, zumal die Griechen diesen Ort für Unionsverhandlungen gegenüber dem vom Konzil vorgeschlagenen Basel oder Avignon bevorzugen. Nur eine Minderheit folgt dem Verlegungsdekret; die Mehrheit setzt die Beratungen in Basel fort.

1438   Die Griechen treffen unter Führung ihres Kaisers Johannes VIII. Paläologus, des Patriarchen von

per, einem Kleriker aus der Diözese Konstanz, ihres derzeitigen, aber auch jedes anderen öffentlichen Notars, den sie oder einer von ihnen für eine bestimmte Zeit in die Provinzen, Städte, Diözesen, Länder oder genannten Orte entsenden – gegen Personen aller Art, wie auch immer ihre Stellung und Würde ist, das Amt solcher Inquisition ausüben. Sie dürfen besagte Personen, falls sie diese in den angegebenen Sachen für schuldig finden, zurechtweisen, verhaften, bestrafen und ihnen Bußen auferlegen; desgleichen dürfen sie in den Pfarrkirchen der einzelnen Provinzen, so oft es zweckmäßig ist und es ihnen gut scheint, dem gläubigen Volk das Wort Gottes darlegen und predigen. Sie haben die volle Freiheit und Erlaubnis, in allem und jedem das zu tun und sinngemäß durchzuführen, was ihnen in den genannten Angelegenheiten als notwendig und günstig erscheint.

Desgleichen beauftragen wir durch apostolisches Schreiben unseren ehrwürdigen Bruder, den Bischof von Straßburg, er möge selbst oder durch einen andern oder andere das Vorstehende feierlich veröffentlichen, wo, wann und sooft es von den beiden Inquisitoren oder von einem von ihnen rechtmäßig verlangt wurde. Er soll nicht dulden, daß sie dabei, gegen den Sinn des früheren und des jetzigen Schreibens, durch irgendwelche Personen im Namen irgendeiner Autorität belästigt oder sonstwie behindert werden. Er soll dafür sorgen, daß alle, die belästigen, behindern, Widerspruch einlegen und protestieren – ganz gleich, welcher Würde, welchen Standes, welcher Stellung und Vornehmheit sie sind, ob sie aus dem Adel, den Geachteten und Begüterten stammen oder das Privileg der Exemtion besitzen – durch die Strafe der Exkommunikation, der Suspension und des Interdikts und durch andere noch schwerere Urteile, Maßnahmen und Strafen – ohne daß die Möglichkeit der Berufung gegeben wird – in Zaum gehalten werden. Diese Urteile kann er nötigenfalls im Namen unserer Autorität durch ordentliche Prozesse schwerer machen und verschärfen und dazu die Hilfe des weltlichen Armes beanspruchen. Irgendwelche früheren Bescheide, Weisungen und päpstliche Bestimmungen stehen dem nicht entgegen. Falls einige vom Apostolischen Stuhl die Gunst erhalten haben – insgesamt oder im einzelnen –, daß über sie kein Interdikt, keine Suspension oder Exkommunikation verhängt werden darf, und wenn sie dies durch apostolische Briefe erlangt haben, die keine volle und ausdrückliche und wörtliche Nennung dieser Vergünstigung beinhalten, oder wenn sie irgendeine andere päpstliche Vergünstigung allgemeiner oder besonderer Art besitzen, wie auch immer sie ausgedrückt wurde – und dies die Wirkung unseres Erlasses behindern oder verschieben kann, so soll dies in unseren Briefen besonders erwähnt werden. Keinem Menschen also darf es erlaubt sein, unsere Erklärung, den Bereich, den sie betrifft, die Rechte und den Auftrag, den sie verleiht, zu beeinträchtigen oder verwegen zuwiderzuhandeln. Wer sich jedoch anmaßt, dies zu versuchen, soll wissen, daß er sich den Zorn des allmächtigen Gottes und der seligen Apostel Petrus und Paulus zuzieht.

Gegeben zu Rom bei St. Peter, im Jahre 1484 der Menschwerdung unseres Herrn, am 9. Dezember, im ersten Jahr Unseres Pontifikates.

Text in: Magnum Bullarium Romanum, ab Leone Magno usque ad S. D. N. Clementem X, opus absolutissimum Laertii Cherubini, editio novissima, tomus primus, Lugduni MDCLXXIII, Sp. 443–444. – Übers. R. Fröhlich.

Konstantinopel, der Metropoliten von Nicäa und Kiew in Ferrara ein. 1439 Verlegung des Konzils nach **Florenz** (die Stadt will den Unterhalt der Griechen übernehmen).

1439   6. Juli. Nach Anerkennung des ‚filioque‘ (daß der Hl. Geist vom Vater **und** vom Sohn ausgeht) und des päpstlichen Primates durch die Griechen wird die **Union** feierlich verkündet (Verlesung der Bulle „Laetentur Coeli" in lateinischer und griechischer Sprache). – Mangels Unterstützung durch den griechischen Klerus bricht die Union mit der Eroberung Konstantinopels durch die Türken (1453) zusammen.

1439   Das Restkonzil in Basel verkündet seine Oberhoheit über den Papst als Glaubenssatz und verfügt die Absetzung Eugens IV. Der neugewählte **Felix V.** sieht sich nach dem Wiener Konkordat (1448) isoliert und dankt 1449 ab. Das Konzil wählt noch formell den schon residierenden **Nikolaus V.** zum Papst, bevor es seine eigene Auflösung beschließt.

um 1441   Thomas von Kempen verfaßt die 4 Bücher „De imitatione Christi" (Von der Nachfolge Christi); sein Werk wird – nach der Bibel – zum meistgedruckten Buch des Mittelalters.

1447   Mit **Nikolaus V.** beginnt die Reihe der **Renaissancepäpste** (bis Leo X., 1521): Pflege der Kunst, Literatur, Architektur, verbunden mit fürstlichem Lebensstil und religiöser Skepsis. – Nikolaus V. legt durch seine Sammlung alter Handschriften den Grundstein der **Vatikanischen Bibliothek**.

1448   Das **Wiener Konkordat** stärkt die Stellung des Papstes gegenüber dem Konkurrenzkonzil in Basel durch das gute Einvernehmen mit dem deutschen Kaiser Friedrich III. (vgl.S, 111).

1460   Durch die Bulle „Execrabilis" untersagt Pius II. jede Appellation an ein allgemeines Konzil.

1464   † **Nikolaus von Cues** (Cusanus). Geb. 1401 in Cues an der Mosel, später Kardinal und Bischof von Brixen. Philosoph, Theologe, Mathematiker und Naturwissenschaftler. Hauptwerk: De docta ignorantia (Über die gelehrte Unwissenheit): wahre Weisheit liegt im Bewußtsein unseres Nichtwissens. – Die Bezeichnung Gottes als „Einheit aller Gegensätze", der Weg zu Gott durch Schauen und Lieben (gegen die Scholastik!) veranlaßt später Giordano Bruno (1600 als Ketzer verbrannt) zu pantheistischen Weiterbildungen.

1484 – 1492   Innozenz VIII. Hochzeitsfeiern seiner unehelichen Kinder im Vatikan. Der Sittenverfall der italienischen Renaissancefürsten greift auf die Kardinäle und den päpstlichen Hof über. – Durch die Bulle „Summis desiderantes affectibus" schafft Innozenz eine Grundlage für die Hexenprozesse.

1492 – 1503   Höhepunkte von Intrigen, Machtgier und Zügellosigkeit unter **Alexander VI.** Seine Kinder, darunter Lucrezia Borgia und Cesare Borgia, versucht er mit Fürsten zu verheiraten, um den Kirchenstaat auszudehnen.

1498   Verbrennung des **Girolamo Savonarola** in Florenz. Dem Oberen des Dominikanerklosters San Marco in Florenz (seit 1491) gelang es zunächst, durch aufrüttelnde Bußpredigten die ausschweifende Mediceerherrschaft zu brechen und der Stadt durch Einberufung einer Volksversammlung eine neue Verfassung zu geben. Seine Angriffe gegen Alexander VI. führten zur Bannung und – nach Umschwenken der Volksgunst – zu seiner Hinrichtung (nach brutalen Folterungen).

Päpste und Könige im 16. Jahrhundert

Päpste		*Deutschland*	*Frankreich*	*England*
1492–1503	Alexander VI.	Maximilian I.	Ludwig XII.	Heinrich VII.
1503	Pius III.	1493–1519	1498–1515	1485–1509
1503–1513	Julius II.			Heinrich VIII.
1513–1521	Leo X.	Karl V.	Franz I.	1509–1547
1522–1523	Hadrian VI.	1519–1556	1515–1547	
1523–1534	Clemens VII.			
1534–1549	Paul III.			
1550–1555	Julius III.		Heinrich II.	Edward VI.
1555–1559	Paul IV.	Ferdinand I.	1547–1559	1547–1553
1559–1565	Pius IV.	1556–1564	Franz II.	Maria, die katholische
1566–1572	Pius V.	Maximilian II.	1559–1560	1553–1558
1572–1585	Gregor XIII.	1564–1576	Karl IX.	Elisabeth I.
1585–1590	Sixtus V.	Rudolf II.	1560–1574	1558–1603
1590	Urban VII.	1576–1612	Heinrich III.	
1590–1591	Gregor XIV.		1574–1589	
1591	Innozenz IX.		Heinrich IV.	
1592–1605	Clemens VIII.		1589–1610	

16. Jahrhundert
Reformation und Reform

A. Kirche und Umwelt

Eine neue Zeit bricht an. Der Griff nach dem Westen (durch Spanien, Portugal) und später nach Indien und Ostasien (England, Niederlande) prägt andern Erdteilen europäische Lebensformen und christlichen Glauben auf. Der berauschenden Stimmung des Aufbruchs steht die Resignation eines bedeutenden Kaisers gegenüber: Karl V. dankt ab, als es ihm nicht mehr gelingt, die Einheit des Glaubens gegenüber den Protestanten wieder-

herzustellen und die Grundlage des ihm anvertrauten christlichen Reiches zu sichern. Der Protestantismus geht seinen Weg; die Kirche sieht sich immer autonomeren nationalen Regierungen gegenüber. Zwar zählt die Verantwortung für die Religiosität der Untertanen noch zur unbestrittenen Herrscherpflicht, doch das neue Interesse für Handel und Wirtschaft (Merkantilismus!) bereitet eine säkularisierte Staatsauffassung vor.

1500 Pedro Alvarez **Cabral,** Portugiese, entdeckt Brasilien.

1519–1521 Fernando **Cortez** unterwirft das Aztekenreich (Mexiko) für Spanien.

1519–1522 Erdumsegelung durch den Portugiesen Ferdinand **Magalhães** (nur eines seiner fünf Schiffe erreicht die Heimat; er selbst stirbt auf den Philippinen).

1531–1534 Francisco **Pizarro,** Spanier, erobert das Inkareich (Peru).

1508 Die spanische Krone erhält von Rom für die neuerworbenen Gebiete die Verantwortung für die Mission.

1514 Portugal erhält die gleichen Rechte.

1537 Paul III. verbietet unter Strafe der Exkommunikation die Sklaverei in der Neuen Welt. Die Indios hätten ebenso eine unsterbliche Seele wie die Weißen.

1543–1551 Bartolomé de Las Casas, Dominikaner und Bischof von Chiapa in Mexiko (†1566) reist siebenmal nach Spanien, um beim König gegen die Ausbeutung der Indios zu protestieren.

1519 Durch die Wahl **Karls V.** zum Kaiser wird das Erbe von Habsburg, Burgund und Spanien in einer Hand vereinigt (,,das Reich, in dem die Sonne nicht untergeht").

1521 Der Reichstag zu Worms ächtet **Martin Luther,** da er den Widerruf seiner vom Papst verurteilten Anschauungen verweigert. Die Durchführung des ,,Wormser Edikts" wird durch den Widerstand mehrerer Fürsten, durch die Auseinandersetzungen zwischen Karl V. und Franz I. und durch die heraufziehende Türkengefahr immer wieder verzögert.

1522 – 1523 Unter Franz von Sickingen (Freund Luthers) versuchen die Ritter ihre Eigenständigkeit gegen die Übermacht der Fürsten zu verteidigen **(,,Ritterkriege").** Ihre Niederlage symbolisiert das Ende der Ritterzeit.

1524 – 1525 Die Erhebung der Bauern in vielen Teilen Deutschlands gegen wirtschaftliche und soziale Ungerechtigkeiten wird von den Fürsten mit gleicher Grausamkeit niedergeworfen **(,,Bauernkriege").**

1526 Der (erste) **Reichstag zu Speyer** gestattet, daß in Fragen der Reformation bis zur Abhaltung eines

Ausbreitung der Reformation in Deutschland bis zur Mitte des 16. Jahrhunderts

Reichsgrenze
politische Grenzen außerhalb des Reiches
Territorialgrenzen innerhalb des Reiches

HAMBURG   Reichsstädte

lutherisch
mehrheitlich lutherisch
konfessionell gemischt
mehrheitlich katholisch
katholisch
reformiert
böhmisch-mährische Sonderkonfessionen mit bedeutenden kath. und ev. Minderheiten

0   50   100   150 km
Entwurf: E. W. Zeeden

allgemeinen Konzils jeder Reichsstand in eigener Verantwortung handeln könne.

1527 Im Krieg mit Franz I., dessen Bundesgenosse der Papst ist, stürmt das kaiserliche Heer Rom und plündert die Stadt mehrere Monate hindurch (**„Sacco di Roma"**).

1529 Zweiter **Reichstag zu Speyer.** Gegen den Beschluß der (katholischen) Mehrheit, das Wormser Edikt durchzuführen, unterzeichnen die evangelischen Reichsstände – darunter die Fürsten von Sachsen, Braunschweig, Brandenburg – eine „Protestation" (von daher „Protestanten"). Im gleichen Jahr belagern die Türken Wien.

1530 Auf dem **Reichstag zu Augsburg** legen die Protestanten eine von Philipp Melanchthon verfaßte Denkschrift über ihre Glaubensauffassung vor (,**Augsburgische Konfession'**). Der Reichstag erklärt – nach dem Abzug der Protestanten – jeden Widerstand gegen das Wormser Edikt als Landfriedensbruch.

1531 Die protestantischen Stände schließen sich gegen die Religionspolitik des Kaisers im **„Schmalkaldischen Bund"** zusammen.

1532 Um die Hilfe der Protestanten gegen die Türken zu erlangen, gestattet ihnen der **Reichstag zu Nürnberg** bis zur Klärung durch ein Konzil freie Religionsausübung (**„Nürnberger Religionsfriede"**).

1534 Als der Papst dem englischen König die Lösung der Ehe mit Katharina von Aragon – um für eine neue Heimat mit der Hofdame Anna Boleyn frei zu sein – verweigert, zwingt Heinrich VIII. den englischen Klerus, ihn als Oberhaupt der englischen (anglikanischen) Kirche anzuerkennen (**„Suprematsakte"**).

1553–1558 Katholische Wende unter Maria Tudor. Die päpstliche Jurisdiktion wird wiederhergestellt (1554).
1558–1603 Erneuter Umschlag unter Elisabeth I. Das Parlament erneuert 1559 die königliche Suprematie. 1587 Hinrichtung der kath. Maria Stuart, die als Urenkelin Heinrichs VII. Anspruch auf den englischen Thron erhoben hatte.

1565 Die anglikanische Kirche formuliert ein eigenes Glaubensbekenntnis (in 39 Artikeln).

1536 Landespolitik stellt sich vor Reich und Religion: Franz I. schließt mit dem ‚Todfeind der Christen', den Türken, ein Bündnis gegen den Kaiser Karl V.

1543 † Nikolaus **Kopernikus** (geb. 1473 in Thorn). Seine Lehre, daß nicht die Erde, sondern die Sonne Mittelpunkt unseres Planetensystems ist (im Anschluß an die Astronomie der Pythagoreer), wird als ‚kopernikanische Wende' Symbol des Beginns der Neuzeit.

1600 **Giordano Bruno,** geb. 1548, Dominikaner, der die kopernikanische Lehre vertritt, endet in Rom als Ketzer auf dem Scheiterhaufen.
1616 Das Werk des Kopernikus wird auf den Index der verbotenen Bücher gesetzt.

1548 Der Kaiser – diesmal im Streit mit dem Papst, der das Konzil nach Bologna verlegt hat – gesteht den Protestanten bis zur Rückverlegung des Konzils nach Trient als Zwischenlösung (,**Augsburger Interim'**) Laienkelch und Priesterehe zu.

1551 Wiederaufnahme der Sitzungen in Trient. Eine protestantische Delegation erscheint im Januar 1552. Eine Beteiligung am Konzil kommt nicht zustande, da ihre Forderungen – u. a. die Unterwerfung des Papstes unter das Konzil, die Neuverhandlung der schon beratenen Glaubensdekrete – nicht angenommen werden.

1552 Durch den Parteiwechsel des Kurfürsten Moritz von Sachsen in Schwierigkeit geraten, gestattet der Kaiser den Protestanten im **Passauer Vertrag** bis zu einem neuen Reichstag freie Religionsausübung.

1555 Im **Augsburger Religionsfrieden** erhalten die Anhänger der Augsburgischen Konfession (s. J. 1530) freie Religionsausübung. Die Landesfürsten haben das Recht, in ihrem Gebiet eine entsprechende Kirchenordnung aufzurichten (die Formel „cuius regio, eius religio" gibt die Regelung sachlich wieder, steht jedoch nicht in der Urkunde). Andersgläubige dürfen auswandern. Geistlicher Vorbehalt: geistliche Fürsten, die

Martin Luther – Lebensdaten

1483   10. Nov., Martin Luther wird als Sohn eines Bergmannes in Eisleben geboren. Im folgenden Jahr Übersiedlung nach Mansfeld.

1501   Student der Universität Erfurt. Studium der Grammatik, Rhetorik, Dialektik, Arithmetik, Geometrie, Musik, Astronomie.

1505   Promotion zum „Magister artium". Beginn des Jurastudiums. Am 17. Juli tritt Luther zur Überraschung seiner Eltern und Freunde in das Kloster der Augustinereremiten zu Erfurt ein.

1507   Priesterweihe. Vom Orden wird Luther zum Studium der Theologie bestimmt. Übersiedlung nach Wittenberg (1508).

1510   In Angelegenheiten des Ordens reist Luther nach Rom.

1512   Promotion zum Dr. theol., Übernahme einer Professur für biblische Wissenschaft an der Universität Wittenberg. – Um diese Zeit reift Luthers Erkenntnis – im Anschluß an Röm 1, 17 –, daß die Gerechtigkeit Gottes nicht die Werke des Sünders mißt, sondern diesem allein durch den Glauben als Rechtfertigung zuteil wird.

1517   31. Okt.: Gegen den Ablaßprediger Tetzel (Dominikaner) veröffentlicht Luther 95 Thesen, die die Grundlagen des Ablaßwesens angreifen.

1518   Vor dem päpstlichen Legaten Kajetan lehnt Luther in Augsburg einen Widerruf seiner Lehren ab.

1519   In der Disputation mit Johannes Eck zu Leipzig bezweifelt Luther die Irrtumslosigkeit von Konzilien.

1520   Veröffentlichung der grundlegenden reformatorischen Schriften Luthers: An den christlichen Adel deutscher Nation von des christlichen Standes Besserung; Von der Babylonischen Gefangenschaft der Kirche; Von der Freiheit eines Christenmenschen. – Papst Leo X. droht Luther mit dem Bann (Bulle: Exsurge Domine, vom 15. Juni 1520), falls er nicht innerhalb von 60 Tagen Widerruf leiste. Öffentliche Verbrennung der Bulle durch Luther.

1521   Als Luther auf dem Reichstag zu Worms sich weigert, irgend etwas zurückzunehmen – es sei denn, er werde durch die Bibel des Irrtums überführt –, wird die Acht über ihn erklärt. Unter dem Schutz des Kurfürsten Friedrich des Weisen von Sachsen hält sich Luther bis März 1522 auf der Wartburg auf. In dieser Zeit entsteht die deutsche Übersetzung des Neuen Testamentes (Übersetzung der ganzen Bibel bis 1534).

1525   Ehe Luthers mit Katharina von Bora (früher Nonne des Zisterzienserordens). – In den Bauernaufstand greift er mit einer leidenschaftlichen Schrift: „Wider die mörderischen und räuberischen Rotten der Bauern" zugunsten der Fürsten ein, was ihn viel an Volkstümlichkeit kostet. – Durch intensive literarische Arbeit versucht Luther in den nächsten Jahren, die Reformation vor Fehlentwicklungen zu schützen und neue kirchliche Formen zu entwickeln (Messe, Kirchenlied, Katechismus u. a.).

1546   18. Febr., Luther stirbt zu Eisleben.

Die fünfundneunzig Thesen Martin Luthers

Sprüche Martin Luthers vom Ablaß wider Johann Tetzel

Liebe zur Wahrheit und der Wunsch, sie an den Tag zu bringen, sind die Gründe, daß über die nachstehenden Sätze eine Disputation zu Wittenberg in Aussicht genommen ist. Den Vorsitz dabei wird führen der ehrwürdige Vater Martin Luther ... Darum bittet er die, die nicht persönlich anwesend sein und mündlich mit uns disputieren können, dies abwesend durch Schriften zu tun ...

1. Da unser Herr und Meister Jesus Christus spricht: Tut Buße ...! (Mt 4, 17), hat er gewollt, daß alles Leben der Gläubigen Buße sein soll.

2. Dies Wort kann nicht vom Sakrament der Buße verstanden werden, d. h. von dem Akt der Beichte und Genugtuung, der durch das Amt der Priester begangen wird.

3. Doch meint es auch nicht nur die innerliche Buße, vielmehr ist keine innerliche Buße denkbar, die nicht zugleich nach außen wirke allerlei Ertötung des Fleisches.

4. Das Bußleben hält daher an, solange der Haß gegen sich (d. h. die wahre innere Buße) bestehen bleibt, nämlich bis zum Eintritt ins Himmelreich.

5. Der Papst will und kann keine anderen Sündenstrafen erlassen als die, welche er nach seinem oder nach der kirchlichen Satzungen Befinden auferlegt hat.

6. Der Papst vergibt die Schuld nur, indem er erklärt, daß sie

protestantisch werden, sollen Amt, Gebiet und Einkünfte verlieren. – Mit dieser Regelung ist die konfessionelle Spaltung Deutschlands wie auch die bis ins 19. Jh. bestehende konfessionelle Geschlossenheit der deutschen Staaten besiegelt.

1556 Karl V. dankt ab und zieht sich in das Kloster San Yuste (Spanien) zurück († 1558). Die Kaiserwürde geht auf seinen Bruder **Ferdinand I.** über; Spanien, Burgund, die Niederlande erhält sein Sohn **Philipp II.**

1562 – 1598 Die Verbindung des Protestantismus mit ständischen Interessen führt in Frankreich zum Konflikt mit der Krone **(Hugenottenkriege).**

> **1572** 24. August: Bartholomäusnacht. Die Anwesenheit zahlreicher Hugenotten in Paris anläßlich der Hochzeit der Infantin Margareta mit König Heinrich von Navarra benützt die Königin Katharina, den Hugenottenführer Coligny und Tausende seiner Anhänger ermorden zu lassen.
> **1598** Das Edikt von Nantes gewährt den Hugenotten beschränkte Religionsfreiheit: Recht zur Ausübung

des Gottesdienstes, Zugang zu allen Ämtern, Beibehaltung ihrer militärischen Stützpunkte auf acht Jahre.

1564 – 1576 Unter **Maximilian II.**, der die Verkündigung der Trienter Dekrete ablehnt, erreicht der Protestantismus seine größte Ausbreitung in Deutschland (etwa $7/10$ des dt. Territoriums).

1571 Der Sieg der spanischen und venezianischen Flotte über die Türken bei **Lepanto** – unter Führung von Juan d'Austria, dem Halbbruder Philipps II. – bricht die türkische Vorherrschaft im Mittelmeer.

1576 – 1612 **Rudolf II.** fördert nachdrücklich die „Gegenreformation". (Sein Hofastronom in Prag ist Johannes Kepler, der die Gesetze der Planetenbewegung entdeckt.)

1581 Die sieben nördlichen Provinzen der Niederlande erklären – unter Führung des Wilhelm von Oranien – ihre Unabhängigkeit von Spanien.

1588 Die Niederlage der gewaltigen spanischen Flotte (**„Armada"**) im Ärmelkanal läßt England zur ersten Seemacht aufsteigen.

B. Innerkirchliche Entwicklung

Verschleppte Reformen, das Selbstbewußtsein des im Humanismus gestärkten Individuums, die Interessen der deutschen Fürsten gegen jede päpstliche oder kaiserliche Zentralgewalt – das alles gibt der von Luther, Calvin, Zwingli geführten Reform eine im Vergleich zu früheren Versuchen (Wiclif, Hus) neue Stoßkraft. Der weltliche Arm hat nicht mehr die Kraft, das vom Papst verlangte Verdikt durchzuführen. So bleibt nur der zweite Weg offen: durch eigene Reformen und Anstrengungen muß die katholische Kirche versuchen, die eigene Auflösung zu verhindern und verlorenes Terrain zurückzugewinnen.

Das gelingt in erstaunlichem Maß. Im Konzil von Trient werden Regelungen getroffen, die das innerkirchliche Leben für die nächsten drei Jahrhunderte bestimmen; die Aktivität des neugegründeten Jesuitenordens trägt wesentlich dazu bei, daß weite Teile Deutschlands katholisch bleiben (Petrus Canisius!); der Ausgriff der Glaubenspredigt auf die eroberten Gebiete Südamerikas, nach Indien und Japan (Franz Xaver), den Philippinen – öffnet gegenüber dem schwindenden Ideal des christlich-abendländischen Reiches die neue Dimension einer Weltkirche.

1506 Papst Julius II. schreibt zum Bau des Peterdoms einen **Jubiläumsablaß** aus (1514 durch Leo X. erneuert). Das Recht, den Ablaß, der durch eine

Wallfahrt nach Rom oder durch eine Geldspende erworben werden konnte, in Deutschland zu propagieren, erhält 1515 Albrecht von Branden-

vor Gott vergeben sei, oder er läßt Reservatfälle nach, bei deren Verachtung die Schuld gänzlich ungetilgt bliebe.

7. Gott vergibt keinem die Schuld, den er nicht zugleich in allem gedemütigt seinem Stellvertreter, dem Priester, unterwürfe.

8. Die kirchlichen Bußgesetze sind bloß den Lebenden auferlegt und können die Sterbenden gar nicht treffen.

9. Darum werden diese in den päpstlichen Dekretalen stets ausgenommen.

10. Jene Priester handeln unsinnig, welche die kanonischen Strafen für den Reinigungsort reservieren.

11. Das Unkraut, durch das die kanonische Strafe in die Pein des Fegfeuers verwandelt wird, hat sich eingenistet, als die Bischöfe schliefen.

12. Ehemals wurden die kanonischen Strafen zur Prüfung der wahren Reue vor der Absolution aufgelegt, nicht nach ihr.

13. Die Sterbenden leisten durch den Tod für alles Genugtuung, und sie sind daher mit Recht der kanonischen Strafen überhoben.

14. Denn die unvollkommene Liebe wird durch die Furcht ersetzt, und dieselbe ist um so größer, je geringer die Liebe war.

15. Diese der Verzweiflung nahe Furcht ist für sich allein als Strafe des Fegfeuers hinreichend, um anderes zu verschweigen.

16. Der Unterschied zwischen Himmel, Fegfeuer und Hölle ist nur gering. Während im Himmel Sicherheit herrscht, ist in der Hölle vollkommene, im Fegfeuer nahe Verzweiflung.

17. Die Erlösung aus dem Fegfeuer besteht in dem Abnehmen der wahren Verzweiflung und in dem Wachsen der Liebe (Charitas).

18. Dieses Abnehmen der Furcht und Wachsen der Liebe kann auch ein verdienstliches sein, ist es auch sicher, da Verdienst nur das Vertrauen auf Gottes Barmherzigkeit ist, dieses aber wächst im Fegfeuer zugleich mit der Liebe. Die Ansicht, daß in diesen Seelen Verdienst und Liebe sich nicht mehren, hat kein Fundament in der Heiligen Schrift.

19. Der Verzweiflung wegen können die Seelen im Fegfeuer nicht ihrer Seligkeit gewiß sein; diese Verzweiflung kann der Papst nicht heben; erläßt er also die Strafen, so sind es die von ihm auferlegten.

20. Wenn der Papst vollkommenen Erlaß aller Strafen verleiht, so meint er damit nicht schlechthin alle, sondern nur die, die er selbst auferlegt hat.

21. Es irren die Ablaßkommissäre, die da sagen, daß der Ablaß des Papstes den Menschen von jeder Strafe erlöse und errette.

22. Er erläßt den Seelen im Fegfeuer keine nach den Kirchengesetzen abzubüßende kanonische Strafe; denn

23. eine Erlassung jeder Strafe kann doch nur den Vollkommensten, also nur den Wenigsten, zuteil werden, und

24. durch die unterschiedslose und große Verheißung der Erlassung wird der größte Teil der Menschen hintergangen.

25. Soviel Gewalt der Papst über das Fegfeuer überhaupt hat, soviel hat auch jeder Bischof und Pfarrer in seinem Sprengel.

26. Der Papst tut daran sehr wohl, daß er nicht vermöge der Schlüsselgewalt, die er dort nicht hat, sondern nur fürbittweise (per modum suffragii) den Seelen im Fegfeuer Vergebung spendet.

27. Menschliches predigen diejenigen, die da sagen: ‚So das Geld im Kasten klingt, so die Seel' aus dem Fegfeuer springt.'

28. Es ist gewiß, daß, sobald das Geld im Kasten erklingt, auch Geldgier und Gewinnsucht vermehrt werden, aber die Fürbitte der Kirche steht allein in dem Willen Gottes.

29. Es ist gar nicht einmal ausgemacht, ob alle Seelen aus dem Fegfeuer herauswollen.

30. Wie niemand Gewißheit über die Wahrhaftigkeit seiner Reue hat, so hat er sie um so weniger über die volle Vergebung aller seiner Sünden.

31. Ebenso selten wie wahrhaftig Reuige, ist auch der wahrhaft Ablaß-Gewinnende, d. i. äußerst selten.

32. Diejenigen, welche wegen der Ablaßbriefe ihrer Seligkeit gewiß zu sein glauben, werden samt ihren Lehrern ewiglich verdammt.

33. Man muß sich sehr vor denen hüten, welche sagen, der Ablaß des Papstes sei jenes unschätzbare Geschenk Gottes, durch welches der Mensch mit Gott versöhnt werde.

34. Der Ablaß ist ja nichts anderes als Befreiung von der dem Menschen auferlegten Strafe,

35. welche der Reue keineswegs überhebt.

36. Jeder Christ, der wahre Reue empfindet, erhält vollkommene Erlassung der Strafe und der Schuld, die ihm auch ohne Ablaßbriefe gebührt.

37. Jeder Christ, der lebendige und der tote, nimmt aus Gottes Gnade teil an allen Gütern der Kirche und Christi, ohne Ablaßbriefe.

38. Doch ist die Vergebung des Papstes keineswegs zu verachten, weil sie eine Erklärung der göttlichen Vergebung ist.

39. Die unbeschränkten (vollkommenen) Ablässe lassen sich sehr schwer mit der wahren Reue vereinigen; selbst dem gelehr-

burg bzw. Mainz (seit 1513 Erzbischof von Magdeburg und Administrator von Halberstadt, seit 1514 zusätzlich Erzbischof von Mainz), unter der Bedingung, die Hälfte des Ertrages an die Fugger abzuführen (von ihnen hatte er, um von Rom die Bestätigung seiner Bistümer zu erlangen, 29000 Rheinische Gulden [= 240000 Goldmark] geliehen).

1512 – 1517 **5. Laterankonzil** (XVIII. Ökumenisches). Julius II. beruft es ein, um der von Ludwig XII. organisierten Synode zu Pisa (1511) entgegenzutreten. Ergebnis sind einige Dekrete über das kuriale Steuerwesen, den Religionsunterricht, die Predigt. Schwerwiegende Ursachen der kirchlichen Mißstände – Pfründenhäufung, Vernachlässigung der Residenzpflicht – werden nicht angetastet.

1517 31. Okt.: Veröffentlichung von **95 Thesen Martin Luthers** zu Wittenberg gegen den Mißbrauch des Ablasses (Beginn der Reformation).

1521 Exkommunikation Luthers durch Leo X.

1522 Angeregt durch Luther, führt **Ulrich Zwingli** in Zürich kirchliche Reformen durch. (Geb. 1484 zu Wildhaus in der Grafschaft Toggenburg; nach 1506 Pfarrer in Glarus, Mariä Einsiedeln und Zürich [1518]; seit 1513 durch Studium des NT und Freundschaft mit Erasmus von Rotterdam wachsende Erkenntnis über die Notwendigkeit kirchlicher Reformen.)

1523 Beschluß des Züricher Rats, Bilder aus den Kirchen zu entfernen („Bildersturm"); später auch Beseitigung von Orgel, Kirchengesang, Altären, Prozessionen, Reliquien. Andere Schweizer Städte (Bern, Basel, St. Gallen) orientieren sich am Beispiel Zürichs.
1527 „Abendmahlsstreit" zwischen Luther und Zwingli. Die Worte „Das ist mein Leib" versteht Zwingli symbolisch, Luther real.
1529 Der Versuch, Lutheraner und Reformierte durch eine gemeinsame Glaubensformel zu einigen („Marburger Religionsgespräch"), scheitert.
1531 Zwingli fällt in der Schlacht bei Kappel, wo Zürich dem Heer der katholischen Stände (Schwyz, Uri, Unterwalden, Zug, Luzern) unterliegt.

1536 Neben Wittenberg (Luther) und Zürich (Zwingli) entsteht in Genf durch **Johannes Calvin** ein dritter Mittelpunkt der Reformation. – Geb. 1509 zu Noyon (Picardie), kommt er als Kleriker in Paris mit Evangelischen in Berührung. 1536 veröffentlicht er seine reformatorischen Auffassungen („Institutio religionis christianae"); im gleichen Jahr wird er als Professor für das Neue Testament nach Genf berufen.

1538 Wegen der zu strengen Kirchenzucht, die Calvin fordert, zwingen ihn die Bürger von Genf, die Stadt zu verlassen. Aufenthalt in Straßburg.
1541 Ein Umschwung in Genf führt zum Rückruf Calvins. Errichtung einer strengen Kirchen- und Sittenordnung. Gegner seiner Prädestinationslehre werden verurteilt (und hingerichtet).
1549 Durch gemeinsames Verständnis des Abendmahls Annäherung zu den Zwinglianern. Die Einigung der Schweizer **Reformierten** bedeutet gleichzeitig ihre Abgrenzung gegenüber den **Lutheranern.**
1564 27. Mai, Tod Calvins in Genf.

1536 † **Erasmus von Rotterdam.** Geb. 1466 in der Nähe von Rotterdam, später – als Priester – Sekretär des Bischofs von Cambrai, dann unabhängiger Gelehrter; schafft die erste kritische Ausgabe des griechischen Neuen Testamentes (1516). Ohne sich Luther anzuschließen, kritisiert er in beißendem Spott die Mißstände der Kirche, schreibt ebenso Erbauungsbücher, die in Christus das Vorbild des wahrhaft Menschlichen sehen. Seine literarische Leistung macht ihn zum anerkannten Führer aller Humanisten.

1540 Bestätigung des **Jesuitenordens** durch Paul III.

1491 Geburt des **Ignatius von Loyola** auf dem Adelssitz Loyola im Baskenland.
1521 Nach einer Verwundung bei der Verteidigung der Festung Pamplona gegen die Franzosen entschließt sich Ignatius, „nur noch Gott zu dienen". Studium der Theologie in Salamanca und Paris.
1534 Ignatius und sechs Freunde (darunter Franz Xaver) entschließen sich, in Palästina für die Bekehrung der Ungläubigen zu arbeiten oder, falls dies (wie es dann eintrat) nicht möglich sei, sich dem Papst für jede Art von Seelsorge zur Verfügung zu stellen.

testen Theologen macht es Schwierigkeit, vor dem Volke zugleich den Ablaß und die Reue zu preisen.
Denn

40. die wahre Reue sucht die Strafe, aber die Ablässe machen diese gehässig, wenigstens gelegentlich (saltem occasione). Wie diese großen Mißstände vermieden werden können, soll in den folgenden Thesen gezeigt werden.

41. Den päpstlichen Ablaß muß man mit Vorsicht verkündigen, damit der gemeine Mann nicht fälschlich glaube, der Ablaß werde den anderen Werken der Liebe vorgezogen.

42. Die Christen sind zu belehren, daß die Ablässe mit den Werken der Barmherzigkeit keineswegs den Vergleich aushalten.

43. Sowie daß derjenige, der den Armen gibt und den Dürftigen lehrt, besser tut, als wenn er einen Ablaßbrief kauft; denn

44. durch jenes wird der Mensch besser, durch dieses nur strafloser.

45. Wer daher, statt einem Armen zu helfen, Ablaß löset, zieht sich statt des Ablasses Gottes Zorn zu.

46. Ferner sollen die Ablässe nur von dem Überflüssigen gelöset werden, zumal

47. da Ablaßlösen nicht geboten ist.

48. Der Papst fordert ja selbst für den Ablaß mehr ein frommes Gebet, als Geld.

49. Man soll die Christen belehren, daß der Ablaß des Papstes nützlich ist, wenn man kein Vertrauen darauf setzt, aber sehr schädlich, wenn man darüber die Gottesfurcht verliert.

50. Ferner, daß der Papst, wenn er die Gelderpressungen der Ablaßprediger wüßte, die Basilika von St. Peter lieber in Asche verwandelt, als durch Haut, Fleisch und Knochen seiner Schafe aufgebaut sehen würde.

51. Der Papst wollte, wie er müßte, von seinem Gelde eher den Leuten helfen, wenn er auch deshalb die Petersbasilika verkaufen müßte.

52. Es ist Torheit, auf die Ablaßbriefe sein Vertrauen zu setzen, selbst wenn der Papst mit seiner Seele dafür bürgen wollte (geschweige der Kommissär).

53. Nur Feinde Christi und der Kirche können verbieten, daß während der Ablaßpredigt das Wort Gottes in den Kirchen verkündigt werde.

54. Es geschieht dem Worte Gottes unrecht, daß ebenso viel oder noch mehr Zeit auf den Ablaß, als auf dasselbe verwendet und

55. daß der Ablaß mit mehr Pomp als das Evangelium verkündigt werde.

56. Die Schätze der Kirche, aus denen der Papst Ablässe erteilt, sind weder genügsam genannt, noch dem christlichen Volke hinlänglich bekannt.

57. Sie können nicht zeitliche Schätze sein;

58. es sind aber auch nicht die Verdienste Christi und der Heiligen; denn diese wirken auch ohne den Papst die Gnade des innern Menschen, und das Kreuz, den Tod und die Hölle des äußern Menschen.

59. Nach dem hl. Laurentius sind die Schätze der Kirche nur die Armen.

60. Mit gutem Bedacht sagen wir, daß die durch die Verdienste Christi der Kirche geschenkten Schlüssel allein jener Schatz sind.

61. Zur Erlassung der (kanonischen) Strafen und der Reservatfälle reicht allein die Macht des Papstes aus.

62. Der wahre Schatz der Kirche ist das hochheilige Evangelium von der Herrlichkeit und Gnade Christi.

63. Dieser Schatz ist aber gehässig, weil er aus den ersten die letzten,

64. der Ablaßschatz aber sehr angenehm, weil er aus den letzten die ersten macht.

65. Früher hat man mit den Schätzen des Evangeliums die reichen Leute gefangen,

66. jetzt aber fischt man mit den Schätzen des Ablasses die Reichtümer der Leute.

67. Die Ablässe, welche die Prediger als die größten Gnaden anpreisen, gewähren nur insofern Gnaden, als sie Gewinn und Genuß bringen;

68. aber im Vergleich mit der Gnade Gottes und des Kreuzes sind sie sehr klein.

69. Bischöfe und Priester sind schuldig, die Kommissarien des päpstlichen Ablasses mit aller Ehrerbietung zuzulassen.

70. Aber noch mehr sind sie verbunden, genau acht zu haben, daß dieselben nicht statt der päpstlichen Kommission ihre eigenen Träume predigen.

71. Wer wider die Wahrheit des apostolischen Ablasses redet, sei Anathema und verflucht.

72. Aber gesegnet sei, wer gegen die Petulanz der Ablaßprediger zu Felde zieht.

73. Wie der Papst diejenigen mit dem Banne bedroht, die den Ablaß zum Betruge gebrauchen,

1556 Beim Tod des Ignatius zählt der Orden bereits über 1000 Mitglieder.

1542 Durch eine von Rom aus zentral organisierte Inquisition versucht Paul III., über den zunehmenden Abfall von der Papstkirche Herr zu werden.

1545 – 1563 Konzil von Trient (XIX. Ökumenisches). In drei Sitzungsperioden (1545–49; 1551–52; 1562–63) werden zahlreiche Dekrete verabschiedet; sie betreffen vor allem die von Luther aufgegriffenen Themen: Rechtfertigungslehre, die Quellen des Glaubens (das Verhältnis von Schrift und Tradition), Erbsündenlehre, Sakramente. – Geheim geschlossene Ehen werden für ungültig und nicht nur für unerlaubt erklärt. Die Amtspflichten der Bischöfe werden geregelt: jährliche Einberufung von Diözesansynoden, alle drei Jahre Abhaltung von Provinzialsynoden; Residenzpflicht; Verbot, mehrere Bistümer zugleich zu betreuen (Pfründenhäufung). Zur besseren Ausbildung des Priesternachwuchses Einrichtung bischöflicher Priesterseminare.

1564 Zur Interpretation und Durchführung der Dekrete setzt Pius IV. eine Kardinalskongregation ein. Gregor XIII. (1572–85) beauftragt die päpstlichen Nuntien, in den verschiedenen Ländern die Durchführung der Dekrete zu überwachen. Die Bestimmungen Trients prägen auf diese Weise die weitere innerkirchliche Entwicklung.

1552 Noch bevor er das chinesische Festland betreten kann, stirbt **Franz Xaver** (geb. 1506 bei Pamplona, Spanien) auf der Insel Sanzian. Seine erfolgreiche Missionsarbeit in Indien (seit 1542), Ceylon und Japan ist Ausgangspunkt für die Entfaltung der kath. Kirche dieser Länder.

seit 1569 Missionierung auf den Philippinen (zuerst durch spanische Augustiner-Eremiten)

seit 1583 Der Jesuit Matteo Ricci erlangt am kaiserlichen Hof in Peking eine geachtete Stellung als Astronom und Mathematiker.

seit 1560 Das Bemühen der Kurie (besonders durch die Tätigkeit des Jesuitenordens, vor allem des Petrus Canisius) um die Rückgewinnung protestantischer Gebiete zeitigt Erfolge: Bayern, Baden-Baden, die Steiermark werden wieder rein katholisch, das Erzbistum Köln bleibt katholisch trotz des Übertritts von Bischof Gerhard von Truchseß zum Protestantismus.

1574 Gregor XIII. erlaubt den **Kapuzinern** – eine seit 1525 durch Matteo da Bascio und Ludovico da Fossombrone sich ausweitende strenge Richtung unter den Franziskanern (sie wollen die ursprüngliche Regel beobachten, u. a. einen groben Habit mit Kapuze tragen) –, auch außerhalb Italiens Niederlassungen zu gründen.

1619 Anerkennung der Kapuziner als selbständiger Orden.

1582 † Teresa von Ávila (geb. 1515 in Ávila). – Die Karmelitin entschließt sich 1562, ein neues Kloster ursprünglicher Strenge zu gründen; bis 1582 richtet sie weitere 18 Reformkonvente ein (ihr Seelenführer Juan de la Cruz [1542–91] überträgt die Reform auf den männlichen Zweig des Ordens [„Unbeschuhte Karmeliter"]). – Ihre mystischen und geistlichen Erfahrungen legt sie in mehreren Werken dar (berühmt wird „El castillo interior" – die Seelenburg). Mit Katharina von Siena erhält Teresa 1970 den Titel „doctor ecclesiae" (Kirchenlehrer).

74 so bedroht er um so mehr jene, die unter dem Vorwande des Ablasses gegen die Liebe und die Wahrheit handeln.

75. Es ist Wahnsinn, zu glauben, der päpstliche Ablaß sei so kräftig, daß er einen Menschen von der Schuld loslösen könne, der – so unmöglich das auch ist – die Mutter Gottes geschändet hätte.

76. Wir dagegen sagen, daß der päpstliche Ablaß nicht die geringste läßliche Sünde in Ansehung der Schuld aufheben kann.

77. Sagen, der hl. Petrus könne, wenn er jetzt Papst wäre, keine größeren Gnaden geben, ist Blasphemie.

78. Denn Petrus wie auch der Papst haben größere Gnaden, das Evangelium, die Gaben der Heilungen usw. (1. Kor. 12,9).

79. Es ist Blasphemie zu sagen, das Ablaßkreuz habe ebensoviel Kraft wie das Kreuz Christi.

80. Die Bischöfe und Kirchenvorsteher werden Rechenschaft geben müssen, die derartige Predigten im Volke zulassen.

81. Die Frechheit der Ablaßprediger bewirkt, daß es auch gelehrten Männern schwer wird, die Ehre und Würde des Papstes gegen die Verleumdungen und gegen die spitzfindigen Fragen der Laien sicherzustellen.

82. Warum leert der Papst das Fegfeuer nicht auf einmal aus um der heiligen Liebe und der höchsten Not der Seelen willen, da er wegen einer so geringfügigen Ursache, wie es der Bau einer Kirche ist, um des unseligen Geldes willen Erlösung aus ihm spendet?

83. Warum bleiben die Exequien, Jahrmessen und Stiftungen für die Verstorbenen bestehen, da man ja nicht mehr für die Toten, die erlöst sind, zu beten braucht?

84. Warum werden die Seelen überhaupt nicht umsonst erlöst? Was ist das für eine neue Wohltat Gottes und des Papstes, daß sie dem Gottlosen und Feinde um des Geldes willen erlauben, eine fromme Seele, die Freundin Gottes ist, zu erlösen, und doch nicht sie, die es bedarf, aus Liebe umsonst erlösen?

85. Wie können die Bußkanones, die doch abgeschafft sind, noch um Geld gelöst werden?

86. Warum baut der Papst, der doch reicher ist als der reichste Crösus (Crassus), die eine Peterskirche nicht mit seinem eigenen Gelde, statt mit dem Gelde der armen Gläubigen?

87. Was erläßt denn der Papst denjenigen, die durch vollkommene Reue das Recht zu vollkommener Vergebung haben?

88. Warum schenkt denn nicht der Papst hundertmal an einem Tage diese Ablässe, statt es jetzt nur einmal zu tun?

89. Wenn aber der Papst mehr das Heil der Seelen als Geld sucht, warum hat er dann die Verkündigung der übrigen Ablässe suspendiert?

Von diesen spitzfindigen Fragen und Einwürfen der Laien heißt es:

90. Sie bloß mit Gewalt niederschlagen und nicht durch Gründe widerlegen, ist nichts anderes, als die Kirche und den Papst dem Gespött der Feinde preisgeben und die Christen unglücklich machen.

91. Wenn also der Ablaß nach dem Geiste und Sinn des Papstes gepredigt würde, so würde das alles aufgelöst werden oder vielmehr nicht sein.

92. Es sind die Prediger zu verabschieden, die immer von Frieden sprechen, wo kein Friede ist;

93. dagegen diejenigen zu fördern, die vom Kreuze sprechen, wo kein Kreuz ist.

94. Man muß die Christen ermahnen, ihrem Haupte Christus durch Strafen, Tod und Hölle nachzufolgen,

95. auf daß sie mehr durch Trübsal, als durch ungestörte Sicherheit in den Himmel einzugehen vertrauen.

Martin Luthers Werke, Kritische Gesamtausgabe, 1. Bd., Weimar 1883 (Repr. Graz 1966), S. 229 ff. – Übers. nach A. Läpple, Kirchengeschichte in Dokumenten, Düsseldorf: Patmos ³1969, 208–215.

Lutherische Kirchenverfassung Kursachsens 1580

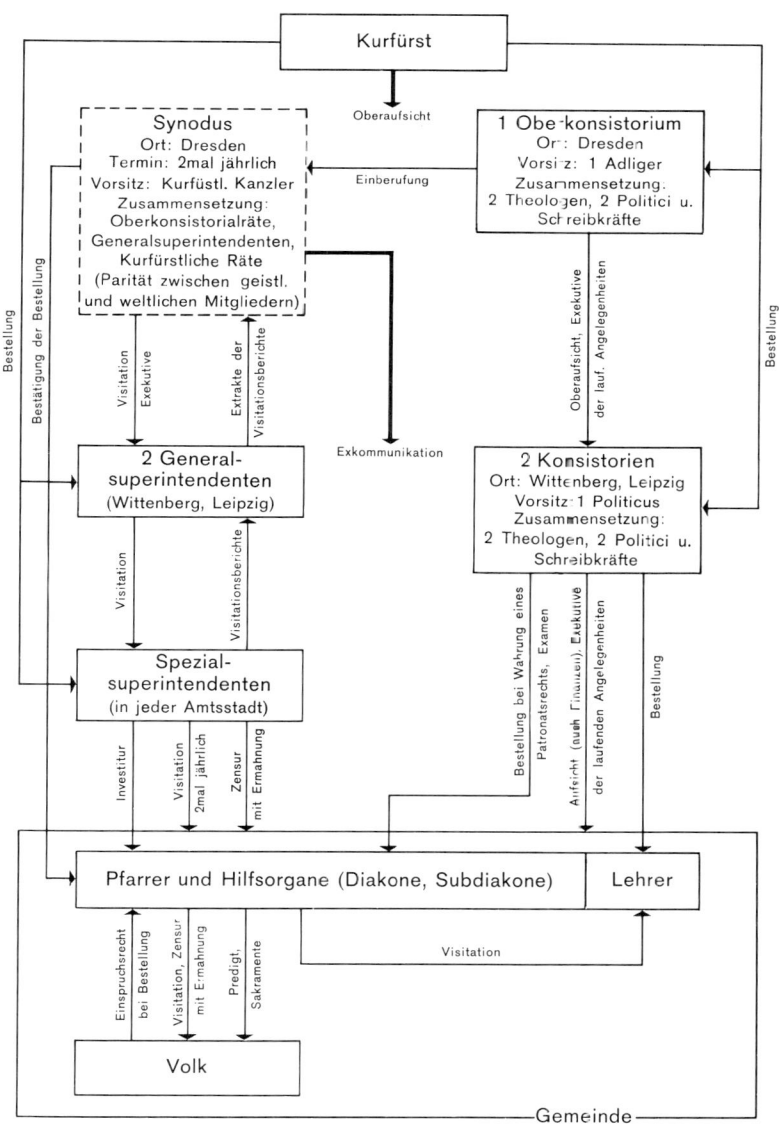

Kurfürst

Oberaufsicht

Synodus
Ort: Dresden
Termin: 2mal jährlich
Vorsitz: Kurfüstl. Kanzler
Zusammensetzung:
Oberkonsistorialräte,
Generalsuperintendenten,
Kurfürstliche Räte
(Parität zwischen geistl.
und weltlichen Mitgliedern)

1 Oberkonsistorium
Ort: Dresden
Vorsitz: 1 Adliger
Zusammensetzung:
2 Theologen, 2 Politici u.
Schreibkräfte

Einberufung

Bestellung

Bestätigung der Bestellung

Bestellung

Visitation
Exekutive

Extrakte der
Visitationsberichte

Exkommunikation

Oberaufsicht, Exekutive
der lauf. Angelegenheiten

**2 General-
superintendenten**
(Wittenberg, Leipzig)

2 Konsistorien
Ort: Wittenberg, Leipzig
Vorsitz 1 Politicus
Zusammensetzung:
2 Theologen, 2 Politici u.
Schreibkräfte

Visitation

Visitationsberichte

**Spezial-
superintendenten**
(in jeder Amtsstadt)

Bestellung bei Wahrung eines
Patronatsrechts, Examen

Aufsicht (auch Finanzen), Exekutive
der laufenden Angelegenheiten

Bestellung

Investitur

Visitation
2mal jährlich

Zensur
mit Ermahnung

Pfarrer und Hilfsorgane (Diakone, Subdiakone)

Lehrer

Visitation

Einspruchsrecht
bei Bestellung

Visitation, Zensur
mit Ermahnung

Predigt,

Sakramente

Volk

Gemeinde

Päpste und Könige des 17. Jahrhunderts

Päpste		*Deutschland*		*Frankreich*		*England*	
1592–1605	Clemens VIII.	Rudolf II.	1576–1612	Heinrich IV.	1589–1610	Elisabeth I.	1558–1603
1605	Leo XI.					Jakob I.	1603–1625
1605–1621	Paul V.	Matthias	1612–1619	Ludwig XIII.	1610–1643		
1621–1623	Gregor XV.	Ferdinand II.	1619–1637				
1623–1644	Urban VIII.	Ferdinand III.	1637–1657			Karl I.	1625–1649
1544–1655	Innozenz X.			Ludwig XIV.	1643–1715	(1649–1660 Republik)	
1655–1667	Alexander VII.	Leopold I.	1658–1705			Karl II.	1660–1685
1667–1669	Clemens IX.						
1670–1676	Clemens X.						
1676–1689	Innozenz XI.					Jakob II.	1685–1688
1689–1691	Alexander VIII.					Wilhelm II.	1689–1702
1691–1700	Innozenz XII.						

17. Jahrhundert
Glaube und Vernunft

A. Kirche und Umwelt

Im „Absolutismus" streifen die Staaten die frühere Einordnung in die von Kaiser und Papst repräsentierte Einheit vollends ab. Entweder übernimmt nun der Souverän selbst die Verantwortung für die „Landeskirche" (protestantische Gebiete in Deutschland, High Church in England), oder er sichert sich – mit und ohne Protest von Rom – den nötigen Einfluß auf die Besetzung der kirchlichen Stellen (Frankreich, Spanien, Portugal). Noch ist Glaube und Kirche wesentliches und unangetastetes Element des Staates, und doch löst sich der Staat bereits davon, indem er die Unterordnung religiöser unter staatliche Ziele betreibt (vgl. die Politik Richelieus). Gegen beide richtet sich das kritische Fragen der Vernunft (Rationalismus und Aufklärung), zunächst gegen das Weltbild des Glaubens, im folgenden Jahrhundert gegen die Selbstherrlichkeit des Staates.

1600 Der Dominikaner **Giordano Bruno** (geb. 1548 zu Nola in Kampanien) wird nach siebenjähriger Kerkerhaft in Rom als Häretiker verbrannt. Seine heliozentrische Weltanschauung – in Anlehnung an Kopernikus – verband sich mit der Leugnung der Menschwerdung Christi und einer pantheistischen Frömmigkeit.

1605 Bei der Papstwahl (Leo XI. und Paul V.) legt Spanien durch einen beauftragten Kardinal Veto gegen mißliebige Kandidaten ein. Das Ausschließungsrecht (ius exclusivae) wird in der Folgezeit von Deutschland, Frankreich und Spanien praktiziert und von der Kirche hingenommen. Erst 1904 verbietet Pius X. diese Form der Einmischung unter Strafe der Exkommunikation.

seit 1609 Jesuitenmissionare sammeln, mit Erlaubnis der spanischen Regierung, etwa 150 000 Indianer des La-Plata-Gebietes (Paraguay) in eigene, den Weißen nicht zugängliche Siedlungen (**„Reduktionen"**). In dieser später als „Jesuitenstaat" bezeichneten Form des Zusammenlebens gehört das Ackerland allen gemeinsam, ebenso wird der Ertrag unter alle geteilt. (Die Reduktionen bestehen 150 Jahre lang.)

1618 – 1648 Dreißigjähriger Krieg

1618 Als Kaiser Matthias (1612–19) protestantische Kirchen schließen läßt, kommt es in Prag zum Aufstand, in dessen Verlauf die kaiserlichen Statthalter Martinitz und Slawata aus den Fenstern der Hofburg gestürzt werden. Der Aufstand weitet sich aus (**Böhmisch-pfälzischen Krieg** (1618–23, 1. Periode des 30j. Krieges), unter Führung des Kurfürsten Friedrich V. von der Pfalz).

1620 Sieg der kaiserlichen Truppen bei Prag (Schlacht am Weißen Berg) hat die Unterdrückung des Protestantismus in Böhmen, Mähren, Ober- und Niederösterreich und in Oberschlesien zur Folge.

1625 König **Christian IV.** von Dänemark greift zugunsten Friedrichs von der Pfalz ein (**Niedersächsisch-dänischer Krieg 1625–29** = 2. Periode des 30j. Krieges).

1629 Nach Niederlagen gegen Tilly und Wallenstein verzichtet Christian IV. im Frieden zu Lübeck auf jede Einmischung in die deutschen Streitigkeiten. Im **Restitutionsedikt** fordert Kaiser Ferdinand II. die Rückerstattung aller Kirchengüter, die durch die Pro-

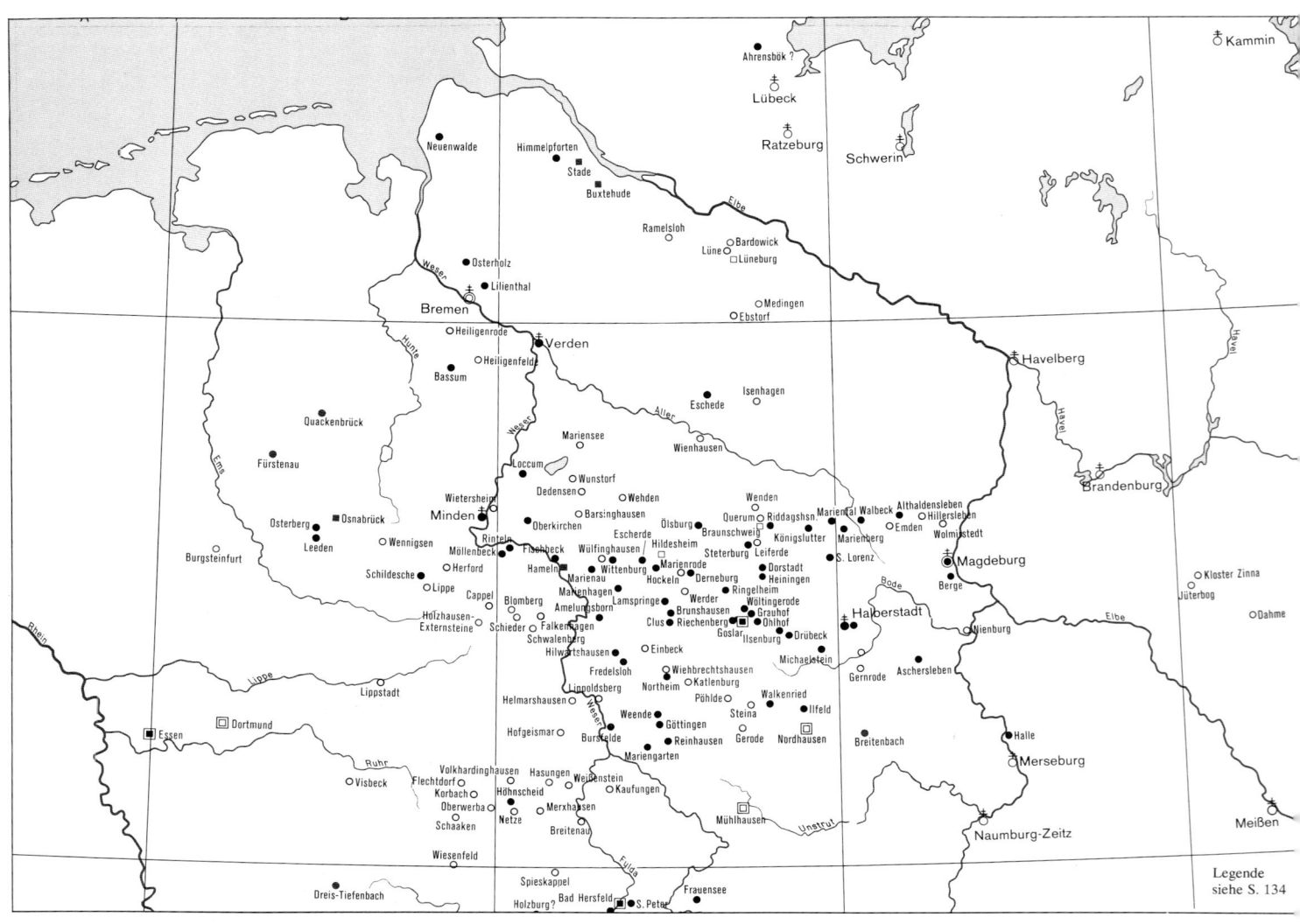

Kammin

Ahrensbök ?

Lübeck

Ratzeburg

Schwerin

Neuenwalde

Himmelpforten

Stade

Buxtehude

Ramelsloh

Lüne

Bardowick

Lüneburg

Elbe

Osterholz

Lilienthal

Medingen

Bremen

Ebstorf

Heiligenrode

Verden

Havelberg

Heiligenfelde

Bassum

Isenhagen

Eschede

Aller

Quackenbrück

Mariensee

Wienhausen

Fürstenau

Loccum

Wunstorf

Brandenburg

Havel

Dedensen

Wehden

Wenden

Wietersheim

Barsinghausen

Ölsburg

Querum

Riddagshsn

Mariental Walbeck

Althaldensleben

Osnabrück

Minden

Oberkirchen

Escherde

Hildesheim

Braunschweig

Königslutter

Marienberg

Emden

Hillersleben

Wolmirstedt

Osterberg

Rinteln

Möllenbeck

Fischbeck

Wülfinghausen

Steterburg

Leiferde

S. Lorenz

Leeden

Wennigsen

Hameln

Marienau

Hockeln

Derneburg

Dorstadt

Heiningen

Magdeburg

Burgsteinfurt

Schildesche

Herford

Lippe

Cappel

Marienhagen

Werder

Ringelheim

Woltingerode

Berge

Kloster Zinna

Jüterbog

Blomberg

Amelungsborn

Lamspringe

Brunshausen

Grauhof

Halberstadt

Dahme

Holzhausen-Externsteine

Schieder

Falkenhagen

Clus

Riechenberg

Goslar

Ilsenburg

Ohlhof

Drübeck

Elbe

Schwalenberg

Hilwartshausen

Einbeck

Michaelstein

Nienburg

Fredelsloh

Wiehbrechtshausen

Northeim

Katlenburg

Gernrode

Aschersleben

Lippstadt

Linnoldsberg

Pöhlde

Walkenried

Helmarshausen

Weende

Steina

Ilfeld

Essen

Dortmund

Hofgeismar

Bursfelde

Göttingen

Gerode

Nordhausen

Breitenbach

Halle

Ruhr

Reinhausen

Mariengarten

Merseburg

Volkhardinghausen

Hasungen

Flechtdorf

Weidenstein

Visbeck

Korbach

Höhnscheid

Kaufungen

Mühlhausen

Unstrut

Oberwerba

Netze

Merxhausen

Naumburg-Zeitz

Meißen

Schaaken

Breitenau

Fulda

Wiesenfeld

Spieskappel

Frauensee

Dreis-Tiefenbach

Holzburg ?

Bad Hersfeld

S. Peter

Weser

Hunte

Ems

Rhein

Lippe

Bode

Legende
siehe S. 134

testanten seit 1552 eingezogen wurden. Die gewaltsame Durchführung liefert den Vorwand zum Eingreifen des schwedischen Königs.

1630 König **Gustav Adolf** von Schweden tritt – von Frankreich unterstützt – in den Krieg gegen den Kaiser ein (**Schwedischer Krieg 1630–39** = 3. Periode des 30j. Krieges). Er fällt in der Schlacht von Lützen 1632 gegen Wallenstein.

1635 Der Kurfürst von Sachsen, Johann Georg I., entschließt sich zu einem Separatfrieden mit dem Kaiser. Im gleichen Jahr greift Frankreich, um die Macht des Hauses Habsburg zu schwächen, auf der Seite Schwedens in die Auseinandersetzungen ein (**Schwedisch-französischer Krieg 1635–48** = 4. Periode des 30j. Krieges).

1648 Friede von Osnabrück (mit Schweden) und Münster (mit Frankreich = **Westfälischer Friede).** Neben Gebietsabtretungen an Schweden und Frankreich wird für die Regelung des konfessionellen Besitzstandes der 1. Januar 1624 als Stichtag festgesetzt. Der Augsburger Religionsfriede (1555) wird im übrigen bestätigt und auf die Calvinisten ausgedehnt. Religiöse Streitfragen auf den Reichstagen sollen nach getrennter Abstimmung unter den katholischen und evangelischen Ständen durch Vergleich geregelt werden. – Innozenz X. protestiert – ohne Erfolg – gegen den durch den Friedensvertrag sanktionierten Verlust kirchlicher Güter (Breve: Zelus domus Dei).

1620 Englische Puritaner – die „Pilgerväter" – wandern auf der „Mayflower" nach Nordamerika aus; sie gründen die Kolonie Neuengland.

1624 Nach seiner Ernennung zum leitenden Minister durch Ludwig XIII. gewinnt Kard. Richelieu maßgeblichen Einfluß auf die französische Politik. Seine Ziele sind am Machtgewinn Frankreichs orientiert und rechtfertigen ebenso das Bündnis mit Gustav Adolf wie die Unterdrückung der Protestanten im eigenen Land.

1628 Richelieu erobert den Hauptstützpunkt der Hugenotten, La Rochelle. Ihre politischen Sonderrechte werden aufgehoben; die freie Religionsausübung wird ihnen im Edikt von Nîmes 1629 gewährt.

1685 Aufhebung des Ediktes von Nantes (s. o. S. 123) durch Ludwig XIV.; alle protestantischen Prediger müssen innerhalb von 14 Tagen das Land verlassen. 200000 Hugenotten flüchten über die Grenze.

1633 Vor der drohenden Folter widerruft Galileo **Galilei** (1564–1642) seine Lehre von der Bewegung der Erde um die Sonne.

1649 Nach dem Sieg Oliver Cromwells wird König Karl I. aus dem (kath.) Haus Stuart wegen Hochverrats auf dem Schafott hingerichtet. England wird zur Republik erklärt (bis 1660).

1660 Restauration des Hauses Stuart.

1688 Erneuter Sturz des Hauses Stuart („glorious revolution"), Übertragung der Königskrone an Wilhelm III. von Oranien. Damit scheitert der letzte Versuch, England zum Katholizismus zurückzugewinnen.

1650 † René **Descartes.** Der methodische Zweifel als Ausgangspunkt des Denkens, die Selbstgewißheit des Ichs (cogito, ergo sum) als Basis der Philosophie leitet die Epoche des Rationalismus ein, der zur scharfen Trennung zwischen Vernunft und Offenbarung, Glauben und Wissen führt.

1677 † Baruch **Spinoza** (geb. 1632 in Amsterdam aus portugiesisch-jüdischer Familie). Sein an Descartes geschultes Denken führt ihn zu scharfer Kritik an der Bibel und zu pantheistischen Anschauungen.

1682 Der französische Klerus verteidigt gegenüber Rom in vier Artikeln die **„Freiheiten der gallikanischen Kirche":** Könige und Fürsten können vom Papst nicht abgesetzt werden; die päpstliche Gewalt ist gemäß den Beschlüssen des Konstanzer Konzils beschränkt; die bisherigen Freiheiten der gallikanischen Kirche sind aufrechtzuerhalten; Entscheidungen des Papstes in Glaubensfragen sind revidierbar, wenn sie nicht von der Zustimmung der Gesamtkirche getragen sind. – Gegen den Protest Innozenz' XI. erklärt Ludwig XIV. die Vier Artikel zum Gesetz. Kandidaten für Bischofssitze, die sich der Deklaration nicht anschließen, wird die königliche Bestätigung verweigert (innerhalb von 6 Jahren sind 35 Bistümer unbesetzt!).

Restitutionsedikt von 1629
Auswirkungen auf den süddeutschen Raum

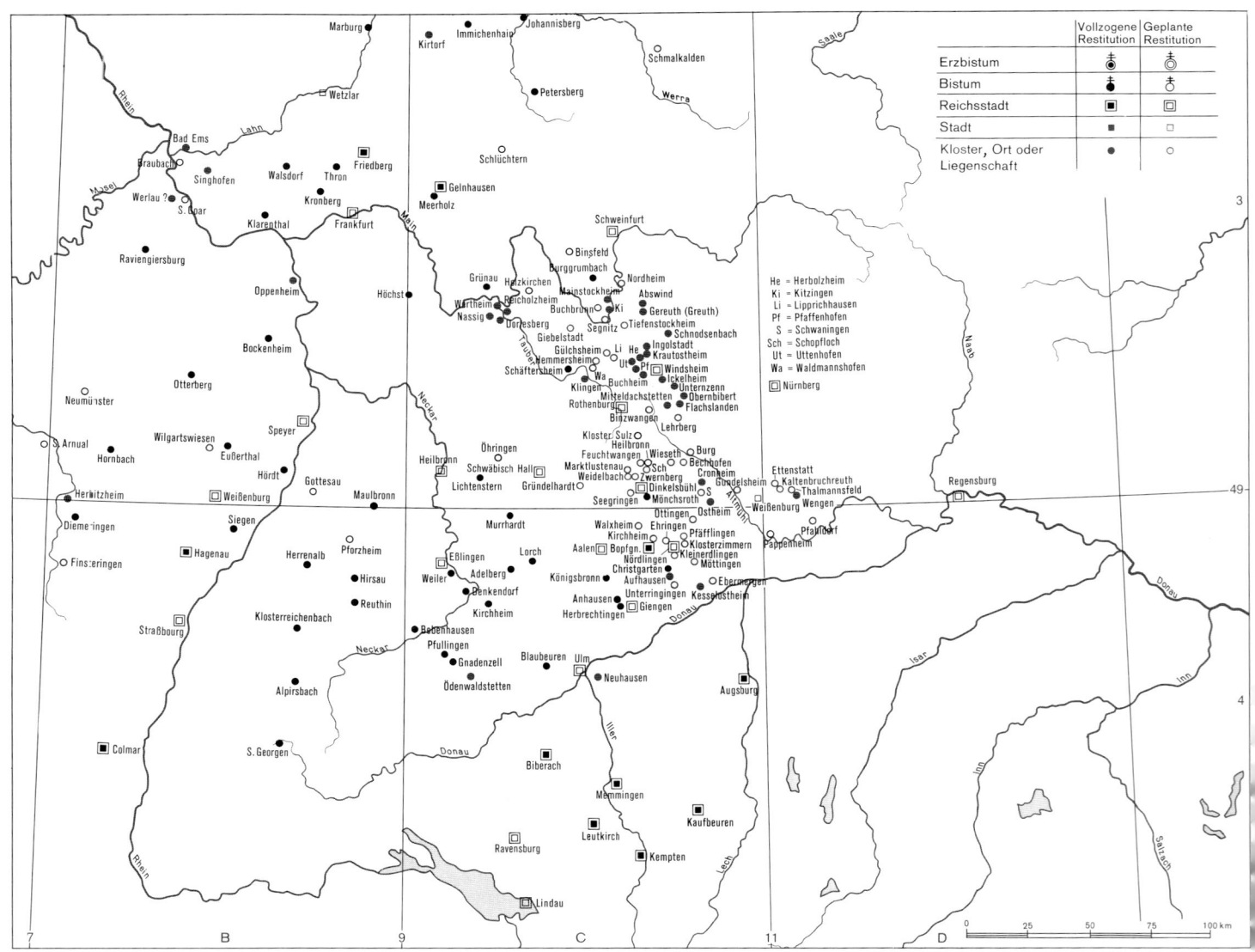

1683 Das Heer der **Türken** belagert **Wien**. Deutsche und polnische Truppen entsetzen die Stadt.

> **1699** Der Friede von Karlowitz beendet die türkische Gefahr für Europa.

1697 Zar Peter I., der Große, für westliche Neuerungen aufgeschlossen, unternimmt eine Reise nach Preußen, Holland, England und Österreich.

B. Innerkirchliche Entwicklung

Mit der Resignation des Kaisertums vor den Fürsten – symbolisiert durch die Abdankung Karls V. – schwindet auch die äußere Macht der Kirche. Gegenüber Reformation und Absolutismus versucht sie, ihre Einflußbereiche aufrechtzuerhalten, und ist dabei immer mehr auf die Überzeugungskraft ihrer eigenen Glaubwürdigkeit angewiesen. Es beginnt die Zeit der inneren Reform und des wachsenden Zusammenhaltens, verbunden mit der Stärkung der römischen Behörden. Die Verbreitung des Glaubens in der Neuen Welt und in Ostasien beflügelt das christliche Selbstbewußtsein; auch in Europa entstehen neue Bewegungen, die sich für die Milderung von sozialen Härten und für die religiöse Betreuung von Randgruppen einsetzen. – Der politischen Auseinandersetzung mit dem Protestantismus folgt nun verstärkt die theologische, die sich allerdings bereits nicht mehr an die Protestanten wendet, sondern der Festigung der eigenen Reihen dient.

1600 † Luis de Molina SJ (geb. 1535 in Cuenca, Spanien). In seiner Lehre (**„Molinismus"**) über die Freiheit des menschlichen Willens, der durch die Erbsünde in seiner Entscheidungsfähigkeit nicht getroffen sei, erblickten die Gegner Molinas (Dominikaner) eine Vernachlässigung der Wichtigkeit göttlicher Gnade. Ohne das Problem zu entscheiden, verbot Paul V. 1607 die Fortsetzung der Streitgespräche.

seit 1606 Robert de Nobili SJ missioniert mit großem Erfolg in Indien. Im Gewand und in der Lebensweise eines Brahmanen versucht er die Glaubensbotschaft auf indische Weise und in indischer Sprache auszudrücken, unter (vorläufiger) Beibehaltung des Kastenwesens. Seine „Akkommodation" erregt die Kritik besonders der Franziskaner.

> **1704** Verurteilung von 16 „malabarischen Bräuchen" durch den päpstlichen Legaten Tournon (1744 von Klemens XIV. bestätigt).

1609 Die Engländerin Maria Ward († 1645) gründet eine Genossenschaft adliger Frauen – in enger Anlehnung an die Ordensregel der Jesuiten –, aus der 1703 die Kongregation der **„Englischen Fräulein"** hervorgeht. Haupttätigkeitsfeld wird die Erziehung der weiblichen Jugend, besonders durch Führung von Schulen.

1610 Um diese Zeit zählt Südamerika bereits fünf Erzbistümer, 27 Bistümer und ungefähr 400 Klöster.

1615 Den Missionaren in **China** gestattet Paul V. für die Messe den Gebrauch der chinesischen Sprache (1698 von der Glaubenskongregation wieder verboten!).

1617 † Franz **Suárez** SJ (geb. 1548), bedeutender Philosoph und Theologe der Spätscholastik, zuletzt Professor an der Universität Coimbra (Portugal).

1621 † Robert **Bellarmin** SJ (geb. 1542 in Montepulciano, Italien). Als Professor der Theologie in Löwen (1570–88) widmet er sich der theologischen Auseinandersetzung mit den Protestanten (Hauptwerk: Disputationes de controversiis christianae fidei). Als Kardinal (seit 1599) sucht

Die katholische Mission und kirchliche Einteilung in Indien und China bis um 1700

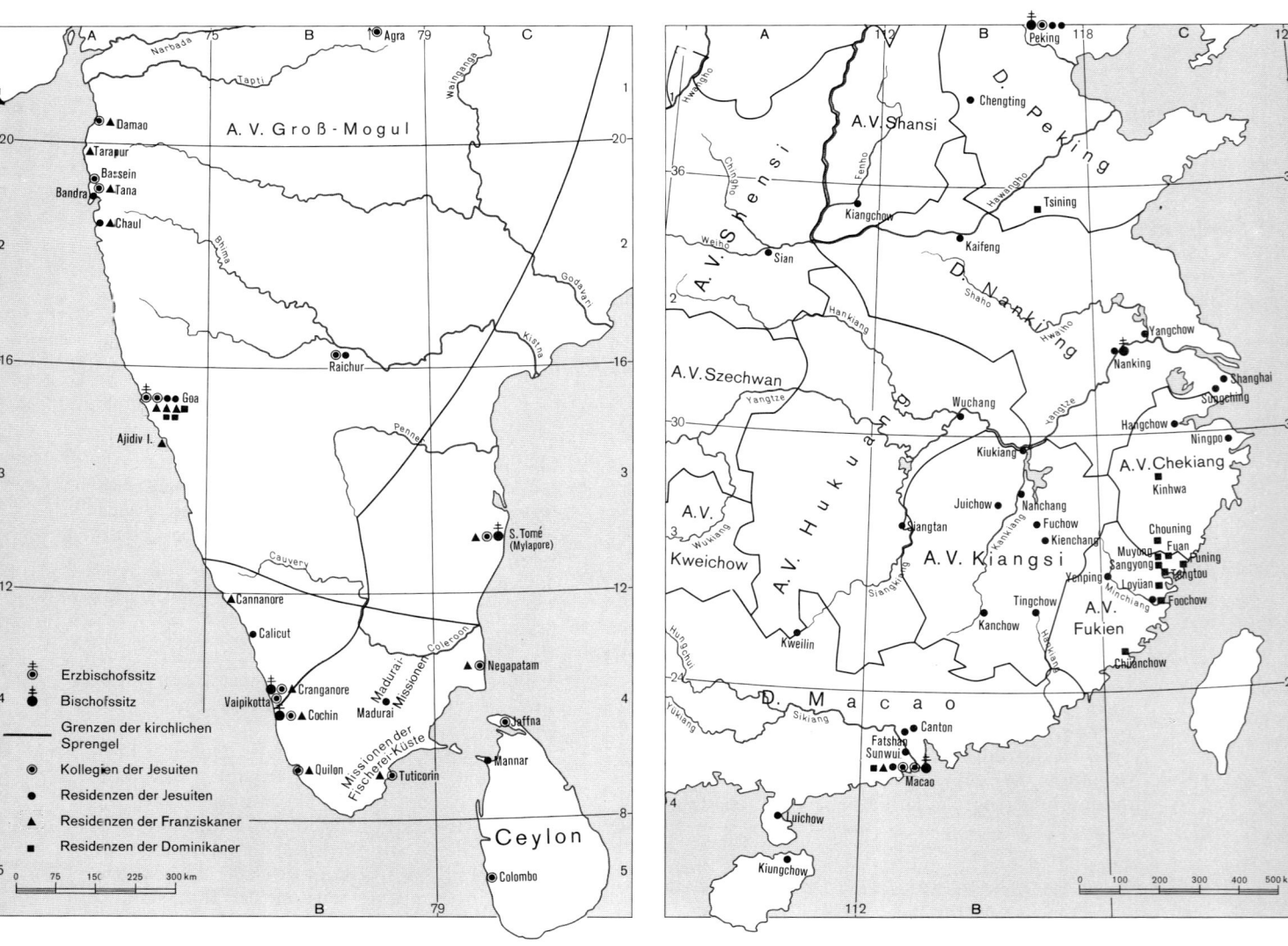

er die Verständigung mit England. Zusammen mit Suárez gehört er zu den klassischen Vertretern der katholischen Staatslehre.

1622 † **Franz von Sales** (geb. 1567). Seit 1602 Bischof von Annecy – Genf. Durch Frömmigkeit und gewinnendes Wesen bewegt er viele Calviner zur Rückkehr in die kath. Kirche. Seine geistlichen Schriften finden große Verbreitung – sie gelten als der klassische Ausdruck eines christlichen Humanismus. – Unter seiner Betreuung gründet Franziska von Chantal 1610 den Orden von der „Heimsuchung Mariä" (Salesianerinnen).

1622 Gregor XV. gründet eine Kardinalskongregation zur Glaubensverbreitung (**„Congregatio de propaganda fide"**)**,** der alle Missionsländer unterstellt werden.

seit 1625 Jesuiten wirken als Missionare unter den Huronen und anderen Indianerstämmen Kanadas.

seit 1633 **„Ritenstreit"** über die Frage, wieweit getaufte Chinesen ihre traditionellen Bräuche (bes. Verehrung der Ahnen und des Konfuzius) beibehalten dürfen. Den großzügigen Jesuiten stehen Franziskaner und Dominikaner gegenüber.

> **1645** Innozenz X. verwirft die wichtigsten chinesischen Bräuche.
> **1704** Die Inquisition verbietet die Verehrung des Konfuzius und der Ahnen.
> **1742** Verbot der „chinesischen Riten" durch Benedikt XIV. (Bulle „Ex quo singulari"). Die Folge des Verbots ist ein starker Rückgang der Mission in China, verstärkt durch die Aufhebung des Jesuitenordens (1773).

1638 † Cornelius **Jansenius,** Professor der Theologie an der Univ. Löwen, zuletzt Bischof von Ypern. Sein Werk „Augustinus", das der völligen Verderbtheit der menschlichen Natur (als Folge der Erbsünde) die Unwiderstehlichkeit der göttlichen Gnade gegenüberstellt, wird 1643 von Urban VIII. verboten. Der Streit um die Rechtgläubigkeit des Bischofs entzweit ganz Frankreich (das Parlament auf der Seite der **Jansenisten,** die Jesuiten und zahlreiche Bischöfe als entschiedene Gegner).

1653 Innozenz X. verwirft fünf Sätze des Buches als häretisch (darunter: daß der Mensch der inneren Gnade Gottes nie widerstehen könne; daß der Mensch einige Gebote Gottes nicht erfüllen könne; daß es ein Irrtum sei, zu behaupten, Christus sei für alle Menschen gestorben; vgl. DS 2001–2007).

seit 1660 Aus politischen Gründen bekämpft Ludwig XIV. den Jansenismus. Über das Nonnenkloster Port-Royal bei Paris, einem Zentrum der Jansenisten, wird 1664 das Interdikt verhängt. 1709 wird das Kloster aufgehoben und eingeebnet. Der Jansenismus hält sich jedoch noch weitere 70 Jahre.

1654 † Petrus Claver. 40 Jahre lang hat sich der spanische Jesuit (heiliggesprochen 1888) in Cartagena (Kolumbien) um die importierten Negersklaven gekümmert.

1656 Die wegen ihrer Großzügigkeit umstrittene Beichtmoral der Jesuiten wird durch die „Briefe an einen Provinzial" (die sog. „Provinciales") des Blaise **Pascal,** der anonym bleibt, in gekonnter Weise karikiert. Die Öffentlichkeit Frankreichs, ja Europas verliert dadurch die hohe Einschätzung des Jesuitenordens.

1660 † **Vinzenz von Paul** (geb. 1581). Nach Gefangenschaft und Sklavendienst in Tunis widmet sich Vinzenz seit 1617 in Frankreich den Verlassenen der Gesellschaft (Waisenkindern und Findlingen, Galeerensträflingen, Dirnen, Kranken und Armen). 1625 stiftet er zu Paris eine Priestergemeinschaft („Lazaristen") für die Predigt auf dem Land („Volksmissionen"). Aus einem Verein engagierter Frauen entwickelt sich seit 1639 in Paris die Genossenschaft der „Barmherzigen Schwestern" (**Vinzentinerinnen),** 1668 vom Papst bestätigt.

1664 Im Zisterzienserkloster „La Trappe" in der Normandie gründet Jean Le Bouthillier de Rancé den Orden der **„Trappisten":** die Benediktiner- und Zisterzienserregel wird durch völlige Enthaltung von Fleischspeisen, dauerndes Stillschweigen und harte körperliche Arbeit verschärft.

Päpste und Könige des 18. Jahrhunderts

Päpste	Österreich u. dt. Kaiser	Preußen	Frankreich	Rußland	England
1700–1721 Clemens XI.	Leopold I.		Ludwig XIV.	Peter I. d. Gr.	Wilhelm III.
	1658–1705		1643–1715	1689–1725	1689–1702
	Joseph I.				Anna
	1705–1711	Friedrich Wilhelm I.	Ludwig XV.		1702–1714
1721–1724 Innozenz XIII.	Karl VI.	1713–1740	1715–1774	Katharina I.	Georg I.
	1711–1740			1725–1727	1714–1727
1724–1730 Benedikt XIII.				Peter II.	Georg II.
				1727–1730	1727–1760
1730–1740 Clemens XII.				Anna Iwanowna	
				1730–1740	
1740–1758 Benedikt XIV.	Karl VII. 1740–1745	Friedrich II. d. Gr.		Elisabeth	
	Maria Theresia	1740–1786		1741–1762	
1758–1769 Clemens XIII.	1740–1780			Peter III.	Georg III.
	Franz I. 1745–65			1762	1760–1820
1769–1774 Clemens XIV.	Joseph II. 1780–90			Katharina II. d. Gr.	
	(Kaiser seit 1765)		Ludwig XVI.	1762–1796	
1775–1799 Pius VI.	Leopold II.	Friedrich Wilhelm II.	1774–1792		
	1790–1792	1786–1797			
	Franz II.	Friedrich Wilhelm III.		Paul I.	
	1792–1806	1797–1840		1796–1801	

Die Erklärung der Menschenrechte in der Französischen Revolution (27. August 1789)

„Die Vertreter des französischen Volkes, die sich in der Nationalversammlung zusammengetan haben, haben in Anbetracht der Tatsache, daß Unkenntnis, Vergessenheit und Nichtachtung der Menschenrechte die alleinigen Ursachen des öffentlichen Unglücks und der Verderbnis der Regierungen sind, beschlossen, in feierlicher Erklärung die natürlichen, unveräußerlichen

18. Jahrhundert

Das Diktat der Vernunft

A. Kirche und Umwelt

Das Autonomie beanspruchende Denken wird nun zur Politik und führt – am augenfälligsten in der Französischen Revolution – zu einer Umwälzung, die als das eigentliche Ende des Mittelalters bezeichnet werden kann. Die Erklärung der Menschenrechte, die demokratischen Ideen Rousseaus, der Deismus – Ausdruck der Vernunft, die noch religiös ist, dies aber der eigenen Logik zu verdanken glaubt und sich deshalb heftig gegen jede Form eines Offenbarungsglaubens wendet. Politische Konsequenz ist die Zurückdrängung des kirchlichen Einflusses (Beseitigung des Jesuitenordens!) bzw. die Unter- und Einordnung der Kirche in die Ziele des Staates. Die gleiche Logik fordert den erkennbaren Nutzen des religiösen Lebens: beschauliche Orden werden aufgelöst, tätige Nächstenliebe wird als zentraler Ausdruck der Religiosität betrachtet. Die reformierte, nach Konzept durchkonstruierte Kirche wird so – deutlich im Josephinismus – zum Anliegen des Staates selbst.

1701 – 1714 Spanischer Erbfolgekrieg. Der kinderlose Karl II., König von Spanien (Habsburger), hatte in Übereinstimmung mit Papst Innozenz XII. den Herzog Philipp von Anjou zum Erben eingesetzt. Dagegen erhebt Österreich Einspruch. Nach dem Tod Karls entflammt der Krieg, an dem sich Preußen, Portugal, England und Savoyen auf der Seite Österreichs beteiligen. Kaiser Joseph I. läßt 1708 einen Teil des Kirchenstaats besetzen. Der Krieg endet mit der Anerkennung Philipps V. als König von Spanien (Friede von Utrecht 1713); Österreich erhält die spanischen Nebenländer Belgien, Mailand, Neapel, Sardinien (Friede von Rastatt 1714).

zwischen 1710 und 1750 entfaltet sich – im Anschluß an Th. Hobbes († 1679) und John Locke († 1704) – in England der **Deismus**: Bejahung eines Schöpfergottes, der jedoch nach der Schöpfung keinen weiteren Einfluß auf die Welt ausübt; weder Wunder noch eine Offenbarung Gottes werden anerkannt. – Der Deismus greift bald nach Frankreich über (Voltaire) und begünstigt in Deutschland den Rationalismus (Kant).

1717 Vier Bauhütten der St.-Pauls-Kirche in London schließen sich zu einer Großloge der **Freimaurer** zusammen, zur Pflege der Humanität und der Brüderlichkeit. Rasche Verbreitung der Logen auf dem Festland: 1725 erste Loge in Paris (1789 existieren 629 Logen in Frankreich), 1732 in Genf, 1737 in Hamburg. In dem Geheimbund sammelt sich die geistige Elite (Mitglieder u.a. Friedrich d. Gr., Wilhelm I., Goethe, Fichte, Mozart, Voltaire, Benjamin Franklin). – Heute etwa 5,5 Millionen Mitglieder.

1721 Peter I. gibt der **russischen Kirche** – nachdem er das Patriarchat seit 1700 nicht mehr hatte besetzen lassen – eine **neue Verfassung**. An der Spitze der Orthodoxen steht der „Heilige Synod", ein Gremium von 11–14 gleichberechtigten Bischöfen und höheren Geistlichen und einem weltlichen Oberprokurator als Vertreter des Zaren (die Verfassung besteht im wesentlichen bis

und heiligen Rechte der Menschen aufzustellen, damit diese Erklärung, allen Volksgliedern stets gegenwärtig, sie unaufhörlich an ihre Rechte und Pflichten erinnere, damit die Beschwerden der Bürger, von nun an auf einfache, unantastbare Grundsätze gestützt, der Aufrechterhaltung der Verfassung und dem Wohle aller dienen.

Die Nationalversammlung erklärt in Gegenwart und mit Hilfe des höchsten Wesens folgende Rechte des Menschen und des Bürgers.

Art. 1. Die Menschen sind frei geboren und bleiben frei und gleich vor dem Gesetz. Soziale Unterschiede können nur durch das öffentliche Wohl gerechtfertigt werden.

Art. 2. Ziel aller politischen Vereinigung ist die Erhaltung der natürlichen und ewigen Menschenrechte. Diese Rechte sind: Freiheit, Eigentum, Sicherheit und Widerstand gegen Unterdrückung.

Art. 3. Alle Souveränität liegt bei der Nation. Keine Körperschaft, kein einzelner kann diese Autorität ausüben, wenn sie nicht von der Nation übertragen worden ist.

Art. 4. Die Freiheit besteht darin, alles sein zu können, was anderen nicht schadet: so hat der Gebrauch der Menschenrechte keine andere Grenze als die, daß alle anderen Glieder der Gesellschaft dieselben Rechte genießen. Diese Grenzen sind durch das Gesetz zu bestimmen.

Art. 5. Das Gesetz kann nur der Gesellschaft schädliche Handlungen untersagen. Alles, was das Gesetz nicht verbietet, kann nicht verhindert werden, und niemand kann gezwungen werden, etwas zu tun, was das Gesetz nicht befiehlt.

Art. 6. Das Gesetz ist der Ausdruck des allgemeinen Willens (volonté générale). Alle Bürger können persönlich oder durch Vertreter zu seiner Formulierung beitragen. Es muß für alle dasselbe sein, gleichviel ob es schützt oder straft. Alle Bürger sind vor ihm gleich und können gleicherweise zu allen Würden, Stellen und öffentlichen Ämtern gelangen, je nach ihrer Fähigkeit und nach keinem anderen Gesichtspunkt als ihre Tugend und ihr Können.

Art. 7. Kein Mensch kann beschuldigt, festgenommen und gefangen gehalten werden als in den Fällen und nach den Formen, die das Gesetz vorschreibt. Alle, die willkürliche Befehle veranlassen, befördern, ausführen oder ausführen lassen, sind strafbar; aber der Bürger, der im Namen des Gesetzes gerufen oder festgenommen wird, muß sofort gehorchen: jeder Widerstand macht ihn schuldig.

Art. 8. Das Gesetz darf nur Strafen verhängen, wenn sie im strengen Sinn und offensichtlich notwendig sind. Nur aufgrund eines Gesetzes, das vor dem Delikt beschlossen und veröffentlicht wurde, kann einer bestraft werden. Das Gesetz muß vorschriftsgemäß angewandt werden.

Art. 9. Jeder gilt solange für unschuldig, bis seine Schuld erwiesen ist. Muß er in Haft gehalten werden, so ist alle Härte, die nicht notwendig ist, um sich seiner Person zu versichern, durch Gesetz streng zu verbieten.

Art. 10. Niemand kann wegen seiner Meinung, auch seiner religiösen, belästigt werden, wenn ihre Äußerungen nicht die gesetzliche Ordnung stören.

Art. 11. Der freie Austausch von Gedanken und Meinungen ist eines der kostbarsten Menschenrechte. Jeder Bürger kann also frei reden, schreiben, drucken, ausgenommen den Mißbrauch dieser Freiheit, den das Gesetz festlegt.

Art. 12. Zur Sicherung der Menschen- und Bürgerrechte ist eine öffentliche Gewalt nötig: diese Gewalt ist eingesetzt im Interesse aller und nicht für die Sonderinteressen derjenigen, denen sie anvertraut ist.

Art. 13. Zum Unterhalt dieser öffentlichen Gewalt und zur Bestreitung der Verwaltungsausgaben ist eine allgemeine Steuer unerläßlich. Diese muß gleichmäßig, je nach dem Besitz, unter alle Bürger verteilt werden.

Art. 14. Alle Bürger haben das Recht, persönlich oder durch ihre Vertreter über die Notwendigkeit der öffentlichen Beiträge zu urteilen, die Verwendung zu kontrollieren und die Höhe, Beitreibung und Dauer des Budgets zu bestimmen.

Art. 15. Die Gesellschaft hat das Recht, jeden Verwaltungsbeamten zur Rechenschaft zu ziehen.

Art. 16. Jede Gesellschaft, in der die Menschenrechte nicht genügend gesichert und die Teilung der Gewalten nicht durchgeführt ist, hat keine Verfassung.

Art. 17. Da das Eigentumsrecht heilig und unverletzlich ist, so kann keiner dessen beraubt werden, außer wenn es nach der Meinung aller das allgemeine Wohl fordert und auch dann nur unter der Bedingung der vorläufigen Unantastbarkeit."

Übers. nach Paul Rühlmann, Staatsanschauungen, 2. Tl.: Das 16. bis 18. Jahrhundert (Quellensammlung für den geschichtlichen Unterricht an höheren Schulen, II. Reihe, H. 184), Leipzig: B. G. Teubner 1917, S. 33f.

1917). Klosterreformen sollen die Mönche zu nützlicher Tätigkeit zwingen, zugleich den Eintritt in den Mönchsstand erschweren. – Nach dem Ende des Nordischen Krieges ist Rußland nun stärkster Ostseestaat. Peter verlegt seine Residenz von Moskau nach Petersburg und legt sich den Kaisertitel zu.

1729 – 1804 Immanuel **Kant,** der bedeutendste deutsche Philosoph dieses Jahrhunderts, gestaltet das neuzeitliche Gedankengut zum neuen System und ist in seinen Auswirkungen mit Thomas von Aquin vergleichbar. Mit ihm und an ihm entwickelt sich der deutsche Idealismus. (Hauptwerke: Kritik der reinen Vernunft; Kritik der praktischen Vernunft; Kritik der Urteilskraft.)

1740 – 1780 In Österreich greifen die Reformen der Kaiserin **Maria Theresia** tief in das kirchliche Eigenleben ein: staatliche Kontrolle der kirchlichen Vermögensverwaltung, Aufhebung der Steuerfreiheit des Klerus, Verbot, päpstliche Erlasse ohne Genehmigung zu verkünden, Neuordnung des theologischen Studiums, staatliche Bücherzensur.

1748 Im Anschluß an J. Locke entwickelt **Montesquieu** in seinem Hauptwerk De l'esprit des lois (Vom Geist der Gesetze) die Struktur eines liberalen Staates (einer konstitutionellen Monarchie) auf der Grundlage der Trennung von Exekutive (unter der Leitung des Königs), Legislative (durch das gewählte Parlament), Jurisdiktion (durch unabhängige Richter).

1750 – 1780 Die Gedanken der Aufklärung finden in Frankreich in einer großangelegten **Enzyklopädie der Wissenschaften** (28 + 7 Bände), hg. von Diderot († 1784) und d'Alembert († 1783), ihre Zusammenstellung. – Zu ihrem Kreis gehört auch **Voltaire** († 1778), der nach dem Kennenlernen des englischen Deismus sich leidenschaftlich gegen alle positive Religion und gegen die katholische Kirche wendet. Seine satirisch spöttischen Schriften sind der Genuß der gebildeten Schichten und verschärfen das antikirchliche Klima bedeutend.

seit 1750 Aufklärung und Absolutismus an den Höfen drängen den kirchlichen Einfluß zurück, der zu einem guten Teil im **Jesuitenorden** greifbar ist (er zählt 1749 22 600 Mitglieder in 39 Provinzen, leitet 669 Höhere Schulen, stellt fast überall die Hofbeichtväter). Er wird zum schwarzen Schaf der Zeit gestempelt.

1759 Vertreibung der Jesuiten aus Portugal und Brasilien, nach den Verleumdungskampagnen des Staatsministers Pombal.
1762 Das französische Parlament beschließt die Auflösung des Ordens in Frankreich (1764 Zustimmung des Königs).
1767 Vertreibung der Jesuiten aus Spanien und seinen Kolonien, ebenso aus dem Königreich Neapel.
1773 Klemens XIV. gibt dem Drängen der bourbonischen Höfe nach und verfügt die **Aufhebung des Jesuitenordens** (Breve: Dominus ac Redemptor). – In Rußland und Preußen besteht der Orden weiter, da sich Katharina II. und Friedrich II. weigern, das Breve zu verkünden.
1814 Auf Drängen der Fürsten Wiederherstellung des Ordens (s. u. S. 153).

1755 1. Nov. Ein furchtbares Erdbeben erschüttert Lissabon (30 000 Tote).

1762 Im „Contrat social" (Gesellschaftsvertrag) begründet Jean Jacques **Rousseau** den demokratischen Staat: Alle Gewalt geht vom Volk aus, die Regierenden handeln in seinem Auftrag. Der Wille des Volkes, der das Beste aller erstrebt (volonté générale) – nicht immer identisch mit dem Willen der Mehrheit (volonté de tous), die egoistisch bestimmt sein kann –, ist immer richtig und absolut verbindlich. – Rousseaus Gedanken werden von den Zeitgenossen begeistert aufgegriffen und bilden die Grundlage der revolutionären Theorien seit 1789.

seit 1775 Freiheitskriege der nordamerikanischen Kolonien.

1776 Unabhängigkeitserklärung von 13 nordamerikanischen Staaten (1783 im Frieden von Versailles von England anerkannt).

1780 – 1790 Bis in Einzelheiten des kirchlichen Le-

bens greift Kaiser Joseph II. ein (Friedrich d. Gr. nannte ihn den „Erzsakristan des Heilig Römischen Reiches"). Neue Kirchengesetze im Sinne der Aufklärung: Verbot des direkten Verkehrs der Bischöfe mit Rom, Neueinteilung und Neuerrichtung von Bistümern, Aufhebung von ca. 600 „unnützen" (meist beschaulichen) Klöstern und Bruderschaften, an deren Stelle eine einzige „Bruderschaft von der tätigen Nächstenliebe" treten sollte. – Protestanten und Orthodoxe erhalten das Recht der freien (privaten) Religionsausübung. – Starker Einfluß des **„Josephinismus"** auf Bayern, Württemberg und Baden.

1789 14. Juli: Der Sturm auf die Bastille wird zum Symbol des Ausbruchs der **Französischen Revolution.**

11. August: Aufhebung aller Privilegien von Klerus und Adel.

2. November: Einziehung des kirchlichen Besitzes

1790 13. Febr.: Aufhebung aller Orden, die nicht der Krankenpflege, der Erziehung oder der Wissenschaft dienen.

Nov.: Der Klerus wird auf die neue Verfassung verpflichtet. Eidverweigerer (zwei Drittel, darunter 129 von 133 Bischöfen) werden verhaftet, deportiert, verbannt.

1793 21. Jan.: Nach der Abschaffung des Königtums (21.9 1792) Hinrichtung der königlichen Familie. Verwüstung und Schließung zahlreicher Kirchen. Inthronisation der Göttin Vernunft (einer jungen Frau) auf dem Altar von Notre-Dame.

1795 27. Juli: Mit dem Sturz Robespierres Ende der Schreckenszeit.

1799 Mit dem Konsulat Napoleons beginnt die tolerante Haltung des Staates gegenüber der Kirche.

B. Innerkirchliche Entwicklung

Auch innerhalb der Kirche fördert die Aufklärung die Hinwendung zur Geschichte: die wissenschaftliche Tätigkeit der Mauriner begründet die kritische Kirchengeschichtsschreibung. Der Blick in die Vergangenheit hat unerwünschte Nebenwirkungen: eine neue, kritische Welle gegen den Primat des Papstes hebt an, dessen Rechte im Vergleich zur christlichen Frühzeit als übersteigert erscheinen. Die Wirren der napoleonischen Zeit verhindern diesmal den Ausbruch eines größeren Streites zwischen Bischöfen und Papst. – Lähmend für das innerkirchliche Leben wirkt sich – trotz einiger Ordensgründungen und herausragender Gestalten – die Übermacht der absolutistischen Regime aus. Unabsehbar für Mission und kirchliche Erziehung ist der Schaden, den die Aufhebung des Jesuitenordens verursacht. – Innerhalb des Protestantismus fördern pietistische Gruppen Innerlichkeit und ganzmenschliche Ergriffenheit durch den Glauben, mit einer intensiveren Hinwendung zur tätigen Nächstenliebe.

um 1700 Die Benediktinerkongregation vom hl. Maurus (1618) schafft hervorragende Quellenausgaben der Kirchenväter und entwickelt Methoden einer kritischen Geschichtswissenschaft.

1704 † **Bossuet,** der berühmteste Prediger seiner Zeit in Frankreich und Verfasser mehrerer theologischer und literarischer Werke, die zur französischen Klassik zählen (geb. 1627 in Dijon; seit 1678 Bischof von Meaux; seit 1671 Mitglied der Académie française; Erzieher des Kronprinzen).

1705 † Jakob **Spener,** lutherischer Theologe (geb. 1635 im Elsaß). Seine seit 1670 durchgeführten biblischen Erbauungsstunden („collegia pietatis") begründen den **Pietismus:** Hinwendung zur Vertiefung in die Bibel, zur praktisch-erbaulicher Predigt und zum gefühlsmäßigen religiösen Erleben. Zentrum des Pietismus werden die Universität Halle, Baden-Württemberg, Niederrhein, Westfalen.

Protestantische Missionen in Afrika bis zum Anfang des 20. Jahrhunderts

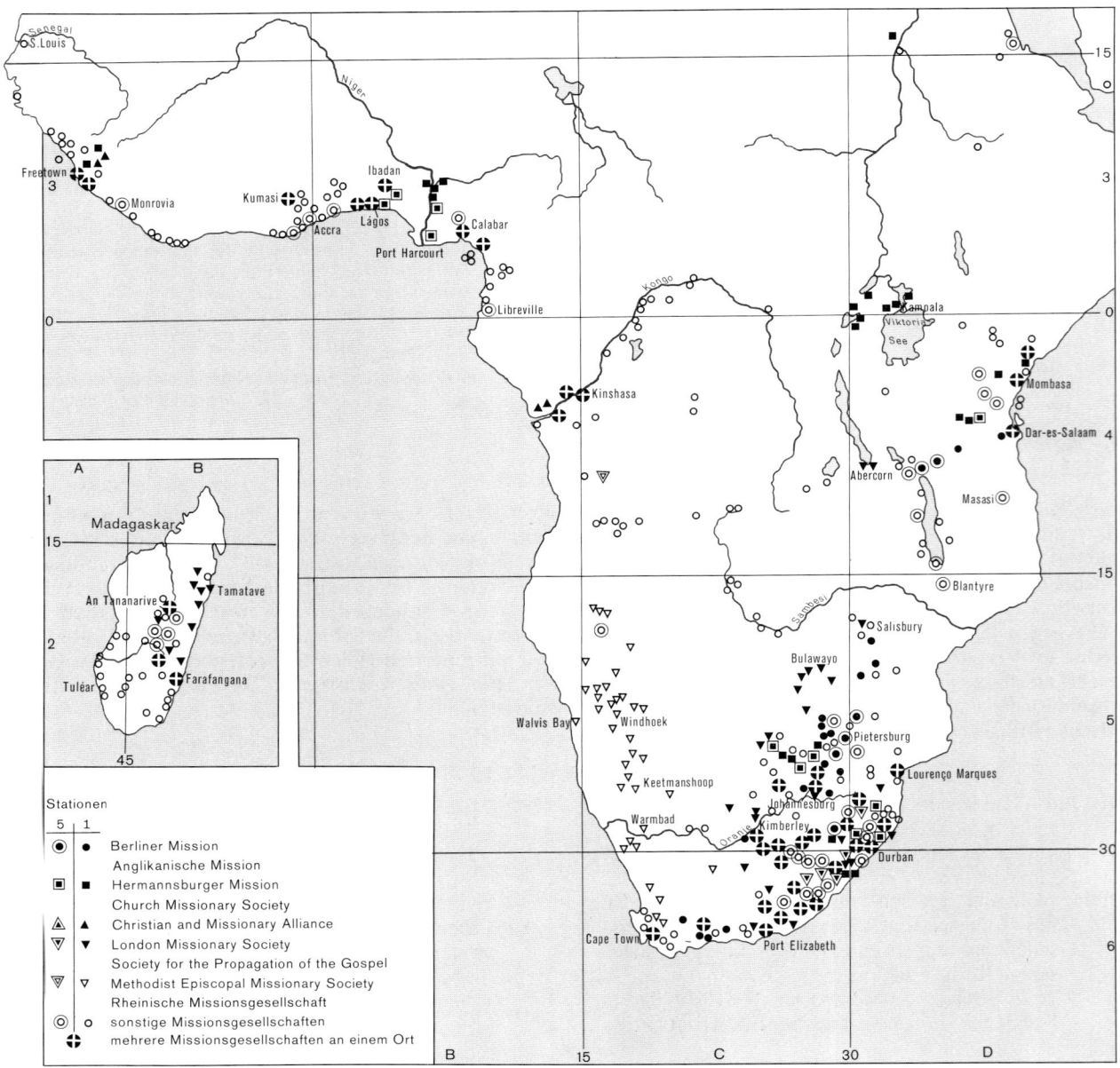

Stationen

5	1	
◉	●	Berliner Mission
		Anglikanische Mission
▣	■	Hermannsburger Mission
		Church Missionary Society
△	▲	Christian and Missionary Alliance
▽	▼	London Missionary Society
		Society for the Propagation of the Gospel
▽	▽	Methodist Episcopal Missionary Society
		Rheinische Missionsgesellschaft
◎	○	sonstige Missionsgesellschaften
✛		mehrere Missionsgesellschaften an einem Ort

1722 Um Graf von Zinzendorf sammelt sich – im Geist des Pietismus – die **„Herrnhuter Brüdergemeine"**, die eigene Niederlassungen begründet und 1732 Missionare nach Westindien und Grönland entsendet. – Mittelpunkt der Frömmigkeit ist die kindliche, unbedingte Hingabe an den uns durch das Kreuz erlösenden Heiland.

1738 In England entwickelt sich – in Kontakt mit den Herrnhuter Brüdern – die Erweckungsbewegung der **Methodisten,** durch die Brüder John und Charles Wesley (benannt von der Umwelt nach ihrer bis ins einzelne durchgeplanten Lebensweise – „methodus vitae").

1708 Klemens XI. dehnt das Fest der Unbefleckten Empfängnis Mariä, das in Österreich und Spanien schon einige Jahrzehnte gefeiert wird, auf die ganze Kirche aus.

1713 Mit der Bulle „Unigenitus" verurteilt Klemens XI. 101 Sätze aus den „Réflexions morales" des Oratorianers **Quesnel** († 1719), obwohl das Buch 1695 von Noailles, damals Bischof von Châlons und mittlerweile Kardinal von Paris, empfohlen worden war. Über die Anerkennung der Bulle entzweit sich der Klerus von Frankreich – dabei geht es ebenso um die Lehren des Jansenismus wie um die Verbindlichkeit päpstlicher Bullen überhaupt und um die Selbständigkeit der französischen Kirche.

1718 Klemens XI. verhängt über alle, die gegen die Bulle an ein Konzil appellieren, den Bann.

1720 Die französische Regierung läßt die Bulle als Staatsgesetz registrieren und geht gegen ihre Gegner vor. Der Jansenismus verliert damit entscheidend an Einfluß.

1732 **Alfons von Liguori,** geb. 1696 bei Neapel, gründet bei Amalfi für die Seelsorge unter dem einfachen Volk und für den Unterricht der Jugend den Orden der **Redemptoristen** (CSSR = Congregatio Sanctissimi Redemptoris), 1749 vom Papst bestätigt. Seit 1780 wird der neue Orden durch Klemens Maria Hofbauer, den „Apostel Wiens" (1909 heiliggesprochen), in Süddeutschland, Österreich und Polen verbreitet.

1741 Benedikt XIV. erklärt, daß Ehen zwischen Katholiken und Häretikern auch bei Nichtbeachtung der tridentinischen Form gültig seien (DS 2518).

1763 Weihbischof Hontheim von Trier veröffentlicht unter dem Decknamen **Febronius** eine Untersuchung „Über den Zustand der Kirche und die rechtmäßige Gewalt des Papstes": die oberste Regierungsgewalt in der Kirche liege in den Händen der Bischöfe als Gesamtheit, der Papst besitze nur einen Ehrenvorrang; seine Aufgabe bestehe darin, für die Einhaltung der kirchlichen Gesetze, die Reinheit des Glaubens und die Einheit in der Kirche zu sorgen; Absetzung und Bestätigung der Bischöfe, das Recht, Dispensen zu verleihen und kirchliche Ämter zu besetzen, sei eine Überschreitung der päpstlichen Kompetenz.

1764 Klemens XIII. setzt das Buch auf den Index.

1769 Die Erzbischöfe von Köln, Mainz und Trier erarbeiten eine Denkschrift im Sinne des Febronius.

1778 Auf Drängen der Kurfürsten und seines Erzbischofs sendet Bischof Hontheim einen Widerruf nach Rom.

1786 Nach Errichtung einer päpstlichen Nuntiatur in München veröffentlichen die Erzbischöfe von Köln, Mainz und Trier – um ihre Selbständigkeit besorgt – mit Rückendeckung durch Kaiser Joseph II. das Programm einer deutschen Nationalkirche, die sog. **Emser Punktation.** Die Bestrebungen verlaufen – mangels einer breiten Unterstützung im Klerus und wegen der napoleonischen Kriege – im Sande.

145

Päpste und Könige im 19. Jahrhundert

Päpste	*Österreich*	*Preußen/Dtld.*	*Frankreich*	*Rußland*	*England*
1800–1823 Pius VII.	Franz II. 1792–1806 (als dt.-österr. Kaiser) Franz I. 1806–1835 (als österr. Kaiser)	Friedrich Wilhelm III. 1797–1840	Napoleon I. 1804–1814 Ludwig XVIII. 1814–1824	Alexander I. 1801–1825	Georg III. 1760–1820
1823–1829 Leo XII.			Karl X. 1824–1830	Nikolaus I. 1825–1855	Georg IV. 1820–1830
1829–1830 Pius VIII.	Ferdinand I. 1835–1848	Friedrich Wilhelm IV. 1840–1861	Louis Philippe 1830–1848 (1848–52		Wilhelm IV. 1830–1837
1831–1846 Gregor XVI.	Franz Joseph I. 1848–1916	Wilhelm I. 1861–1888	II. Republik) Napoleon III. 1852–1870 (1871–1939 III. Republik)	Alexander II. 1855–1881 Alexander III. 1881–1894	Viktoria 1837–1901
1846–1878 Pius IX.					
1878–1903 Leo XIII.		Friedrich III. 1888 Wilhelm II. 1888–1918		Nikolaus II. 1894–1917	

19. Jahrhundert

Das Ende des Kirchenstaates

A. Kirche und Umwelt

Das Ereignis Napoleon endet nicht mit seiner endgültigen Niederlage 1815. Viele Maßnahmen Napoleons werden auch von den Siegern nicht angetastet. Zwar wird in „Heiliger Allianz" und Restauration der liberale Geist als Gefahr der Monarchien bekämpft, doch der gleiche Geist hält an der 1803 getroffenen Säkularisation fest und verleitet die Regierungen dazu, in der Kirche einen vom Staat zu trennenden Verband zu sehen, der andern weltanschaulichen Vereinigungen gleichgestellt ist und nur nach Maßgabe seines sozialen Nutzens vom Staat gefördert oder zugelassen werden kann. Die Kirche protestiert mit traditionellen Mitteln – vor allem der Exkommunikation – gegen das Unrecht, ruft jedoch nirgends zum aktiven Widerstand gegen den Staat auf. Ihre der weltlichen Macht gegenüber bezeugte Loyalität ebnet den Weg zu einer schrittweisen Verbesserung des Klimas, wobei die Kirche, trotz des Verlustes an wirtschaftlicher und politischer Macht, als moralische Autorität neues Gehör findet.

1801 15. Juli: Abschluß eines **Konkordates** zwischen Napoleon und dem Heiligen Stuhl: die freie Ausübung des Gottesdienstes wird zugesichert, eine Neueinteilung der Diözesen – nach Rücktritt aller amtierenden Bischöfe – in Aussicht gestellt; Bischofskandidaten werden vom Ersten Konsul präsentiert; die Kirche verzichtet auf die in der Revolution eingezogenen Güter, der Staat übernimmt die ‚angemessene Besoldung' der Geistlichen.

1802 18. April: Den Konkordatstext veröffentlicht Napoleon unter eigenmächtiger Hinzufügung von 77 „Organischen Artikeln", die die Unterordnung der Kirche verstärken: Verbot, päpstliche Dokumente ohne staatliche Erlaubnis zu veröffentlichen, Synoden ohne Genehmigung abzuhalten; Einführung eines von der Regierung kontrollierten Einheitskatechismus.

1803 Der Reichsdeputationshauptschluß, der die Entschädigung deutscher Fürsten für die Abgabe linksrheinischer Gebiete an Frankreich regelt, sanktioniert am 27. April den fast vollständigen Einzug der Kirchengüter **(Säkularisation)**. (Preußen erhält das 5fache, Baden das 7fache, Württemberg das 4fache seines Verlustes).

1804 Durch Volksabstimmung läßt sich **Napoleon** zum **Kaiser der Franzosen** wählen. Pius VII. salbt ihn am 2. Dezember in der Kathedrale Notre-Dame zu Paris – die Krone setzt sich Napoleon selbst auf.

1806 6. Aug.: Auf ein Ultimatum Napoleons hin legt Kaiser Franz II. die römisch-deutsche Kaiserkrone nieder – das **Ende des Heiligen Römischen Reiches Deutscher Nation.**

1809 17. Mai: Napoleon verfügt die Vereinigung des Kirchenstaates mit dem französischen Kaiserreich. – Pius VII. exkommuniziert daraufhin (10. Juni) die „Räuber des Patrimonium Petri"; Napoleon läßt den Papst nach Savona bringen und von seinen Mitarbeitern isolieren.

1813 Den entkräfteten Papst zwingt Napoleon in Fon-

Die Umorganisation der katholischen Kirche in Deutschland 1802–1821

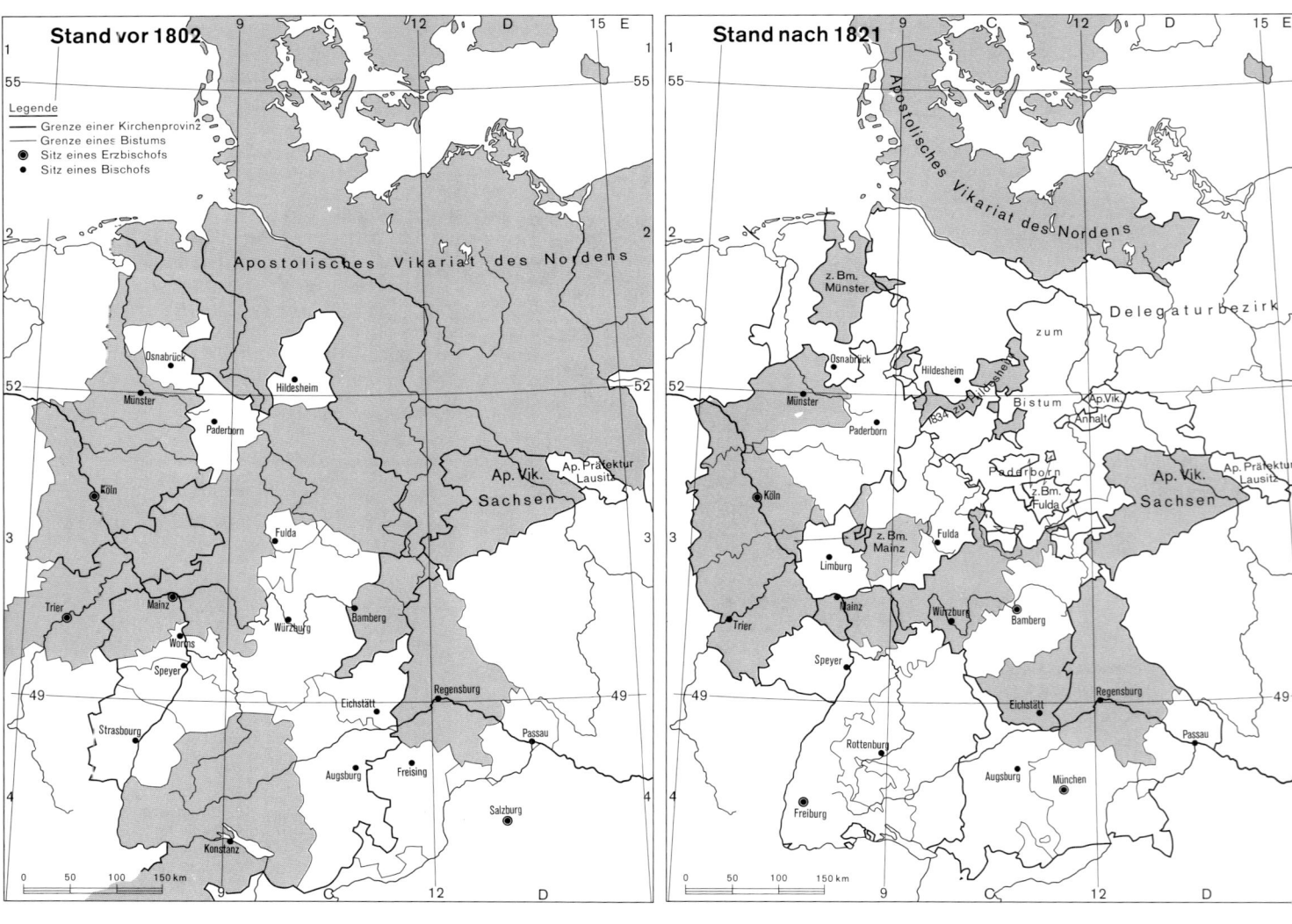

Stand vor 1802

Legende
— Grenze einer Kirchenprovinz
— Grenze eines Bistums
◉ Sitz eines Erzbischofs
● Sitz eines Bischofs

Apostolisches Vikariat des Nordens

Osnabrück
Münster
Hildesheim
Paderborn
Ap. Vik. Sachsen
Ap. Präfektur Lausitz
Köln
Fulda
Trier
Mainz
Würzburg
Bamberg
Worms
Speyer
Eichstätt
Regensburg
Strasbourg
Passau
Augsburg
Freising
Salzburg
Konstanz

0 50 100 150 km

Stand nach 1821

Apostolisches Vikariat des Nordens

Delegaturbezirk

z. Bm. Münster
zum
Bistum
1834 zu München
Osnabrück
Hildesheim
Münster
Paderborn
Ap.Vik. Anhalt
Paderborn
z. Bm. Fulda
z. Bm. Mainz
Ap. Vik. Sachsen
Ap. Präfektur Lausitz
Köln
Fulda
Limburg
Würzburg
Bamberg
Trier
Mainz
Speyer
Rottenburg
Eichstätt
Regensburg
Passau
Augsburg
München
Freiburg

0 50 100 150 km

tainebleau, eine Konvention zu unterzeichnen (25. Jan.), die er – entgegen aller Vereinbarung – sogleich als Konkordat von Fontainebleau veröffentlicht. Bereits am 28. März nimmt der Papst die Zugeständnisse – u. a. Residenz des Papstes in Rom oder Frankreich, Recht des Kaisers, die Bischöfe zu ernennen – zurück.

1815 Wiederherstellung des Kirchenstaates auf dem **Wiener Kongreß**. Die Kurie verzichtet stillschweigend auf die Rückerstattung des säkularisierten Kirchengutes in Deutschland. – In der **Heiligen Allianz** verpflichten sich die Monarchen von Rußland, Österreich und Preußen, ihre Untertanen im Sinn der Hl. Schrift als Familienväter zu leiten und Religion, Frieden und Gerechtigkeit zu schützen. – Zahlreiche Konkordate stellen die Beziehung zwischen Kirche und Staat auf eine neue Grundlage: Frankreich 1817, Bayern 1817, Piemont-Sardinien 1817, Neapel 1818; Zirkumskriptionsbullen mit „Kongreßpolen" 1818, Preußen und den südwestdt. Staaten 1821.

1825 – 1838 Kölner Kirchenstreit. Die Ausdehnung einer seit 1803 für den preußischen Osten geltenden Regelung, daß bei Mischehen das Kind in der Religion des Vaters zu erziehen sei, auf das Rheinland und Westfalen, erregt den Widerstand der katholischen Geistlichkeit – gestützt seit 1830 durch ein Breve (Litteris altero abhinc anno) Pius' VIII. Der Kölner Erzbischof Graf Spiegel einigt sich zunächst in einer geheimen Konvention mit der preußischen Regierung, daß das Versprechen katholischer Kindererziehung vor der Eheschließung nicht abgelegt werden müsse. Als die Absprache bekannt wird und der Nachfolger Spiegels, Bischof Klemens August von Droste zu Vischering – nach dem Protest der Kurie – davon abrückt, läßt ihn die Regierung 1837 verhaften (das sog. Kölner Ereignis). Die Stärke des öffentlichen Protestes zwingt die Regierung zum Nachgeben: vor der kirchlichen Trauung dürfen „Erkundigungen" über die konfessionelle Kindererziehung eingeholt werden.

1829 Den Katholiken in England (ca. 70 000) wird die volle bürgerliche Gleichstellung – und damit der Zugang zu allen Staatsämtern – gewährt.

1831 – 1832 Verschiedene **Aufstände im Kirchenstaat** werden mit Hilfe österreichischer Truppen niedergeschlagen.

1847 Die seit 1825 in Gang befindliche gewaltsame Eingliederung der Katholiken in Rußland-Polen in die Staatskirche hofft Gregor XVI. durch das **Konkordat mit Nikolaus I.** zu beenden. Die Bestimmungen – in Rußland erst 1856 veröffentlicht – bleiben jedoch auf dem Papier.

1848 14. 3. Die Einführung einer **Verfassung im Kirchenstaat** vermag die nationale Bewegung nicht mehr zu dämpfen (Ermordung des päpstlichen Ministerpräsidenten Rossi am 15. 11.). Am 24. 11. weicht Pius IX. nach Gaeta aus.

1849 9. Febr.: Proklamation der Republik in Rom (Regierung Mazzini, Saffi und Armellini). Französische Truppen stellen auf Anforderung des Papstes die Ordnung wieder her. Rückkehr des Papstes (1850).

1860 Der größere Teil des Kirchenstaates – Romagna, Marken, Umbrien – schließt sich dem Königreich Sardinien an.

1867 Ein zweiter Einfall Garibaldis in den Kirchenstaat (nach der Niederlage bei Aspromonte 1862) wird durch französisch-päpstliche Truppen zurückgeschlagen.

1870 Nach dem Abzug der französischen Truppen – nach der Niederlage Napoleons III. bei Sedan gegenüber Deutschland – besetzt Piemont Rom (20. 9.).

1871 Rom wird zur **Hauptstadt des Königreiches Italien** (Viktor Emmanuel II.) erklärt. Dem Papst wird der Vatikan und Castelgandolfo als Wohnsitz zugesprochen, seine Unverletzlichkeit wird garantiert, eine Jahresrente von $3\frac{1}{4}$ Mio. Lire festgesetzt. Die Ablehnung dieses Status durch Pius IX. hält (bis 1929) die „römische Frage" als Dauerspannung zur italienischen Regierung offen.

1874 Der Papst untersagt den Katholiken Italiens die Teilnahme an den politischen Wahlen des Königreichs (Dekret „Non expedit"). Die Teilnahme an Stadt- und Provinzwahlen wird 1876 freigegeben.

1849 Bürgerliche Gleichstellung der Katholiken in Dänemark (ca. 700). – Nach dem Sturz Metter-

Briefwechsel zwischen Pius IX. und Wilhelm I. während des Kulturkampfes

Brief des Papstes Pius IX. an den deutschen Kaiser Wilhelm I.:

„Majestät! Alle Anordnungen, welche seit einiger Zeit von der Regierung Eurer Majestät getroffen werden, zielen immer mehr auf die Zerstörung des Katholizismus hin. Wenn ich indessen bei mir selber über die Ursachen nachdenke, welche zu jenen sehr harten Maßregeln die Veranlassung gegeben haben können, so gestehe ich ein, keine zu finden. Anderseits sagt man mir, daß Eure Majestät die Haltung Ihrer Regierung nicht billige und die Strenge der Maßregeln gegen die katholische Religion nicht gutheiße. Aber wenn es wahr ist, daß Eure Majestät dies nicht billigt, und die Briefe, welche Sie in vergangener Zeit geschrieben hat, würden es zur Genüge beweisen, daß Sie nicht billigen kann, was alles jetzt geschieht, wenn Eure Majestät, sage ich, es nicht billigt, daß von Ihrer Regierung auf der begonnenen Bahn weiter fortgeschritten wird und die harten Maßregeln gegen die Religion Jesu Christi vervielfältigt werden, die indessen der letzteren zu so großem Nachteile gereichen, wird Eure Majestät dann versichert sein, daß dieselben nichts anderes zuwege bringen, als den Thron Eurer Majestät selber zu unterwühlen? Ich spreche mit Freimut, denn die Wahrheit ist mein Panier, und ich spreche, um einer meiner Pflichten in erschöpfendem Maße nachzukommen, die mir auferlegt, allen das Wahre zu sagen, und auch dem, der nicht Katholik ist; denn jeder, welcher die Taufe empfangen hat, gehört in irgendeiner Art und in irgendeiner Weise, welche (hier) nicht der Ort ist, darzulegen, gehört, sage ich, dem Papste an. Ich bin überzeugt, daß Eure Majestät mit Ihrer gewohnten Courtoisie meine Erwägungen entgegennehmen und diejenigen Maßregeln ergreifen wird, welche im vorliegenden Falle erfordert werden. Unterdessen bitte ich Gott mit der Fülle von Ehrfurcht und Ergebung, Sie mit mir mit den Banden der gleichen Liebe zu vereinigen.

Aus dem Vatikan, 7. August 1873.   *Pio, p.m.*"

Brief Kaiser Wilhelms I. an Pius IX.:

„Berlin, den 3. September 1873.

Ich bin erfreut, daß Eure Heiligkeit Mir, wie in früheren Zeiten, die Ehre erweisen, Mir zu schreiben; Ich bin es um so mehr, als Mir dadurch die Gelegenheit zuteil wird, Irrtümer zu berichtigen, welche nach Inhalt des Schreibens Eurer Heiligkeit vom 7. August in den Ihnen über deutsche Verhältnisse zugegangenen Meldungen vorgekommen sein müssen. Wenn die Berichte, welche Eurer Heiligkeit über deutsche Verhältnisse erstattet werden, nur Wahrheit meldeten, so wäre es nicht möglich, daß Eure Heiligkeit der Vermutung Raum geben könnten, daß Meine Regierung Bahnen einschlüge, welche Ich nicht billigte. Nach der Verfassung Meiner Staaten kann ein solcher Fall nicht eintreten, da die Gesetze und Regierungsmaßregeln in Preußen Meiner landesherrlichen Zustimmung bedürfen.

Zu meinem tiefen Schmerze hat ein Teil Meiner katholischen Untertanen seit zwei Jahren eine politische Partei organisiert, welche den in Preußen seit Jahrhunderten bestehenden konfessionellen Frieden durch staatsfeindliche Umtriebe zu stören sucht. Leider haben höhere katholische Geistliche diese Bewegung nicht nur gebilligt, sondern sich ihr bis zur offenen Auflehnung gegen die bestehenden Landesgesetze angeschlossen.

Der Wahrnehmung Eurer Heiligkeit wird nicht entgangen sein, daß ähnliche Erscheinungen sich gegenwärtig in der Mehrzahl der europäischen und in einigen überseeischen Staaten wiederholen.

Es ist nicht Meine Aufgabe, die Ursachen zu untersuchen, durch welche Priester und Gläubige einer der christlichen Konfessionen bewogen werden können, den Feinden jeder staatlichen Ordnung in Bekämpfung der letzteren behilflich zu sein; wohl aber ist es Meine Aufgabe, in den Staaten, deren Regierung Mir von Gott anvertraut ist, den innern Frieden zu schützen und das Ansehen der Gesetze zu wahren.

Ich bin Mir bewußt, daß Ich über Erfüllung dieser Meiner königlichen Pflicht Gott Rechenschaft schuldig bin, und Ich werde Ordnung und Gesetz in Meinen Staaten jeder Anfechtung gegenüber aufrecht halten, solange Gott Mir die Macht dazu verleiht; Ich bin als christlicher Monarch dazu verpflichtet, auch da, wo Ich zu Meinem Schmerz diesen königlichen Beruf gegen die Diener einer Kirche zu erfüllen habe, von der Ich annehme, daß sie nicht minder wie die evangelische Kirche das Gebot des Gehorsams gegen die weltliche Obrigkeit als einen Ausfluß des uns geoffenbarten göttlichen Willens erkennt.

Zu meinem Bedauern verleugnen viele der Eurer Heiligkeit unterworfenen Geistlichen in Preußen die christliche Lehre in dieser Richtung und setzen Meine Regierung in die Notwendigkeit, gestützt auf die große Mehrzahl Meiner treuen katholi-

nichs erhält die Kirche in Österreich das Recht zu selbständiger Ordnung und Verwaltung.

1852 Katholische Abgeordnete des preußischen Landtags schließen sich zur „katholischen Fraktion" zusammen – sie nennt sich seit 1858 **Zentrumspartei.**

1871 Antikatholische Maßnahmen des preußischen Ministerpräsidenten Otto v. Bismarck, der die Zentrumspartei als Sammlung der Reichsfeinde betrachtet, lösen den **Kulturkampf** aus.

Juli 1871 Aufhebung der katholischen Abteilung im Kultusministerium.

Dez. 1871 Einfügung des „Kanzelparagraphen" ins Strafgesetzbuch: Geistliche dürfen in Ausübung ihres Amtes staatliche Angelegenheiten nicht „in einer den öffentlichen Frieden gefährdenden Weise" behandeln.

März 1872 Schulaufsichtsgesetz in Preußen; katholische Ordensangehörige werden vom Lehrberuf an öffentlichen Schulen ausgeschlossen.

Juli 1872 Jesuitengesetz; Auflösung aller Niederlassungen der Jesuiten und verwandter Orden (Redemptoristen, Lazaristen).

Mai 1873 Maigesetze: Errichtung eines königlichen Gerichtshofes für kirchliche Angelegenheiten; die Übertragung eines geistlichen Amtes wird von der Zustimmung des Staates abhängig gemacht. – Prozesse gegen oppositionelle Bischöfe (5 von 11 preußischen Bischöfen verbringen zwischen 1874–75 mehrere Monate im Gefängnis).

März 1874 Die Zivilehe wird verbindlich vorgeschrieben.

Febr. 1875 Pius IX. erklärt die Maigesetze für ungültig und verhängt die Exkommunikation über alle, die sich an ihrer Durchführung beteiligen.

April 1875 Im sog. „Brotkorbgesetz" verfügt Preußen die Einstellung aller Geldleistungen des Staates an die Kirche.

Mai 1875 Ordensgesetz: neue Orden und Kongregationen werden in Preußen nicht mehr zugelassen; die bestehenden sollen innerhalb von vier Jahren aufgelöst werden.

seit 1878 Bismarck entschließt sich zur allmählichen Einstellung des Kirchenkampfes; die erlassenen Gesetze werden durch Novellen geändert bzw. rückgängig gemacht.

seit 1879 Antikirchliche Maßnahmen der 3. Republik in **Frankreich**: Kirchlichen Hochschulen wird das Recht, akademische Grade zu verleihen, entzogen (1879); Auflösung der Jesuitenniederlassungen (1880); Verpflichtung der Geistlichen zum Militärdienst; Abschaffung des Religionsunterrichts in staatlichen Schulen; Erleichterung der Ehescheidung.

1903–1904 Ausweisung von etwa 20000 Ordensleuten. Die Lehrfreiheit wird 1904 durch Gesetz allen Ordensleuten verweigert (7. Juli).

1905 Parlamentarischer Beschluß zur **Trennung von Kirche und Staat.**

B. Innerkirchliche Entwicklung

Der dürre Rationalismus der Aufklärung provoziert die nun aufkommenden Reaktionen: Erweckungsbewegungen, Ordensgründungen, neue Wallfahrten auf dem Gebiet der Frömmigkeit, in der Theologie die Hinwendung zu Mystik und Gefühl, zur Geschichte, Bibel und zum Offenbarungsglauben. Die gewonnene Distanz zum Idealismus ermöglicht es, ihn in neuen theologischen Synthesen mit der traditionellen Theologie zu verbinden. – Die verneinende Haltung der Kirche gegenüber Liberalismus, Sozialismus, die Erklärung der päpstlichen Unfehlbarkeit scheinen eher Verteidigungsgesten als Programm: sie spielen in den kommenden Jahrzehnten keine wesentliche Rolle – die erste Unfehlbarkeit beanspruchende päpstliche Entscheidung erfolgt erst 1950 (Dogma der leiblichen Aufnahme Mariens in den Himmel). Entscheidender ist das Aufgreifen sozialer Fragen durch das oberste Lehramt. Es signalisiert eine neue Aufmerksamkeit und Verantwortung der Kirche in der Welt, die sich im 20. Jahrhundert weiter entfaltet.

schen und evangelischen Untertanen, die Befolgung der Landesgesetze durch weltliche Mittel zu erzwingen.

Ich gebe Mich gern der Hoffnung hin, daß Eure Heiligkeit, wenn von der wahren Lage der Dinge unterrichtet, Ihre Autorität werden anwenden wollen, um der unter bedauerlicher Entstellung der Wahrheit und unter Mißbrauch des priesterlichen Ansehens betriebenen Agitation ein Ende zu machen. Die Religion Jesu Christi hat, wie Ich Eurer Heiligkeit vor Gott bezeuge, mit diesen Umtrieben nichts zu tun, auch nicht die Wahrheit, zu deren von Eurer Heiligkeit angerufenen Panier Ich mich rückhaltlos bekenne.

Noch eine Äußerung in dem Schreiben Eurer Heiligkeit kann ich nicht ohne Widerspruch übergehen, wenn sie auch nicht auf irrigen Berichterstattungen, sondern auf Eurer Heiligkeit Glauben beruht, die Äußerung nämlich, daß jeder, der die Taufe empfangen hat, dem Papste angehöre. Der evangelische Glaube, zu dem Ich Mich, wie Eurer Heiligkeit bekannt sein muß, gleich Meinen Vorfahren und mit der Mehrheit Meiner Untertanen bekenne, gestattet uns nicht, in dem Verhältnis zu Gott einen andern Vermittler als unsern Herrn Jesum Christum anzunehmen.

Diese Verschiedenheit des Glaubens hält Mich nicht ab, mit denen, welche den unsern nicht teilen, in Frieden zu leben und Eurer Heiligkeit den Ausdruck Meiner persönlichen Ergebenheit und Verehrung darzubringen.   *Wilhelm.*"

Carl Mirbt, Quellen zur Geschichte des Papsttums und des römischen Katholizismus, Tübingen: J. C. B. Mohr ²1901, S. 386ff. Übers. des Papstbriefs von N. Siegfried.

„Über das unfehlbare Lehramt des Papstes"

(I. Vatikanisches Konzil, Konstitution „Pastor aeternus" über die Kirche Christi, Kap. IV, vom 18. 7. 1870 [Sessio IV]).

„Im apostolischen Primat, den der Papst als Nachfolger des Apostelfürsten über die Gesamtkirche innehat, ist auch die Vollmacht des Lehramtes einbeschlossen – das war immer die Überzeugung des Heiligen Stuhles, das beweist auch die ständige Praxis der Kirche, dasselbe haben die ökumenischen Konzilien, besonders jene erklärt, in denen der Osten mit dem Westen zusammentraf, um die Einheit des Glaubens und der Liebe wiederherzustellen. Die Väter des IV. Konzils von Konstantinopel gaben – im Anschluß an ihre Vorfahren – folgendes feierliches Bekenntnis ab: An erster Stelle dient zum Heile, das wahre Glaubensbekenntnis zu behüten. Dabei kann das Wort unseres Herrn Jesus Christus nicht übergangen werden: ,Du bist Petrus, und auf diesen Felsen will ich meine Kirche bauen' (Mt 16, 18). Das Gesagte wird durch die Tatsachen bestätigt: der Apostolische Stuhl hat die katholische Religion immer unbefleckt erhalten und die heilige Lehre vertreten. Von solchem

Legende
siehe S. 144

1800 Wegen der Besetzung Roms durch die Franzosen findet das Konklave, das mit der Wahl Pius' VII. endet, in Venedig statt – unter österreichischem Schutz.

1814 Pius VII. stellt den 1773 aufgehobenen **Jesuitenorden** wieder her (Bulle: Sollicitudo omnium ecclesiarum). Der Orden erlebt in kurzer Zeit einen gewaltigen Aufschwung.

1817 Die **Einigung zwischen Lutheranern und Reformierten** wird – im Anschluß an das 300jährige Reformationsjubiläum – auf Drängen Friedrich Wilhelms III. in Preußen eingeführt. Kirchliche Regelungen durch die Regierung führen indes zu solchen Widerständen, daß Friedrich Wilhelm IV. 1841 die Bildung einer getrennten evangelisch-lutherischen Kirche gestattet.

seit 1830 Religiöse Erweckungsbewegungen vor allem im englischen Sprachraum. In den USA bildet sich nach der Veröffentlichung des „Buches Mormon" durch Joe Smith die Gemeinschaft der **Mormonen**, mit Salt Lake City als Zentrum. Erwartung des 1000jährigen Reiches Christi. Ihre Forderung der Polygamie (später zurückgenommen) führt zunächst zu Verboten durch die Regierung.

In London gründet 1830 der Presbyterianer Edward Irving († 1834) die **Apostolisch-katholische Kirche** (Irvingianer), die sich an der Urkirche orientiert (Ämter: Apostel, Propheten, Evangelisten, Hirten) und das baldige Kommen Christi erwartet. 1907 zweigt sich in Deutschland die **Neuapostolische Gemeinde** ab (1953 ca. 400 000 Mitglieder).

Der Farmer William Miller († 1849) verkündet das nahende Weltende für 1844. Seine Anhänger, die **Adventisten**, bleiben auch nach dem verstrichenen Termin als kirchliche Gemeinschaft bestehen, wenn auch in mehrere Gruppen gespalten. (Die wichtigste, die Adventisten vom 7. Tag, zählt heute ca. 2,7 Mio. Mitglieder; BRD: 27 000). Erwachsenentaufe, Feier des Sabbats, Erwartung der baldigen Wiederkunft Christi.

um 1830 **Johann Sebastian Drey** († 1851) begründet – zusammen mit Joh. Baptist Hirscher († 1865) und Joh. Adam Möhler († 1838) – die kath. **Tübinger Schule:** eine neue Synthese der christlichen Grunddogmen, die sowohl die philosophische Dialektik Hegels wie die Ergebnisse der historisch-kritischen Forschung berücksichtigt und mit der traditionellen Theologie verbindet.

1832 Die Forderung einiger Theologen (Lamennais, Lacordaire, Montalembert) nach politischer Freiheit für alle Völker und nach Trennung von Kirche und Staat, wird von Gregor XVI. verurteilt (Enzyklika „Mirari vos"). Ebenso wendet sich der Papst gegen die Gewährung allgemeiner Gewissensfreiheit.

1834 † Friedrich **Schleiermacher** (geb. 1768 in Breslau; Professor der Theologie in Halle und Berlin). Seine Auffassung der Religion als „unmittelbares Gefühl der schlechthinnigen Abhängigkeit von dem Unendlichen" übt tiefen Einfluß auf die weitere Entwicklung der protestantischen Theologie aus.

1835 In einer Analyse der bisherigen Leben-Jesu-Forschung kommt David Friedrich **Strauß** (geb. 1808) zu dem Ergebnis, daß die Gestalt Christi nicht historisch, sondern die mythologische Gestalt einer Idee sei. Die Auseinandersetzung um sein „Leben Jesu" bestimmt die weitere protestantische Leben-Jesu-Forschung des 19. Jh.

1889 † Albrecht **Ritschl** (geb. 1822, seit 1864 Professor in Göttingen). Sein Einfluß auf die protestantische Theologie ist mit Schleiermacher vergleichbar. Dogmatik müsse immer von einem Standort innerhalb der Gemeinde betrieben werden; natürliche Theologie und Metaphysik könnten nicht als Stütze des Glaubens dienen; Quelle der Dogmatik sei auch nicht das christlich-fromme Selbstbewußtsein (gegen Schleiermacher!), sondern das Evangelium.

1835 Gregor XVI. verurteilt den Versuch des Bonner Dogmatikers Georg **Hermes** († 1831), die christlichen Dogmen – im Anschluß an Kant – als Postulate der praktischen Vernunft zu beweisen. Darauf scharfes Einschreiten des Kölner Erzbischofs Klemens August von Droste zu Vischering gegen die Hermesianer.

Glauben und solcher Lehre wollen Wir Uns deshalb in keiner Weise entfernen; Wir hoffen, daß es Uns vergönnt ist, in der einen Gemeinschaft zu leben, in der die Kraft der christlichen Religion vollständig und in Wahrheit vorhanden ist. Unter Zustimmung des II. Konzils von Lyon haben die Griechen das Bekenntnis abgelegt: ‚Die heilige römische Kirche besitzt den obersten und vollen Primat und Prinzipat über die gesamte katholische Kirche; sie hat ihn, so anerkennt sie in Wahrheit und Demut, vom Herrn selbst in der Person des Petrus, dem Ersten oder dem Oberhaupt der Apostel, dessen Nachfolger der Papst ist, mit allen dazugehörigen Vollmachten empfangen. Und wie sie mehr als andere gehalten ist, die Wahrheit des Glaubens zu verteidigen, so sind ihrem Urteil auch die Streitfragen in Sachen des Glaubens zu unterstellen.' – Das Konzil von Florenz schließlich hat festgestellt: ‚Der Papst, in Wahrheit Stellvertreter Christi, ist das Haupt der ganzen Kirche, der Vater und Lehrer aller Christen; ihm ist in der Person des Petrus die volle Gewalt, die Gesamtkirche zu weiden, zu leiten und zu regieren von unserem Herrn Jesus Christus übergeben worden.'

Um dieser seelsorglichen Aufgabe zu genügen, haben sich Unsere Vorgänger unermüdlich dafür eingesetzt, daß die heilbringende Lehre Christi bei allen Völkern verkündet werde. Mit gleicher Sorge wachten sie darüber, daß, wo die Lehre aufgenommen ward, sie auch rein und unverfälscht erhalten wurde. Deshalb haben die kirchlichen Vorsteher auf der ganzen Erde, einzeln oder als Synode, besonders die Gefahren, die in Sachen des Glaubens auftauchten, an den Apostolischen Stuhl überwiesen, damit vor allem dort, wo der Glaube keine Einbuße erleiden kann, Schäden für den Glauben behoben würden; sie folgten dabei einer langbestehenden Gewohnheit der Kirche und einem alten Grundsatz.

Die Päpste aber haben, je nach der Situation, durch ökumenische Konzilien oder nachdem sie die Meinung der über den Erdkreis verstreuten Kirche eingeholt hatten, oder durch Synoden und andere Hilfsmittel, die die göttliche Vorsehung ermöglichte, das als Glaubensregel vorgeschrieben, von dem sie mit Gottes Hilfe erkannt hatten, daß es den Heiligen Schriften und den apostolischen Traditionen entspricht. Denn der Heilige Geist ist den Nachfolgern Petri nicht zu dem Zweck verheißen worden, daß sie von ihm eine Offenbarung empfangen und eine neue Lehre eröffnen sollten, sondern mit seiner Hilfe sollten sie die von den Aposteln weitergegebene Offenbarung bzw. den Glaubensschatz in Heiligkeit bewahren und in Treue darlegen.

Ihre apostolische Lehre haben alle Kirchenväter in Hochschätzung aufgenommen, die heiligen rechtgläubigen Kirchenlehrer haben sie geachtet und sind ihr gefolgt; sie waren sich dabei voll bewußt, daß dieser Stuhl des hl. Petrus immer von allen Irrtümern unbefleckt bleibt, gemäß dem göttlichen Versprechen unseres Herrn Erlösers, das er dem Ersten seiner Jünger gab: ‚Ich habe für dich gebetet, daß dein Glaube nicht wanke. Du stärke dereinst deine Brüder!' (Lk 22,32.)

Dieses Charisma der Wahrheit und des Glaubens, die unbeeinträchtigt bleiben, wurde von göttlicher Seite dem Petrus und seinen Nachfolgern im Amt gegeben, damit sie ihre erhabene Aufgabe zum Heile aller wahrnehmen. So soll durch sie die gesamte Herde Christi von der giftigen Speise des Irrtums ferngehalten und mit dem Futter himmlischer Lehre genährt werden, damit – indem für ein Schisma kein Raum besteht – die ganze Kirche als *eine* erhalten bleibe und dadurch, daß sie sich auf ihr Fundament stützt, den Pforten der Hölle standhält.

Leider finden sich zu unserer Zeit, in der die heilbringende Wirkkraft des apostolischen Amtes gerade besonders erforderlich ist, nicht wenige, die seiner Autorität Abbruch tun. Wir halten es deshalb für durchaus notwendig, den Anspruch, den der eingeborene Sohn Gottes mit dem Hirtenamt verbinden wollte, feierlich zu betonen.

Deshalb lehren und definieren Wir, indem Wir der Tradition, wie wir sie seit Beginn des christlichen Glaubens wahrnehmen, treu anhangen, zum Ruhm Gottes unseres Erlösers, zur Hochschätzung der katholischen Religion und zum Heil der christlichen Völker, unter Zustimmung des heiligen Konzils, folgendes als von Gott geoffenbartes Dogma: Wenn der Papst ex cathedra spricht, d. h. wenn er sein Amt als Hirte und Lehrer aller Völker wahrnimmt und in höchster apostolischer Autorität in Sachen des Glaubens oder der Sitte eine Lehre als von der ganzen Kirche anzunehmen definiert, er durch göttlichen Beistand, der ihm in Petrus versprochen wurde, sich jener Unfehlbarkeit erfreut, mit welcher der göttliche Erlöser seine Kirche bei der Definition von Glaubens- und Sittenfragen ausgestattet sehen wollte; und deshalb sind derartige Definitionen des Papstes aus sich heraus, nicht aber aufgrund der Zustimmung der Kirche, unwiderruflich.

Wenn einer, was Gott verhüten möge, dieser Unserer Definition zu widersprechen wagt, so verfalle er dem Anathema."

Conciliorum Oecumenicorum Decreta, Freiburg 1962, S. 791f. – Übers. von R. Fröhlich.

Wie gegen die Überschätzung der Vernunft wendet sich Gregor auch gegen den in Frankreich (Vicomte de Bonald; Abbé Bautain) aufkommenden **Traditionalismus**, der die Unfähigkeit der Vernunft, Gott zu erkennen, behauptet und deshalb alle Grundlagen der geistig-sittlichen Ordnung auf die Offenbarung (und ihre Weitergabe in der Tradition) zurückführt.

1848 Johann Joseph von Görres. Geb. 1776 in Koblenz; 1819 Herausgeber des Rheinischen Merkur, in dem er eine freiheitliche Verfassung für ein föderalistisch geeintes Deutschland fordert; seit 1827 Professor für Geschichte in München, 20 Jahre lang die führende Persönlichkeit im Kampf gegen das Staatskirchentum.
Okt.: **Erster Katholikentag** in Mainz. – In Würzburg **erste deutsche Bischofskonferenz.**

1854 Dogma der Unbefleckten Empfängnis Mariä (Pius IX., Bulle „Ineffabilis Deus").

1858 18 Muttergotteserscheinungen vor Bernadette Soubirous (geb. 1844 als Tochter eines Müllers, 1866 Eintritt ins Kloster, † 1879, 1933 heiliggesprochen) begründen **Lourdes** als größten Wallfahrtsort Frankreichs.

1859 Gründung des **Salesianerordens** in Turin durch Don Bosco († 1888) zur Erziehung der Jugend. – † Johann Baptist Vianney, 40 Jahre lang **Pfarrer von Ars** (bei Lyon) (1925 heiliggesprochen).

1864 **Pius IX.** veröffentlicht eine Zusammenstellung von 80 hauptsächlichen Irrtümern der Zeit, den sog. **Syllabus** (errorum).
In seinem Buch „Die Arbeiterfrage und das Christentum" begründet **Bischof Ketteler** von Mainz, daß das Arbeiterproblem nur durch eine Neuorganisation der Gesellschaft, die weder liberal noch totalitär sein dürfe, möglich sei. Seine Gedanken bilden für die nächsten Jahrzehnte die Grundlage der **katholischen Soziallehre.**

1869 – 1870 **1. Vatikanisches Konzil** (XX. Ökumenisches). 380 von 774 Konzilsvätern beantragen die Definition der päpstlichen Unfehlbarkeit (140 Gegenstimmen, darunter die deutschen Bischöfe Hefele, Ketteler, Dinkel), Annahme am 18. 7. 1870 mit 533 Ja-Stimmen: der Papst ist mit der Unfehlbarkeit der Kirche versehen, wenn er als oberster Hirt und Lehrer der Gesamtkirche („ex cathedra") in Glaubens- und Sittenfragen entscheidet. – Das Konzil muß wegen der Besetzung Roms durch die Piemontesen (20.9.) am 20. 10 vertagt werden.

1871 Mehrere deutsche Theologieprofessoren unter Führung von Ignaz Döllinger (München), welche die päpstliche Unfehlbarkeit nicht anerkennen, werden aus der Kirche ausgeschlossen. Die **„Altkatholiken"** beschließen die Errichtung eines eigenen Kirchenwesens (in der BRD 1974 ca. 30000 Altkatholiken).

1872 In den USA entsteht durch Charles Russell († 1916) die „Internationale Vereinigung ernster Bibelforscher" **(„Zeugen Jehovas")**, mit einer ausgeprägten Enderwartung und pazifistischen Zügen (Ablehnung des Wehrdienstes).

1878 In London gründet William Booth die **Heilsarmee**, eine nach militärischem Vorbild organisierte Gemeinschaft, die sich vor allem für sozial Schwache und Außenseiter einsetzt.

1879 Die Theologie des Thomas von Aquin († 1274) wird durch Leo XIII. den theologischen Fakultäten als Maßstab vorgeschrieben (Enzyklika „Aeterni Patris").

1881 Der Priester Johannes B. Jordan gründet in Rom die „Gesellschaft des göttlichen Heilands" **(Salvatorianer)**, zur Verbreitung des Glaubens in Wort und Schrift.

1890 † Kardinal John Henry Newman (geb. 1801). Nach seiner Konversion 1845 Studium der Theologie, 1879 durch Leo XIII. zum Kardinal ernannt. Seine theologischen und literarischen Werke sowie seine gewinnende Persönlichkeit tragen wesentlich zur besseren Einschätzung des Katholizismus in England bei.

1891 Mit einer eigenen Enzyklika „Rerum novarum" entwirft Leo XIII. ein sozialpolitisches Konzept zur Lösung der Arbeiterfrage in Industriestaaten.

Europa nach dem Ersten Weltkrieg

Entnommen: Propyläen Geschichte Europas, Bd. VI
(Alle Rechte bei Verlag Ullstein GmbH Frankfurt a.M.)

Grenze von 1914: Deutsches Reich, Österreich-Ungarn, Russisches Reich, Osmanisches Reich	Türkei: Republik, gegründet 1922
Deutsches Reich; Gebiete mit Sonderstatus: Saarland, Danzig, Memelland	Republik Polen: Wiederherstellung als Staat 1918
Österreich 1919 (Deutschösterreich 1918/19)	Curzon-Linie zwischen Polen und der Sowjetunion; von G. Curzon nach ethnographischen Gesichtspunkten festgelegt (1919)
Rußland: Union der Sozialistischen Sowjetrepubliken (UdSSR, gegründet 1922)	Weitestes Vordringen polnischer Truppen 1919/20

20. Jahrhundert

Kirche als Anwalt von Menschlichkeit und Frieden

A. Kirche und Umwelt

Im Verhältnis Kirche – Welt erscheint die erste Hälfte des 20. Jahrhunderts als Ende und Neubeginn. Die in die Aufklärung zurückreichende und seit der Französischen Revolution manifeste Bewegung der Trennung von Kirche und Staat – oder zumindest die Lockerung der Beziehungen – hat sich in Europa nun weitgehend durchgesetzt. Damit schwindet ein guter Teil von Aggressivität und Feindschaft gegenüber der Kirche; auf der Grundlage neuer Verfassungen werden in zahlreichen Konkordaten neue Beziehungen geknüpft, die der geistlichen Aufgabe der Kirche wieder größeren Raum geben. – Kompromißlos bleibt die Absage der Kirche an den atheistischen Kommunismus, wenn auch das Verhalten gegenüber kommunistischen Regierungen seit Johannes XXIII. verständnisvoller und elastischer wird. Zu spät erkennt die Kirche die Gefahr des Nationalsozialismus – er wird für sie zur bösen Überraschung, an der sie auch ihr eigenes Versagen feststellen muß. Im Widerstand gegen dessen totalitären Anspruch und in der Erschütterung des Weltkrieges reift ein neues Selbstverständnis: in einer pluralen Gesellschaft das Zeugnis des Glaubens zu leben und zugleich für alle Menschen Anwalt der Gerechtigkeit und Menschlichkeit zu sein.

1905 Nach dem Abbruch der diplomatischen Beziehungen zum Vatikan (1904) führt **Frankreich** die Trennung von Kirche und Staat ein. Freiheit des Gewissens und der Ausübung des Kultes wird gewährleistet; der Staat enthält sich jeder finanziellen Unterstützung einer religiösen Gemeinschaft; das Kirchengut wird verstaatlicht; die katholische Kirche gilt nicht mehr als Körperschaft des öffentlichen Rechts.

1906 11. Febr. Das Trennungsgesetz wird von Pius X. scharf verurteilt (Enzyklika „Vehementer nos").

1911 Nach Ausrufung der Republik (Okt. 1910) verkündet **Portugal** die Trennung von Staat und Kirche. Die Beziehungen zu Rom werden 1913 völlig abgebrochen.

1914 28. Juli. Mit der Kriegserklärung Österreichs an Serbien (nach der Ermordung des österreichischen Thronfolgers Franz Ferdinand durch serbische Extremisten am 28. Juni), Deutschlands an Rußland (1.8.) und Frankreich (3.8.), und Englands an Deutschland (4.8.) beginnt der **Erste Weltkrieg**.

4. Sept. Wahl des Kardinals Giacomo della Chiesa, Erzbischof von Bologna (geb. 1854 in Genua), zum Papst: **Benedikt XV.** Weder sein Bemühen, den Krieg zwischen Österreich und Italien zu verhindern (Italien erreicht bereits im Londoner Vertrag [26.4.1915] von den Alliierten den Ausschluß des Hl. Stuhles von künftigen Friedensverhandlungen) noch seine Friedensnote an die kriegführenden Regierungen (1.8.1917) finden Beachtung.

1917 März: Revolutionäre Erhebungen in Petrograd (Petersburg) führen zur **Abdankung des Zaren Nikolaus II.** (15.3.) und zur Bildung einer provisorischen Regierung unter Fürst Lwow.

Rede Pauls VI. vor der Vollversammlung der Vereinten Nationen, am 4. Oktober 1965

„Im Augenblick, da Wir vor diesem auf der Welt einzigartigen Auditorium das Wort ergreifen, wollen Wir zunächst Ihrem Generalsekretär, U Thant, Unseren tiefen Dank dafür sagen, daß er Uns eingeladen hat, den UN anläßlich des 20. Jahrestages dieser Weltinstitution für den Frieden und die Zusammenarbeit unter den Völkern der ganzen Erde einen Besuch abzustatten.

Dank auch dem Herrn Präsidenten der Versammlung, Amintore Fanfani, der seit dem Tag seines Amtsantritts so freundliche Worte für Uns fand.

Dank Ihnen allen, die hier gegenwärtig sind, für Ihren wohlwollenden Empfang. Einem jeden von Ihnen entbieten Wir Unseren herzlichen und ehrerbietigen Gruß. Ihre Freundschaft hat Uns eingeladen und läßt Uns zu dieser Versammlung zu: als Freund stellen Wir uns Ihnen vor.

Neben Unserer persönlichen Ehrerbietung überbringen Wir Ihnen auch die des derzeit in Rom versammelten Zweiten Ökumenischen Vatikanischen Konzils, dessen hervorragende Vertreter die Uns begleitenden Kardinäle sind. In ihrem wie in Unserem Namen Ihnen allen Ehre und Begrüßung!

Diese Begegnung – Sie sind sich dessen voll bewußt – hat einen doppelten Charakter: sie ist zugleich von Einfachheit und von Größe geprägt. Von Einfachheit, denn der, der zu Ihnen spricht, ist ein Mensch wie Sie. Er ist Ihr Bruder und sogar einer der kleinsten unter Ihnen, die Sie souveräne Staaten vertreten, da er – wenn Sie Uns unter diesem Gesichtspunkte betrachten wollen – nur mit einer winzigen und fast symbolischen zeitlichen Macht ausgestattet ist, gerade das nötige Minimum, um seine geistliche Mission frei auszuüben und jene, die mit ihm verhandeln, versichern zu können, daß er von jeglicher Souveränität dieser Welt frei ist. Er hat keine weltliche Macht, keinerlei Ehrgeiz, mit Ihnen in Wettstreit zu treten. Wir haben denn auch nichts zu verlangen, keine Frage aufzuwerfen, sondern lediglich einen Wunsch zu äußern, eine Erlaubnis zu erbitten: die Erlaubnis, Ihnen in dem, was in Unseren Zuständigkeitsbereich fällt, uneigennützig, bescheiden und in Liebe dienen zu können.

Das ist die erste Erklärung, die Wir abzugeben haben. Wie Sie sehen, ist sie so einfach, daß sie für diese Versammlung, die gewohnt ist, äußerst wichtige und schwierige Angelegenheiten zu behandeln, unbedeutsam erscheinen mag.

Und doch – Wir sagten es Ihnen, und Sie spüren es alle – ist dieser Augenblick von einer eigenartigen Größe erfüllt; er ist groß für Uns, er ist groß für Sie.

Einmal für Uns. Sie wissen sehr wohl, wer Wir sind. Welches auch immer Ihre Meinung über den römischen Papst sein mag, Sie kennen Unsere Mission: Wir sind Träger einer Botschaft für die ganze Menschheit. Und Wir sind das nicht nur in Unserem eigenen Namen und in dem der großen katholischen Familie, sondern auch im Namen der christlichen Brüder, die die Gefühle, die Wir ausdrücken, teilen, und namentlich derer, die Uns ausdrücklich aufgetragen haben, ihr Sprecher zu sein.

Dem Boten gleich, der nach langer Reise das ihm anvertraute Schreiben überreicht, so haben auch Wir das Bewußtsein, den – wenn auch noch so kurzen – ausgezeichneten Augenblick zu erleben, da sich ein Wunsch erfüllt, den wir seit fast zwanzig Jahrhunderten im Herzen tragen. Ja, Sie wissen es. Seit langem sind wir unterwegs. Wir sind Träger einer langen Geschichte. Wir feiern hier den Epilog einer mühsamen Pilgerfahrt auf der Suche nach einem Zwiegespräch mit der ganzen Welt, seit dem Tag, da uns aufgetragen wurde: „Geht hin und verkündet allen Völkern die Frohe Botschaft!" Und Sie sind es, die alle Völker vertreten.

Lassen Sie Uns Ihnen sagen, daß Wir für Sie alle eine Botschaft haben, ja daß Wir einem jeden von Ihnen eine frohe Botschaft zu übermitteln haben.

Anerkennung der UN

Unsere Botschaft will zunächst eine moralische und feierliche Bestätigung dieser hohen Institution sein. Diese Botschaft kommt aus Unserer geschichtlichen Erfahrung. Gewissermaßen als Experte für Menschlichkeit überbringen Wir dieser Organisation nun die Unterstützung Unserer letzten Vorgänger, des ganzen katholischen Episkopats und Unsere eigene, überzeugt davon, daß diese Organisation der gebotene Weg für die moderne Zivilisation und den Weltfrieden ist.

Wenn Wir dieses sagen, sind Wir Uns bewußt, sowohl im Namen der Toten als auch der Lebenden zu sprechen: der Toten, die in den schrecklichen Kriegen der Vergangenheit fielen und die von Eintracht und Weltfrieden träumten. Der Lebenden, die überlebt haben und die in ihrem Herzen im voraus jene verurteilen, die versucht sein sollten, solche Kriege zu wiederholen.

24.–25. Okt. (bzw. 6.–7. 11.) Machtübernahme der Bolschewiken („**Oktoberrevolution**").

1918 23. Jan. Ein Dekret der Volkskommissare verfügt die Einziehung des Kirchenguts, die Einführung der Zivilehe, Aufhebung des Religionsunterrichts. 17. Juli: Erschießung des Zaren und seiner Familie.

1918 9. Nov. Nach dem Rücktritt Wilhelms II. wird in **Deutschland** (Berlin) die **Republik** ausgerufen.

11. Nov. Der Waffenstillstand von Compiègne beendet die Kampfhandlungen des 1. Weltkriegs.

1919 Die **Verfassung der Weimarer Republik** (11. Aug.) lockert die bisherige Verbindung von Staat und Kirche: Neutralität des Staates gegenüber weltanschaulichen Verbänden; Glaubens- und Gewissensfreiheit sowie die Ausübung der Religion, der Religionsunterricht als ordentliches Lehrfach werden gewährleistet; Religionsgemeinschaften gelten als Körperschaften des öffentlichen Rechts, die ihre Angelegenheiten innerhalb der gesetzlichen Schranken selbständig verwalten. – Weitere Einzelheiten wurden in den Konkordaten mit den deutschen Ländern geregelt:
1924, 29. März: Konkordat mit Bayern
1929, 14. Juni: Konkordat mit Preußen
1932, 12. Okt.: Konkordat mit Baden.

1921 Offizielle Wiederaufnahme diplomatischer Beziehungen Frankreichs zum Apostolischen Stuhl.

1922 6. Febr. **Pius XI.** (Achille Ratti, geb. 1857 in Desio bei Monza, 25 Jahre als Gelehrter an der Ambrosianischen Bibliothek in Mailand tätig, dann, von 1911–1918, an der Vatikanischen Bibliothek; seit 1921 Erzbischof von Mailand und Kardinal.)

1925 Konkordat mit **Polen**. Gliederung des Landes – für die 19 Millionen Katholiken des lat. Ritus – in fünf Kirchenprovinzen mit 6 Erzbistümern und 15 Bistümern.

1929 In den **Lateranverträgen** zwischen dem Vatikan und der Regierung Mussolini wird die seit der Besetzung des Kirchenstaates (1870) ungelöste „römische Frage" beigelegt. Der Papst erhält die volle Souveränität über die Vatikanstadt, seinerseits anerkennt er Rom als Hauptstadt des italienischen Staates. – In dem mit den Lateranverträgen verbundenen Konkordat wird die kath. Religion als Staatsbekenntnis deklariert (einschließlich der Verbindlichkeit kirchlicher Ehevorschriften für die staatliche Rechtsprechung). – Die Verträge werden 1947 in die Verfassung der Republik Italien übernommen.

1932 Mit der Glaubensbewegung der „Deutschen Christen" versucht der aufkommende Nationalsozialismus die evangelische Kirche vor die Ziele der Partei zu spannen.

1933 Juli: Ausweitung zur „**Deutschen Evangelischen Kirche**" mit einem Reichsbischof an der Spitze. Alle wichtigen Kirchenämter werden von „Deutschen Christen" besetzt. Eine Gegenbewegung entsteht im „Pfarrernotbund" unter Führung Martin Niemöllers (Sept. 1933) und bald darauf, unter dem Einfluß Karl Barths, in der „**Bekennenden Kirche**". Die Nichtanerkennung des Reichsbischofs und der vom Staat verkündeten Kirchengesetze führt seit 1935 zur Verhaftung zahlreicher Pfarrer.

1933 30. Januar: **Adolf Hitler** wird von Reichspräsident Hindenburg zum **Reichskanzler** ernannt.

23. März: Im „Ermächtigungsgesetz" gewährt der Reichstag (nur die Sozialdemokraten stimmen dagegen) Hitler für vier Jahre diktatorische Vollmachten. 20. Juli: Unterzeichnung des **Konkordats** zwischen der nationalsozialistischen Regierung und dem Hl. Stuhl: der kath. Kirche wird die öffentliche Ausübung der Religion zugesichert, ebenso die selbständige Verwaltung ihrer Angelegenheiten, die freie Besetzung der kirchlichen Ämter, der Religionsunterricht als ordentliches Lehrfach; kath. Bekenntnisschulen können eingerichtet werden (sie werden trotzdem 1939 gesetzlich aufgehoben); die Bischöfe verpflichten sich zum Treueid gegenüber dem Staat; Geistliche und Ordensleute verzichten auf Mitgliedschaft in Parteien und jede Art parteipolitischer Tätigkeit.

1937 4 März: Nach 34 Protestschreiben der letzten vier Jahre wegen fortwährender Konkordatsverletzungen und totalitären Anspruchs des Staates wendet sich **Pius XI.** durch seine Enzyklika „**Mit brennender**

Und noch anderer Lebender: der heutigen jungen Generationen, die vertrauensvoll vorwärtsschreiten und mit gutem Recht eine bessere Menschheit erwarten. Wir machen auch die Stimme der Armen, der Enterbten, der Unglücklichen zu der Unseren, und jener, deren Sehnen und Trachten nach Gerechtigkeit geht, nach der Würde zu leben, nach Freiheit, nach Wohlstand und Fortschritt. Die Völker wenden sich zu den Vereinten Nationen als zu ihrer letzten Hoffnung auf Eintracht und Frieden: Wir überbringen hier, mit dem Unseren, ihren Tribut an Ehre und Hoffnung. Darum ist dieser Augenblick auch für Sie groß.

Wir wissen, daß Sie sich dessen voll bewußt sind. Hören Sie weiter Unsere Botschaft! Sie ist ganz auf die Zukunft ausgerichtet. Das Gebäude, das Sie erbaut haben, darf niemals mehr in Trümmer gehen. Es muß vervollkommnet werden und den Erfordernissen der Weltgeschichte angepaßt. Sie repräsentieren eine Stufe in der Entwicklung der Menschheit. Von nun an ist es unmöglich zurückzuweichen, man muß voranschreiten.

Der Vielheit von Staaten, die einander nicht mehr ignorieren können, schlagen Sie eine äußerst einfache und fruchtbare Form der Koexistenz vor: damit, daß Sie zunächst die einen wie die anderen anerkennen und unterscheiden. Gewiß verleihen Sie den Staaten nicht deren Existenz, Sie erklären aber jede Nation für würdig, in der geordneten Versammlung der Völker einen Platz einzunehmen. Sie verleihen jeder nationalen Gemeinschaft eine Anerkennung von hohem moralischem und rechtlichem Wert und garantieren ihr eine ehrenhafte internationale Bürgschaft. Das ist bereits ein großer, der Sache der Menschheit geleisteter Dienst: die nationalen Subjekte der Weltgemeinschaft genau zu definieren und zu ehren, ihnen rechtliche Grundlagen zu verschaffen, die ihnen die Anerkennung und die Achtung aller sichern und woraus sich ein geordnetes und stabiles System internationalen Lebens ableiten läßt. Sie sanktionieren das große Prinzip, daß die Beziehungen unter den Völkern durch Vernunft, Gerechtigkeit, Recht und Verhandlungen und nicht durch Gewalt, Kraft, Krieg und auch nicht durch Furcht und Täuschung geregelt werden müssen.

So muß es auch sein. Gestatten Sie, Sie dafür zu beglückwünschen, daß Sie den Zugang zu dieser Versammlung auch den jungen Völkern freigaben, den Staaten, die erst vor kurzem zur Unabhängigkeit und nationalen Freiheit gelangt sind. Deren Anwesenheit hier ist der Beweis für die Universalität und die Großherzigkeit, die die Prinzipien dieser Institution beseelen.

So muß es auch sein. Das ist Unser Lob und Unser Wunsch. Und wie Sie sehen, spenden Wir dies nicht von außen, sondern von innen her, aus dem Genius Ihrer Institution.

Eine Weltautorität

Ihr Statut geht noch weiter, und Unsere Botschaft schreitet zusammen mit ihm fort. Sie bestehen und arbeiten daran, die Nationen zu einen und die Staaten zu verbinden. Nehmen wir die Formel: Die einen mit den anderen zusammenzutun. Sie sind eine Vereinigung, eine Brücke zwischen den Völkern. Sie sind ein Netz von Beziehungen unter den Staaten. Wir wären versucht, zu sagen, daß Ihr Charakteristikum in der zeitlichen Ordnung gewissermaßen das widerspiegelt, was Unsere katholische Kirche in der geistlichen Ordnung sein will: einzig und universal. Man kann auf der natürlichen Ebene im ideologischen Bau der Menschheit nichts Höheres ersinnen. Ihre Berufung ist, nicht nur einige Völker, sondern alle Völker zu verbrüdern. Ein schwieriges Unterfangen? Ganz sicher. Das ist aber Ihre Sache, Ihr edles Bemühen. Wer sähe nicht die Notwendigkeit, allmählich dazu zu kommen, eine Weltautorität einzusetzen, die in der Lage ist, im rechtlichen und politischen Bereich wirksam tätig zu sein?

Hier wiederholen Wir nochmals Unseren Wunsch: Schreiten Sie voran! Ja Wir sagen noch mehr: Wirken Sie dahin, daß jene, die sich von Ihnen abgewendet haben, zurückkehren. Überlegen Sie, wie jene in Ehre und Loyalität zu Ihrem Pakt der Brüderlichkeit gerufen werden können, die ihm noch nicht angehören. Machen Sie, daß die noch Außenstehenden das gemeinsame Vertrauen wünschen und verdienen, und seien Sie dann edelmütig, es ihnen zu gewähren. Und Sie, die Sie das Glück und die Ehre haben, in dieser Versammlung der friedlichen Gemeinschaft zu tagen, hören Sie Uns: Das wechselseitige Vertrauen, das Sie eint und Ihnen gestattet, Gutes und Großes zu tun, sorgen Sie dafür, daß diesem Vertrauen niemals Schaden zugefügt wird, daß es nie verraten wird.

Die Formel der Gleichheit

Die Logik dieses Wunsches, der, so kann man sagen, zur Struktur Ihrer Organisation gehört, läßt Uns ihn noch durch weitere Aussagen ergänzen: Niemand soll als Mitglied Ihrer Union über einem anderen stehen. Keiner sei über dem anderen. Das ist die Formel der Gleichheit. Wir wissen natürlich, daß noch andere Faktoren als die bloße Zugehörigkeit zu Ihrer Organisation in

Sorge" an die deutsche Öffentlichkeit. Der Rassenwahn und Mythos von Blut und Boden werden ausdrücklich verurteilt.

1936 Die neue Verfassung der Sowjetunion garantiert die Freiheit religiöser Kulte wie auch der antireligiösen Propaganda (im folgenden Jahr werden 1150 orthodoxe Kirchen geschlossen).

1937 Verurteilung des Kommunismus durch die Enzyklika „Divini Redemptoris".

1939 2. März: Eugenio Pacelli (geb. 1876 in Rom, seit 1930 Kardinalstaatssekretär) übernimmt als **Pius XII.** das oberste Amt der Kirche.
1. Sept.: Mit dem Angriff auf Polen entfesselt Hitler den **Zweiten Weltkrieg.**
1945 8./9. Mai: Unterzeichnung der **bedingungslosen Kapitulation** durch die Oberbefehlshaber der Wehrmacht.
1949 23. Mai: Das **Grundgesetz für die Bundesrepublik Deutschland** schützt – im Anschluß an die Weimarer Verfassung – die Religions- und Bekenntnisfreiheit und anerkennt die Kirchen als Körperschaft des öffentlichen Rechts. Der Religionsunterricht an den Schulen bleibt ordentliches Lehrfach; Privatschulen sind zugelassen.
1953 Abschluß eines Konkordates mit Spanien (Regierung Franco). Die katholische Religion wird zur „einzigen Religion der spanischen Nation" erklärt; andern Religionen wird die öffentliche Kundgebung und Werbung untersagt.
1958 28. Okt. – 3. Juni 1963 Papst **Johannes XXIII.** (Giuseppe Roncalli, geb. 1881 in Sotto il Monte/Bergamo, seit 1953 Patriarch von Venedig).
1961 Nach Leo XIII. und Pius XI. widmet Johannes XXIII. den sozialen Fragen eine eigene Enzyklika: „Mater et Magistra".
1963 11. April: Die Friedensenzyklika „Pacem in terris" fordert auch im Hinblick auf den Kommunismus, philosophische Anschauungen von wirt-

schaftlichen, sozialen oder politischen Bewegungen zu unterscheiden. „Es kann daher der Fall eintreten, daß eine Annäherung oder Kontakte, die bislang unter keiner Rücksicht sinnvoll erschienen, jetzt bereits fruchtbar wären."
1963 21. Juni: Wahl des Erzbischofs von Mailand, Kard. Giovanni Battista Montini, zum Papst: **Paul VI.** (geb. 1897 in Concesio bei Brescia; 1922–54 Tätigkeit im Päpstlichen Staatssekretariat, seit 1954 Erzbischof von Mailand, 1958 Kardinal).
1964 4.–6. Jan.: Paul VI. besucht die heiligen Stätten in Jerusalem; Zusammentreffen mit dem orthodoxen Patriarchen Athenagoras von Konstantinopel (das erste derartige Treffen seit 1439). Im folgenden Jahr, am 7. Dezember, wird zur gleichen Stunde in Konstantinopel und vor den versammelten Konzilsvätern in Rom der gegenseitige Bannfluch von 1054 von beiden Kirchen zurückgenommen.
1966 5. Okt.: Vor der Vollversammlung der Vereinten Nationen in New York ruft Paul VI. auf, mit allen Kräften den Weltfrieden zu sichern.
1967 30. Jan.: Gespräch des Papstes mit dem sowjetischen Staatspräsidenten Podgorny im Vatikan.
1978 6. August: Ein Herzanfall beendet das Leben Pauls VI.
26. Aug.: Kardinal Luciani, nach 24stündigem Konklave gewählt, nimmt den Namen **Johannes Paul I.** an (geb. 1912 in Forno di Canale/Provinz Belluno; seit 1969 Patriarch von Venedig). Vom ersten Augenblick an gewinnt „der lächelnde Papst" die Sympathie der Öffentlichkeit, doch ein Herzinfarkt beendet schon am 28. September sein Pontifikat.
16. Okt.: Zur allgemeinen Überraschung wird – nach 456 Jahren – ein Nichtitaliener zum Papst gewählt. Karol Kard. Wojtyła, Erzbischof von Krakau (Polen), der den Namen **Johannes Paul II.** annimmt (geb. 18. Mai 1920 in Wadowice bei Krakau, seit 1958 Weihbischof in Krakau, seit Januar 1964 Erzbischof der gleichen Diözese).

Betracht zu ziehen sind. Die Gleichheit gehört aber auch zur Verfassung Ihrer Organisation. Nicht, daß Sie gleich seien, doch hier machen Sie sich gleich. Es mag sein, daß dies für mehrere von Ihnen ein Akt großer Tugend ist. Gestatten Sie, daß Wir Ihnen das sagen, Wir, der Vertreter einer Religion, die das Heil durch die Demut ihres göttlichen Stifters bewirkt. Es ist unmöglich, Bruder zu sein, wenn man nicht demütig ist. Denn der Stolz, so unabwendbar er scheinen mag, ruft Spannungen, Prestige-, Vorherrschafts- und Egoismuskämpfe hervor. Stolz bricht die Brüderlichkeit.

Niemals mehr Krieg!

Und nun erreicht Unsere Botschaft ihren Höhepunkt. Zuerst negativ: Es handelt sich um das Wort, das Sie von Uns erwarten und das Wir nicht aussprechen können, ohne seiner Schwere und Feierlichkeit bewußt zu sein: Niemals mehr die einen gegen die anderen, niemals, niemals mehr! Ist nicht die Organisation der Vereinten Nationen gerade aus dieser Zielsetzung entstanden: gegen den Krieg und für den Frieden? Hören Sie die klaren Worte eines großen Verstorbenen, John F. Kennedys, der vor vier Jahren erklärte: „Die Menschheit muß dem Krieg ein Ende setzen, sonst setzt der Krieg der Menschheit ein Ende." Es bedarf keiner weiteren Worte, um die erhabene Zielsetzung Ihrer Organisation zu verkünden. Man muß nur daran erinnern, daß das Blut von Millionen Menschen, daß unerhörte und unzählige Leiden, daß unnütze Massaker und schreckliche Ruinen den Pakt, der sie eint, heiligen, in einem Eid, der die zukünftige Geschichte verändern muß: Niemals Krieg, niemals mehr Krieg! Der Friede, der Friede muß das Geschick der Völker und der ganzen Menschheit leiten!

Dank Ihnen und Ehre, die Sie seit zwanzig Jahren für den Frieden arbeiten und die Sie diesem heiligen Anliegen sogar berühmte Opfer gebracht haben! Dank Ihnen und Ruhm für die Konflikte, die Sie verhindert oder beigelegt haben. Die Ergebnisse Ihrer Anstrengungen zugunsten des Friedens bis in die allerletzten Tage verdienen, selbst wenn sie noch nicht endgültig sind, daß Wir Uns zum Sprecher der ganzen Welt machen und Ihnen in ihrem Namen Glückwunsch und Dank abstatten.

Die große Schule

Meine Herren, Sie haben ein großes Werk vollbracht und vollbringen es weiterhin. Sie lehren die Menschen den Frieden. Die UN sind die große Schule, wo man diese Erziehung erhält, und

Wir sind hier in der Aula Magna dieser Schule. Wer immer hier Platz nimmt, wird Schüler und Lehrer in der Kunst, den Frieden zu bauen. Und wenn Sie diesen Saal verlassen, dann schaut die Welt auf Sie als die Architekten, die Erbauer des Friedens.

Der Frieden, Sie wissen das, wird nicht nur durch Politik und durch ein Gleichgewicht der Kräfte und Interessen aufgebaut. Der Friede wird mit Geist, mit Ideen, mit Friedenswerken errichtet. Sie arbeiten an diesem großen Werk. Sie stehen noch am Anfang Ihrer Bemühungen. Wird die Welt einmal dazu kommen, die partikularistische und kriegerische Mentalität, die bislang einen so großen Teil ihrer Geschichte gewoben hat, zu ändern? Es hält schwer, eine Voraussage zu machen, doch es ist leicht, zu bekräftigen, daß man sich entschlossen auf den Weg zur neuen, zur friedlichen Geschichte machen muß, zu jener, die echt und voll menschlich sein wird, zu jener, die Gott den Menschen guten Willens versprochen hat.

Abrüstung

Die Wege sind Ihnen vorgezeichnet: Der erste ist der der Abrüstung. Wenn Sie Brüder sein wollen, dann legen Sie die Waffen aus den Händen! Man kann nicht lieben mit Angriffswaffen in den Händen. Die Waffen, vorab die verheerenden Waffen, die die moderne Wissenschaft Ihnen gegeben hat, verursachen, ehe sie überhaupt Opfer und Ruinen fordern, wüste Träume, nähren üble Gefühle, bewirken Alpdruck, Mißtrauen, finstere Entschlüsse. Sie erheischen Riesenausgaben, unterbrechen Planungen der Solidarität und nützlicher Arbeit und verfälschen die Psychologie der Völker.

Solange der Mensch schwach, unbeständig und sogar böse ist, wie er sich oft zeigt, sein wird, so lange werden Defensivwaffen leider nötig sein. Aber Sie, Ihr Mut und Ihr Wert drängen dazu, die Mittel zu studieren, um die Sicherheit des internationalen Lebens ohne Zuflucht zu den Waffen zu gewährleisten. Das ist ein würdiges Ziel Ihrer Anstrengungen. Das erwarten die Völker von Ihnen. Das muß erreicht werden! Darum muß das einhellige Vertrauen in diese Institution wachsen, darum muß Ihre Autorität wachsen, und dann wird – so kann man hoffen – das Ziel erreicht. Sie werden sich den Dank der Völker verdienen, die von den drückenden Rüstungsausgaben erleichtert und vom Alpdruck des ständig drohenden Krieges befreit werden.

Wir wissen – wie sollte man sich nicht darüber freuen? –, daß viele von Ihnen mit Wohlwollen die Einladung betrachtet haben, die Wir für die Sache des Friedens von Bombay aus im De-

1979 21. Jan.: Gegen zahlreiche Übergriffe und Morde durch die Guardia Civil, durch welche die ‚linksgerichteten' Katholiken zum Schweigen gebracht werden sollen, protestiert Erzbischof Romero von **San Salvador.**

10. Sept.: Eine landesweite Polizeiaktion (mit Hausdurchsuchungen, Verhören und Verhaftungen) gegen Priester und aktive Katholiken verstärkt die Anzeichen einer härteren Kirchenpolitik in der **Tschechoslowakei.** – Seit Jahren verhindert die Regierung die Ernennung neuer Bischöfe; Ordensgemeinschaften sind verboten; Priester dürfen nur mit staatlicher Erlaubnis – nach der Zahl der bewilligten Stellen – ihr Amt ausüben.

17. Okt.: Verleihung des **Friedensnobelpreises** an **Mutter Teresa.**

Geb. am 27. 8. 1920 in Skopje (heute Jugoslawien), mit 18 Jahren Eintritt in die Gemeinschaft der Loreto-Schwestern, um in der Bengalenmission zu arbeiten. Noviziat in Darjeeling, bis 1948 Lehrerin an der St. Mary's High School in Kalkutta. Mit Erlaubnis Pius' XII. verläßt sie 1948 das Kloster und lebt unter den Armen der Slums. Betreuung von Kindern, verlassenen Kranken und Sterbenden. 1953 Gründung der Gemeinschaft „Missionarinnen der Nächstenliebe" (heute über 1800 Schwestern), 1963 folgt ein männlicher Zweig (heute ca. 800 Brüder). Inzwischen mehr als 170 Niederlassungen in mehreren Erdteilen.

17. Nov.: Nach dem Sturz des Somoza-Regimes (17. 7. 1979) versichert die Bischofskonferenz von **Nicaragua,** auf der Seite der Armen am Aufbau einer Gesellschaft, welche die Trennung von Arbeit und Eigentum überwinden wolle, mitzuwirken. Sozialismus dürfe jedoch keine Einschränkung von Grundrechten der Person bedeuten; jeder habe das Recht, aus religiöser Motivation sein Leben zu gestalten und seine Kinder religiös zu erziehen.

1980 2. März: Eine Volksinitiative ‚betreffend die vollständige Trennung von Staat und Kirche' wird in der **Schweiz** durch Volksentscheid abgelehnt (78,9% Nein-Stimmen).

24. März: Am Altar wird **Erzbischof Romero** (67) von San Salvador erschossen. Zu dem Attentat bekennt sich eine rechtsgerichtete Organisation. Der Bischof hatte sich besonders für die Landarbeiter und eine Agrarreform eingesetzt, außerdem die Verletzung von Menschenrechten durch die Regierung angeklagt.

12. Mai: Die Deutsche Bischofskonferenz veröffentlicht eine Erklärung „Zur Frage der Mitgliedschaft von Katholiken in der Freimaurerei": die gleichzeitige Zugehörigkeit zur katholischen Kirche und zur **Freimaurerei** sei unvereinbar.

17. Febr. 1981: Die römische Glaubenskongregation betont, daß nach wie vor die Regelung des Kanon 2334 des kirchlichen Gesetzbuches für den Beitritt zur Freimaurerei (Exkommunikation) gelte.

26. Nov. 1983: Am Tag, bevor das neue Kirchenrecht in Kraft tritt, erklärt die Glaubenskongregation, daß sich das Urteil der Kirche über die Freimaurerei nicht geändert habe, auch wenn der neue CIC sie nicht mehr erwähne. – Zahlreiche kath. Theologen sehen die Unvereinbarkeit des Freimaurertums nicht überzeugend begründet.

3. Juli: Vor den Arbeitern von São Paulo (Brasilien) vertritt Johannes Paul II. den gewaltfreien Kampf für soziale Gerechtigkeit, aber die Ablehnung eines von Haß und Vernichtung geprägten Klassenkampfes.

1981 14. Sept.: In seiner **Sozialenzyklika** „Laborem exercens" (Über die menschliche Arbeit) stellt Johannes Paul II. die Würde der menschlichen Arbeit und ihren Vorrang gegenüber dem Kapital heraus; Gewerkschaften und Streikrecht werden ausdrücklich anerkannt.

1982 18. Febr.: Die 300 Bischöfe **Brasiliens** verabschieden in Itaici eine Denkschrift über ‚Grund und Boden in der Stadt'. Sie kritisieren die Bodenspekulation und verlangen gesetzgeberische Maßnahmen, die eine gerechte und soziale Verteilung des Bodens in der Stadt gewährleisten. Langfristig bedürfe es neuer Organisationsmodelle für die Stadt, was allerdings ohne eine

zember letzten Jahres an alle Staaten erlassen haben: Einen Teil der durch Rüstungsbeschränkung erzielten Einsparungen für die Entwicklungsländer zu opfern. Wir erneuern diese Einladung mit dem Vertrauen, das Ihre Gefühle der Menschlichkeit und der Großherzigkeit Uns einflößen.

Von Humanität und Edelmut sprechen heißt, auf ein weiteres Grundprinzip der UN eingehen, ihren positiven Gipfel. Man ist hier nicht nur am Werk, um Konflikte unter den Staaten zu beschwören, sondern um die Staaten zu befähigen, füreinander zu arbeiten. Sie begnügen sich nicht damit, die Koexistenz unter den Nationen zu erleichtern. Sie tun einen viel größeren Schritt vorwärts, der Unseres Lobes und Unserer Unterstützung würdig ist: Sie organisieren die brüderliche Zusammenarbeit unter den Völkern. Hier entsteht ein System der Solidarität. Es bewirkt, daß hohe Zielsetzungen in der Ordnung der Zivilisation die einmütige und geordnete Unterstützung der ganzen Völkerfamilie zum Wohl aller erhalten. Das ist das Schönste an der Organisation der Vereinten Nationen: Ihr authentisches menschliches Antlitz. Das ist das Ideal, das die Menschheit auf ihrer Pilgerschaft durch die Zeiten erträumt. Das ist die größte Hoffnung der Welt.

Wir wagen zu sagen: Das ist der Abglanz des Planes Gottes – ein alles übersteigender Plan voller Liebe – für den Fortschritt der menschlichen Gesellschaft auf Erden, ein Abglanz, wo die himmlische evangelische Botschaft irdisch wird. Hier scheint Uns tatsächlich, daß Wir das Echo der Stimmen Unserer Vorgänger vernehmen und namentlich die des Papstes Johannes XXIII., dessen Botschaft *Pacem in terris* unter Ihnen eine so ehrenvolle und bedeutende Resonanz ausgelöst hat.

Grundrechte und Grundpflichten des Menschen

Was Sie hier verkünden, sind die Grundrechte und Grundpflichten des Menschen, seine Würde, seine Freiheit und vor allem die Religionsfreiheit. Wir spüren, daß Sie die Interpreten dessen sind, was am höchsten – Wir würden fast sagen: ihr heiliger Charakter – in der menschlichen Weisheit ist. Denn es handelt sich vor allem um das Leben des Menschen, und das Leben des Menschen ist geheiligt. Niemand darf es antasten. In Ihrer Versammlung muß die Achtung vor dem Leben, auch in dem, was das große Problem der Geburten betrifft, ihr höchstes Bekenntnis und ihre vernünftige Verteidigung finden. Ihre Aufgabe besteht darin, dafür zu sorgen, daß genügend Brot auf dem Tisch der Menschheit ist, und nicht darin, eine künstliche Kon-

trolle der Geburten zu fördern, die unvernünftig wäre, insofern man damit die Zahl der zum Tisch des Lebens Geladenen vermindern würde.

Es genügt aber nicht, die Hungernden zu nähren. Man muß auch jedem Menschen ein Leben sichern, das mit seiner Würde in Einklang steht. Sie mühen sich darum. Ist das nicht, in Unseren Augen und dank Ihnen, die Erfüllung der prophetischen Botschaft, die sich so gut auf Ihre Institution anwenden läßt: „Sie werden ihre Schwerter einschmelzen, um daraus Pflüge zu machen, und ihre Lanzen, um daraus Sensen zu schmieden" (Is. 2, 4). Stellen Sie nicht mehr die wunderbaren Energien der Erde und die prächtigen Erfindungen der Wissenschaft in den Dienst des Todes, sondern in den des Lebens für das neue Zeitalter der Menschheit!

Wir wissen, mit welch wachsender Intensität und Wirksamkeit die Organisation der Vereinten Nationen und die von ihr abhängigen Weltorganismen arbeiten, um den Regierungen, die es nötig haben, zu helfen, ihren wirtschaftlichen und sozialen Fortschritt zu beschleunigen.

Wir wissen, mit welchem Eifer Sie daran gehen, das Analphabetentum zu besiegen und die Kultur in der Welt auszubreiten, den Menschen den richtigen und modernen sanitären Beistand zu geben, die wunderbaren Quellen der Wissenschaft, der Technik und der Organisation in den Dienst des Menschen zu stellen: All das ist großartig und verdient das Lob und die Unterstützung aller, inbegriffen Unsere eigene.

Der Papst sagt Hilfe zu

Auch Wir selber möchten versuchen, selbst wenn Uns die Geringfügigkeit Unserer Mittel behindert, die praktische und mengenmäßige Auswirkung zu ermessen. Wir wollen Unseren caritativen Institutionen eine neue Ausrichtung gegen den Hunger in der Welt und für ihre hauptsächlichen Bedürfnisse geben. So und nicht anders schafft man den Frieden.

Noch ein Wort, meine Herren, ein letztes Wort: Der Bau, den Sie errichten, beruht nicht auf rein materiellen und irdischen Grundlagen, denn dann wäre er ein Haus auf Sand gebaut. Der Bau ruht vor allem auf unserem Gewissen. Ja, der Augenblick der „Umkehr" ist da, der persönlichen Umwandlung, der inneren Erneuerung. Wir müssen uns daran gewöhnen, auf eine neue Art den Menschen zu denken, auf eine neue Art auch das gemeinsame Leben der Menschen, auf eine neue Art endlich auch die Wege der Geschichte und die Geschicke der Welt.

Veränderung des sozio-politischen-ökonomischen Systems nicht realisierbar sei.

Mai: Aus **Guatemala** werden „Ausrottungskampagnen" durch die seit 23. März regierende Militärjunta gemeldet: in den ersten 40 Tagen die Ermordung von ca. 3000 Bauern. Die Verfolgung aller vermuteten Oppositionellen trifft auch viele Ordensleute und Priester.

17. Sept.: Als erster Theologe erhält Edward **Schillebeeckx**, Professor für Dogmatik an der Universität Nijmegen, den **Erasmuspreis** (1958 gestifteter niederländischer Preis für besondere Leistungen auf kulturellem oder sozialem Gebiet).

1983 18. April: Das „Wort der Deutschen Bischofskonferenz zum Frieden" entwickelt von einem umfassenden, auf die Bibel gegründeten Friedensverständnis aus Folgerungen für die Politik. Die aktuelle nukleare Abschreckung könne nur als Zwischenphase auf dem Weg zur Abrüstung toleriert werden. Jede Weiterentwicklung von Waffen dürfe einen Krieg weder führbarer noch wahrscheinlicher machen.

3. Mai: Der Hirtenbrief der US-Bischöfe ‚über Krieg und Frieden' (150 Seiten) lehnt jeden Ersteinsatz und jeden nuklearen Vergeltungsschlag auf einen konventionellen oder nuklearen Angriff aus moralischen Gründen ab.

Okt.: „Für eine wirkliche Demokratie" treten die Bischöfe von **Chile** mit ihrem Hirtenbrief ein. Nur dann könne das Land vor „einer Tragödie riesigen Ausmaßes" bewahrt werden.

16. Juli 1984: Mit dem Schreiben „Evangelium, Ethik und Politik" erklären die Bischöfe, daß weder karitative Hilfe noch eine gerechte Verteilung der vorhandenen Güter genüge. Die Armen müßten vielmehr in die Lage versetzt werden, voll und ganz an der Güterproduktion teilzunehmen.

1984 18. Febr.: Unterzeichnung eines neuen **Konkordates** (nach den Lateranverträgen von 1929) zwischen **Italien** und dem Vatikan. Anstelle des Katholizismus als Staatsreligion tritt das Prinzip ‚freie Kirche im freien Staat', in gegenseitiger Zusammenarbeit. Religionsunterricht soll an allen Schulen erteilt werden (Teilnahme freiwillig); kirchliche Eheschließungen sind staatlich anerkannt; die Konfessionen einander gleichgestellt.

13. Aug.: Die gespannte Situation der Kirche **Nicaraguas** gegenüber der sandinistischen Regierung verschärft sich durch die Forderung des Vatikans, die drei Priester, die Ministerämter bekleiden (Fernando Cardenal, Ernesto Cardenal, Miguel d'Escoto Brockman) sollten zurücktreten oder ihr priesterliches Amt aufgeben (wozu sie sich dann entschließen).

16. Okt.: Als einem der herausragendsten Vertreter im gewaltlosen Kampf gegen die Apartheit wird dem anglikanischen Bischof von Johannesburg (Südafrika) **Tutu** der **Friedensnobelpreis** verliehen.

11. Nov.: Die Bischöfe der **USA** veröffentlichen die ‚erste Fassung' (zwei weitere sollen folgen) eines Hirtenbriefes zum Thema: „Katholische Soziallehre und die amerikanische Wirtschaft", in dem Gerechtigkeitsnormen für die Wirtschaftspolitik entwickelt werden. Höchste Priorität habe die Befriedigung der Grundbedürfnisse der Armen.

1985 26. März: Mit einem Nationalen Trauertag, zu dem die Bischofskonferenz aufgerufen hat, protestiert die Kirche in **Südafrika** gegen die brutalen Ausschreitungen der Polizei gegenüber Apartheitsgegnern.

Seit 1976 praktiziert die Kirche trotz staatlichen Verbots in ihren Schulen und Priesterseminaren die Rassenintegration.

5./6. Juli: Zum Höhepunkt der 1100-Jahr-Gedenkfeiern für die Slawenapostel Cyrill und Methodius versammeln sich in Velehrad **(Tschechoslowakei)** 150000 und in Levoca 200000 Gläubige. Gegen die Versuche der Regierung, die Veranstaltungen zu kulturellen Jubiläen umzufunktionieren, betonen die Teilnehmer das religiöse Bekenntnis.

Nach dem Wort des heiligen Paulus: „Zieht den neuen Menschen an, der nach Gott geschaffen ist, in wahrer Gerechtigkeit und Heiligkeit" (Eph. 4,23). Nun ist die Stunde gekommen, da sich ein Halt aufdrängt, ein Moment der Sammlung, der Besinnung, fast des Gebetes: unseren gemeinsamen Ursprung zu überdenken, unsere Geschichte, unser gemeinsames Geschick. Niemals wie heute, in einer von solchem Fortschritt der Menschen gekennzeichneten Epoche, war der Appell an das moralische Gewissen der Menschen so nötig.

Die Gefahr liegt im Menschen

Denn die Gefahr kommt weder vom Fortschritt noch von der Wissenschaft, die, wenn sie gut eingesetzt werden, im Gegenteil eine große Zahl schwerer Probleme lösen können, die die Menschheit bedrängen. Die wahre Gefahr lauert im Menschen, der über immer mächtigere Instrumente verfügt, die sowohl den Ruin wie die höchsten Errungenschaften ermöglichen.

In einem Wort: Der Bau der modernen Zivilisation muß auf geistigen Prinzipien errichtet werden, die allein fähig sind, ihn nicht nur zu stützen, sondern ihn auch zu erleuchten und zu beseelen. Und diese unerläßlichen Prinzipien höherer Weisheit können nur, das ist Unsere Überzeugung, Sie wissen es, auf dem Glauben an Gott gründen. Der unbekannte Gott, von dem der hl. Paulus zu den Athenern auf dem Areopag sprach? Unerkannt von jenen, die doch, ohne es zu ahnen, ihn suchten und ihn nahe bei sich hatten, wie das bei so vielen Menschen unseres Jahrhunderts der Fall ist? – Für Uns, auf jeden Fall, und für alle jene, die die unaussprechliche Offenbarung annehmen, die Christus uns von ihm gemacht hat, ist es der lebendige Gott, der Vater aller Menschen."

(Text nach Herder-Korrespondenz 19 [1965] 648–652)

Das kirchliche Amt

Auf dem Weg zu einem gemeinsamen Verständnis?

Im ökumenischen Dialog scheinen vor allem verschiedene Auffassungen über das „Amt" ein Weiterkommen zu hemmen. Von allen Versuchen, zu einer gemeinsamen Sprache zu finden, sind die „Konvergenzerklärungen der Kommission für Glauben und Kirchenverfassung des Ökumenischen Rates der Kirchen" die bedeutungsvollsten. Unter Mitarbeit und Zustimmung katholischer Theologen wurde ein Text über „Taufe, Eucharistie und Amt" erarbeitet – der sog. „Lima-Text" – der nach Meinung der Kommission für alle im Ökumenischen Rat vertretenen Kirchen annehmbar sein müßte. Im folgenden die Ausführungen über das allgemeine und das besondere Priestertum und eine Übersicht über die weiteren Kapitel der Erklärung über das „Amt".

I. Die Berufung des ganzen Volkes Gottes

1. In einer zerbrochenen Welt beruft Gott die ganze Menschheit, sein Volk zu werden. Zu diesem Zweck hat Gott Israel auserwählt und dann auf einzigartige und entscheidende Weise in Jesus Christus, Gottes Sohn, gesprochen. Jesus hat sich Wesen, Verfassung und Schicksal der ganzen Menschheit zu eigen gemacht und sich selbst als Opfer für alle gegeben.

Jesu Leben des Dienens, sein Tod und seine Auferstehung bilden das Fundament einer neuen Gemeinschaft, die ständig auferbaut wird durch die gute Botschaft des Evangeliums und die Gaben der Sakramente. Der Heilige Geist vereinigt diejenigen, die Jesus Christus folgen, in einem einzigen Leib und sendet sie als Zeugen in die Welt. Zur Kirche zu gehören, bedeutet, in Gemeinschaft mit Gott durch Christus im Heiligen Geist zu leben.

2. Das Leben der Kirche beruht auf Christi Sieg über die Mächte des Bösen und des Todes, der ein für allemal errungen wurde. Christus gewährt Vergebung, lädt zur Buße ein und bewahrt vor Vernichtung. Durch Christus werden Menschen befähigt, sich lobpreisend Gott und dienend ihren Nächsten zuzuwenden. In Christus finden sie die Quelle des neuen Lebens in Freiheit, gegenseitiger Vergebung und Liebe. Durch Christus werden ihre Herzen und Sinne auf die Vollendung des Gottesreiches gelenkt, wo Christi Sieg offenbar und alles neu gemacht werden wird. Es ist Gottes Absicht, daß in Jesus Christus alle Menschen an dieser Gemeinschaft teilhaben sollen.

3. Die Kirche lebt durch die befreiende und erneuernde Kraft

B. Innerkirchliche Entwicklung

Die in mehreren europäischen Ländern im Lauf des 19. Jahrhunderts vorgenommene Enteignung des Kirchenbesitzes hat auch die Wirkung, daß die Kirche ihren Einfluß mehr als vorher auf die Kraft ihrer Glaubwürdigkeit stützen muß. Sie wendet sich nun intensiver an ihre Laien, die von verwalteten Kirchenmitgliedern immer mehr zu Mitwirkenden in den bisher der Hierarchie reservierten Bereichen aufsteigen. – Nachdem Aufklärung, Rationalismus und Positivismus durch kirchenstaatliche Zensuren nicht mehr aufgehalten werden können, entwickelt sich – auch unter dem Einfluß der Erfahrung des Nationalsozialismus und des Zweiten Weltkrieges, durch die das Vertrauen in die Herrschaft der menschlichen Vernunft beseitigt wurde – ein verstärktes Bedürfnis nach Innerlichkeit und religiöser Orientierung (Exerzitienbewegung, Jugendreligionen, religiöse Gemeinschaften). Auf der andern Seite stößt sich der kritisch gewordene Geist an veralteten und unverständlichen Formen der Kirche und setzt in Liturgie, Kirchenrecht, theologischen Studien reformierende Maßnahmen durch.

1903 † Leo XIII., im Alter von 93 Jahren. Sein Nachfolger **Pius X.** stellt sein Pontifikat unter den Wahlspruch „Instaurare omnia in Christo" (Alles in Christus erneuern).

1904 Ankündigung einer **Revision des Kirchenrechts** (der neue „Codex iuris canonici" wird dann 1917 publiziert). – Neue Bestimmungen zur Papstwahl: Die Praxis mancher Staaten, gegen bestimmte Kardinäle ein Veto einzulegen (zuletzt 1903 von Österreich gegen Kardinal Rampolla), wird unter Strafe der Exkommunikation verboten (Konstitution Commissum Nobis, 20. Jan. 1904).

1905 Die Enzyklika „Il fermo proposito" fordert die **Mitwirkung der Laien** an den Seelsorgsaufgaben des Klerus, besonders bei der Durchdringung des profanen Lebens mit christlichen Prinzipien: die erste Charta der organisierten Katholischen Aktion.

1908 Neuordnung der römischen Kurie.

1909 Gründung der Päpstlichen Hochschule für das Studium der Hl. Schrift (sog. Bibelinstitut).

1910 Der häufige Empfang der hl. Kommunion – schon 1905 den Erwachsenen ans Herz gelegt, wird nun auch den Kindern empfohlen (Dekret: „Quam singulari").

1907 Mit der Enzyklika „Pascendi dominici gregis" (8. Sept.) wendet sich Pius X. gegen den **Modernismus**, der die Dogmen als zeit- und gefühlsbedingte Symbole einer dahinterliegenden unerreichbaren Wahrheit betrachtet (so vor allem A. Loisy, Prof. der Bibelwissenschaft in Paris).

1910 Allen Kandidaten für das Priesteramt wird die Ablegung des „Antimodernisteneides" vorgeschrieben.

1912 Die Bildung überkonfessioneller **christlicher Gewerkschaften** in Deutschland wird – nach vorangegangener heftiger Diskussion – vom Papst genehmigt (Enzyklika „Singulari quadam caritate").

1914 In seinem ersten Rundschreiben kritisiert Benedikt XV. u. a. auch den Integralismus, der nicht nur die traditionelle Lehre der Kirche im Bereich der Dogmen, sondern auch die Weisungen des Papstes im gesellschaftlichen Bereich über alles stellt.

1917 In Fatima (Portugal) berichten drei Hirtenkinder von Erscheinungen der ‚Muttergottes vom Rosenkranz', jeweils am 13. der Monate Mai bis Oktober. Fatima entwickelt sich zu einem der größten Wallfahrtsorte Europas.

1922 Mit dem Rundschreiben „Ubi arcano" (23. Dez.) gründet Pius XI. die Katholische Aktion. – Die evangelischen Landeskirchen Deutschlands geben sich zu Wittenberg im **Deutschen Evangelischen Kirchenbund** einen gemeinsamen Dach-

des Heiligen Geistes. Daß der Heilige Geist auf Jesus ruhte, wird in seiner Taufe bezeugt, und nach der Auferstehung wurde dieser selbe Geist denen gegeben, die an den auferstandenen Herrn glaubten, um sie als Leib Christi neu zu erschaffen. Der Geist beruft Menschen zum Glauben, heiligt sie durch viele Gaben, gibt ihnen Kraft, das Evangelium zu bezeugen, und befähigt sie, in Hoffnung und Liebe zu dienen. Der Geist erhält die Kirche in der Wahrheit und leitet sie trotz der Schwachheit ihrer Glieder.

4. Die Kirche ist berufen, das Reich Gottes zu verkünden und vorweg darzustellen. Sie verwirklicht dies durch die Verkündigung des Evangeliums an die Welt und durch ihre Existenz als Leib Christi. In Jesus kam das Reich Gottes mitten unter uns. Er schenkte Sündern das Heil. Er verkündigte den Armen die frohe Botschaft, den Gefangenen Freilassung, den Blinden Wiedererlangung des Augenlichts, den Unterdrückten Befreiung (Lk 4,18). Christus eröffnete einen neuen Zugang zum Vater. Alle Glieder der Kirche, indem sie in dieser Gemeinschaft mit Gott leben, sind berufen, ihren Glauben zu bekennen und von ihrer Hoffnung Rechenschaft abzulegen. Sie sollen sich mit den Freuden und Leiden aller Menschen identifizieren, wenn sie im Dienst der Liebe Zeugnis abzulegen suchen. Die Glieder des Leibes Christi werden mit den Unterdrückten auf jene Freiheit und Würde hin kämpfen, die mit dem Kommen des Reiches verheißen wurde. Diese Sendung muß in unterschiedlichen politischen, sozialen und kulturellen Zusammenhängen verwirklicht werden. Um diese Sendung glaubwürdig zu erfüllen, werden sie angemessene Formen des Zeugnisses und Dienstes in jeder Situation suchen. Indem sie dies tun, bringen sie der Welt einen Vorgeschmack der Freude und der Herrlichkeit von Gottes Reich.

5. Der Heilige Geist verleiht der Gemeinde verschiedene und einander ergänzende Gaben. Sie werden für das gemeinsame Wohl des ganzen Volkes gegeben und äußern sich in Werken des Dienstes innerhalb der Gemeinschaft und an der Welt. Es mögen Gaben sein, das Evangelium in Wort und Tat mitzuteilen. Gaben der Heilung, Gaben des Betens, Gaben des Lehrers und Lernens, Gaben des Dienens, Gaben des Leitens und des Geleitetwerdens, Gaben der Inspiration und Vision. Alle Glieder sind berufen, mit Hilfe der Gemeinschaft die Gaben zu entdecken, die sie empfangen haben, und sie für die Auferbauung der Kirche und den Dienst an der Welt zu gebrauchen, in die die Kirche gesandt ist.

6. Obwohl sich die Kirchen in ihrem allgemeinen Verständnis der Berufung des Volkes Gottes einig sind, unterscheiden sie sich in ihrem Verständnis dessen, wie das Leben der Kirche geordnet wird. Insbesondere bestehen Unterschiede bezüglich der Stellung und Formen des ordinierten Amtes. Wenn sich die Kirchen daran machen, diese Unterschiede zu überwinden, müssen sie ihren Ausgangspunkt bei der Berufung des ganzen Volkes Gottes nehmen. Eine gemeinsame Antwort muß auf folgende Frage gefunden werden: Wie ist das Leben der Kirche nach dem Willen Jesu Christi und unter der Leitung des Heiligen Geistes zu verstehen und zu ordnen, so daß das Evangelium verbreitet und die Gemeinschaft in Liebe auferbaut werden kann?

II. Die Kirche und das ordinierte Amt

7. Unterschiede in der Terminologie sind ein Teil der Amtsdiskussion. Um in den Gesprächen über das ordinierte Amt in der Kirche Mißverständnisse zu vermeiden, muß klar beschrieben werden, wie die verschiedenen Begriffe in den folgenden Abschnitten gebraucht werden.

a) Das Wort *Charisma* bezeichnet die Gaben, die der Heilige Geist jedem Glied des Leibes Christi verleiht, um die Gemeinschaft aufzuerbauen und ihre Berufung zu erfüllen.

b) Das Wort *Dienst* (ministry) im weitesten Sinne bezeichnet den Dienst, zu dem das ganze Volk Gottes berufen ist, sei es als einzelne, als örtliche Gemeinschaft oder als universale Kirche. „Dienst" oder „Dienste" können auch die besonderen institutionalisierten Formen bezeichnen, die dieser Dienst annehmen kann.

c) Der Ausdruck *ordiniertes Amt* (ordained ministry) bezieht sich auf Personen, die ein Charisma empfangen haben und die die Kirche zum Dienst ernennt durch die Ordination, durch Anrufung des Geistes und Handauflegung.

d) Viele Kirchen benutzen das Wort *Priester*, um damit bestimmte ordinierte Pfarrer zu bezeichnen. Da dieser Sprachgebrauch nicht allgemein ist, wird sich das Dokument in Abschnitt 17 mit den inhaltlichen Fragen befassen.

A. Das ordinierte Amt

8. Um ihre Sendung zu erfüllen, braucht die Kirche Personen, die öffentlich und ständig dafür verantwortlich sind, auf ihre fundamentale Abhängigkeit von Jesus Christus hinzuweisen,

verband. Die einzelnen Kirchen behalten ihre „volle Selbständigkeit... in Bekenntnis, Verfassung und Verwaltung".

1925 Einführung des Christkönigsfestes durch Pius XI.

Aug.: Die (1.) „Weltkirchenkonferenz für praktisches Christentum" in Stockholm versucht die christlichen Kirchen durch praktische Zusammenarbeit, vor allem auf sozialem Gebiet, einander näherzubringen.
1927 Weltkirchenkonferenz von Lausanne.
1937 Weltkirchenkonferenz in Oxford. Im Anschluß daran (1938) Errichtung eines **„Ökumenischen Rates der Kirchen"** (Sitz in Genf).
1948 Erster Zusammentritt des Weltkirchenrates in Amsterdam (dann 1954 in Evanston/Chicago; 1961 in Neu-Delhi, erstmals unter Teilnahme katholischer Beobachter; 1968 in Uppsala; 1975 in Nairobi).

1926 Zum Eucharistischen Weltkongreß in Chicago finden sich mehr als eine Million Teilnehmer ein. – Die Weihe mehrerer (einheimischer) Missionsbischöfe aus China, Japan und Indien durch Pius XI. signalisiert eine Wende in der Missionsmethode. Die Konfuziusverehrung in China wird nun von Rom als bürgerlicher, nichtreligiöser Akt bezeichnet (praktisch die Aufhebung der Verbote im Ritenstreit 1742).

1939 Weihe erster afrikanischer Bischöfe durch Pius XII.

1928 Gründung der Geheimverbindung „Opus Dei" in Spanien. Die aus Priestern und Laien gebildete katholische Organisation mit ordensähnlichen Verpflichtungen erlangt tiefgreifenden Einfluß im politischen und wirtschaftlichen Leben Spaniens.

1931 Neuordnung der philosophisch-theologischen Studien (Vereinheitlichung von Aufbau, Studienplänen, Lehrmethoden) durch Pius XI. (Konstitution „Deus scientiarum Dominus" vom 24. Mai 1931).

1947 Die **Säkularinstitute** – ihre Mitglieder verpflichten sich zur Beobachtung von Armut, Keuschheit und Gehorsam, gehen jedoch gleichzeitig ihren normalen bürgerlichen Berufen nach – erhalten von Pius XII. eine Grundordnung.

1948 13. Juli: Zusammenschluß lutherischer, reformierter und unierter Kirchen zur Evangelischen Kirche in Deutschland (EKD). Aufgabe des Bundes ist die Vertiefung der Gemeinschaft unter den Gliedkirchen sowie die Förderung gesamtkirchlicher Einrichtungen.

1969 Die acht EKD-Gliedkirchen der DDR schließen sich zum „Bund der Evangelischen Kirchen in der DDR" zusammen.
Die 17 Gliedkirchen im Bereich der Bundesrepublik und Westberlin zählen ca. 27 Mio. Mitglieder (1975).

1950 Im „heiligen Jahr" verkündet Pius XII. die leibliche Aufnahme Marias in den Himmel (seit der Definition der päpstlichen Unfehlbarkeit 1870 die erste dogmatische Entscheidung ‚ex cathedra').

1959 25. Jan.: Ankündigung eines allgemeinen Konzils durch Johannes XXIII.

1960 An der Kurie wird ein Sekretariat zur **Förderung der Einheit der Christen**, unter Leitung von Kardinal Bea, eingerichtet.

1962 11. Okt.: Eröffnung des **2. Vatikanischen Konzils,** unter Teilnahme von 2400 Konzilsvätern und Beobachtern nichtkatholischer christlicher Kirchen. In vier Sitzungsperioden (11. Okt.– 8. Dez. 1962; 29. Sept.–4. Dez. 1963; 14. Sept.– 21. Nov. 1964; 14. Sept.–8. Dez. 1965) werden Dekrete und Konstitutionen erlassen über Liturgie, soziale Kommunikationsmittel, Kirche, Ökumenismus, Hirtenaufgabe der Bischöfe, Ausbildung der Priester, zeitgemäße Erneuerung des Ordenslebens, christliche Erziehung, Verhältnis der Kirche zu nichtchristlichen Religionen, göttliche Offenbarung, Apostolat der Laien, Kirche in der Welt von heute, Dienst und Leben der Priester, Missionstätigkeit der Kirche, Religionsfreiheit.

1968 Die Enzyklika „Humanae vitae" Pauls VI. zur Frage der Geburtenregelung bewirkt starke innerkirchliche Diskussionen. Alle Eingriffe in den

und die dadurch innerhalb der vielfältigen Gaben einen Bezugspunkt ihrer Einheit darstellen. Das Amt solcher Personen, die seit sehr früher Zeit ordiniert wurden, ist konstitutiv für das Leben und Zeugnis der Kirche.

9. Die Kirche war niemals ohne Personen, die spezifische Autorität und Verantwortung innehatten. Christus wählte die Jünger und sandte sie aus, um das Reich Gottes zu bezeugen (Mt 10,1-8). Den Zwölf wurde verheißen, daß sie „auf Thronen sitzen und die zwölf Stämme Israels richten" (Lk 22,30). Eine besondere Rolle wird den Zwölf innerhalb der Gemeinden der ersten Generation zugeschrieben. Sie sind Zeugen des Lebens und der Auferstehung des Herrn (Apg 1,21-26), sie leiten die Gemeinde in Gebet, Lehre, beim Brotbrechen, in Verkündigung und Dienst (Apg 2,42-47; 6,2-6 usw.). Die Existenz der Zwölf und anderer Apostel zeigt als solche schon, daß es bereits von Anfang an in der Gemeinschaft unterschiedliche Rollen gab.

Kommentar: Im Neuen Testament wird der Begriff *„Apostel"* unterschiedlich gebraucht. Er wird für die Zwölf benutzt, aber auch für einen weiteren Kreis von Jüngern. Er wird auf Paulus und auf andere angewandt, wenn sie von dem auferstandenen Christus ausgesandt werden, das Evangelium zu verkünden. Die Rolle der Apostel umfaßt sowohl Grundlegung als auch Sendung.

10. Jesus berief die Zwölf zu Repräsentanten des erneuerten Israel. In diesem Moment vertreten sie das ganze Volk Gottes und üben gleichzeitig eine besondere Rolle inmitten dieser Gemeinschaft aus. Nach der Auferstehung sind sie unter den Leitern der Gemeinschaft. Man kann sagen, daß die Apostel sowohl die Kirche als Ganze als auch die Personen in ihr, die mit spezifischer Autorität und Verantwortung betraut sind, vorweg abbilden. Die Rolle der Apostel als Zeugen für die Auferstehung Christi ist einzigartig und unwiederholbar. Daher besteht ein Unterschied zwischen den Aposteln und den ordinierten Amtsträgern, deren Ämter auf denen der Apostel gründen.

11. So wie Christus die Apostel auserwählt und ausgesandt hat, so fährt Christus durch den Heiligen Geist fort, Personen für das ordinierte Amt auszuwählen und zu berufen. Als Herolde und Botschafter sind die ordinierten Amtsträger Repräsentanten Jesu Christi gegenüber der Gemeinschaft und verkünden seine Botschaft der Versöhnung. Als Leiter und Lehrer fordern sie die Gemeinschaft auf, sich der Autorität Jesu Christi, des Lehrers und Propheten, in dem das Gesetz und die Propheten erfüllt worden sind, zu unterstellen. Als Hirten unter Jesus Christus, dem obersten Hirten, sammeln und leiten sie das zerstreute Volk Gottes in Antizipierung des kommenden Gottesreiches.

Kommentar: Die grundlegende Realität eines ordinierten Amtes bestand von Anfang an (vgl. Abschn. 8). Die tatsächlichen Formen der Ordination und des ordinierten Amtes haben sich jedoch in komplexen geschichtlichen Entwicklungen herausgebildet (vgl. Abschn. 19). Die Kirchen sollten es daher vermeiden, ihre spezifischen Formen des ordinierten Amtes direkt auf den Willen und die Einsetzung durch Jesus Christus selbst zurückzuführen.

12. Alle Glieder der Gemeinschaft der Glaubenden, Ordinierte wie Laien, sind aufeinander bezogen. Einerseits bedarf die Gemeinde der ordinierten Amtsträger. Deren Präsenz erinnert die Gemeinschaft an die göttliche Initiative und an die Abhängigkeit der Kirche von Jesus Christus, der die Quelle ihrer Sendung und die Grundlage ihrer Einheit ist. Sie dienen, um die Gemeinschaft in Christus aufzuerbauen und ihr Zeugnis zu stärken. Die Kirche möchte, daß sie ein Beispiel an Heiligkeit und liebevoller Anteilnahme geben. Andererseits kann das ordinierte Amt nicht abgesehen von der Gemeinschaft existieren. Die ordinierten Amtsträger können ihre Berufung nur in der und für die Gemeinschaft erfüllen. Sie bedürfen der Anerkennung, Unterstützung und Ermutigung durch die Gemeinschaft.

13. Die hauptsächliche Verantwortung des ordinierten Amtes besteht darin, den Leib Christi zu sammeln und aufzuerbauen durch die Verkündigung und Unterweisung des Wortes Gottes, durch die Feier der Sakramente und durch die Leitung des Lebens der Gemeinschaft in ihrem Gottesdienst, in ihrer Sendung und in ihrem fürsorgenden Dienst.

Kommentar: Diese Aufgaben werden nicht ausschließlich durch das ordinierte Amt ausgeübt. Da das ordinierte Amt und die Gemeinschaft eng aufeinander bezogen sind, haben alle Glieder an der Erfüllung dieser Funktionen teil. In der Tat dient jedes Charisma dazu, den Leib Christi zu sammeln und aufzuerbauen. Jedes Glied des Leibes kann an der Verkündigung und Unterweisung des Wortes Gottes teilhaben,

natürlichen Fruchtbarkeitszyklus der Frau werden in der Enzyklika abgelehnt.

1978 Okt.: In der programmatischen Rede nach seiner Wahl verspricht **Johannes Paul II.**, sich für die Verwirklichung der Konzilsbeschlüsse einzusetzen. Sowohl unkontrollierte Neuerungen wie auch die Ablehnung der beschlossenen Reformen seien zu mißbilligen.

1979 Jan.: Teilnahme Johannes' Paul II. an der dritten Vollversammlung der lateinamerikanischen Bischöfe in Puebla (Mexiko). Neben der Warnung, Jesus Christus als Politiker und Revolutionär zu sehen, weist der Papst darauf hin, daß der Verkündigungsauftrag der Kirche auch den Einsatz für die Gerechtigkeit und die Förderung des Menschen einschließen.

März: Mit seiner (ersten) Enzyklika „Redemptor hominis" (Erlöser des Menschen) versucht Johannes Paul II. aufzuzeigen, daß Christus in einer Welt, in der Menschen zum Sklaven der Produktion, der Systeme und Ideologien werden, eine wahre Befreiung anbietet.

9. April: Aus Anlaß des Gründonnerstags Veröffentlichung eines ‚Schreibens an die Priester'. Der Papst versichert, daß die Kirche weiterhin am Zölibat der Priester festhalten will. Die Ehelosigkeit der Priester sei nicht nur ein eschatologisches Zeichen, sondern auch von großer sozialer Bedeutung; sie ermögliche eine ‚Vaterschaft über viele Menschen'.

3. Juni: Über Pfingsten Besuch Johannes Pauls II. in seiner Heimat Polen, aus Anlaß des 900jährigen Todestages des hl. Stanisław (1072–1079 Bischof von Krakau), des Patrons der polnischen Nation. In Warschau Empfang durch den polnischen Staatschef Gierek. Der Papst besucht außer Krakau noch Gnesen, Tschenstochau, Auschwitz und seinen Geburtsort Wadowice.

22. Sept. – 7. Okt.: Reise des Papstes über Irland in die Vereinigten Staaten. In den Mittelpunkt stellt er die Feier der Eucharistie (oft mit über 100 000 Teilnehmern). Vor den Vereinten Nationen (2. Okt.) tritt Johannes Paul II. für

Menschenrechte, Frieden und soziale Gerechtigkeit ein. – Diskussionen unter den Katholiken rufen seine die kirchliche Tradition bestätigenden Stellungnahmen in Fragen Empfängnisverhütung, Zölibat, Zugang der Frau zum kirchlichen Amt hervor.

16. Okt.: Apostolisches Schreiben Johannes Pauls II. über **Katechese** („Catechesi tradendae"). Katechese ist „das Bemühen, die Bedeutung der Taten und Worte Christi und der von ihm gewirkten Zeichen zu verstehen". Sie ist Auftrag an alle Gläubigen und deshalb, wo es die Bischöfe für sinnvoll halten, in ökumenischer Zusammenarbeit zu verwirklichen.

30. Nov.: In Istanbul unterzeichnen der orthodoxe ökumenische Patriarch **Dimitrios I.** und Papst **Johannes Paul II.** eine Erklärung, den theologischen Dialog mit dem Ziel der vollen Einheit zwischen katholischer und orthodoxer Kirche zu eröffnen.

15. Dez.: Die Kongregation für die Glaubenslehre entzieht dem Dogmatiker Prof. **Hans Küng** (Tübingen) den kirchlichen Lehrauftrag, da er in seinen Schriften ‚von der vollständigen Wahrheit des katholischen Glaubens abweiche'.

7. Jan. 80: Ein gemeinsames Kanzelwort der deutschen Bischöfe stellt sich hinter die Entscheidung des Vatikans. Prof. Küng ziehe die päpstliche Unfehlbarkeit in Zweifel und bleibe „hinter dem zurück, was die Hl. Schrift, Glaubensbekenntnis, Konzilien und Liturgie von Jesus Christus bezeugen". Auch nach dem Protest zahlreicher Professoren sowohl gegen die Art des Verfahrens wie auch gegen solche Eingriffe in die wissenschaftliche theologische Arbeit bleibt der Entzug der Missio canonica bestehen.

1980 14.–31. Jan.: Eine Sondersynode der **niederländischen Bischöfe** in Rom soll zu einer Neuorientierung der pastoralen Arbeit und zum Abbau der Polarisierungen in der holländischen Kirche führen. Im Abschlußdokument werden die Aufgaben von Bischöfen, Priestern, Ordensleuten und Laien im Sinn der Tradition hervorge-

kann zum sakramentalen Leben dieses Leibes beitragen. Das ordinierte Amt erfüllt diese Funktionen in repräsentativer Weise, indem es der Bezugspunkt für die Einheit des Lebens und des Zeugnisses der Gemeinschaft ist.

14. Besonders in der eucharistischen Feier ist das ordinierte Amt der sichtbare Bezugspunkt der tiefen und allumfassenden Gemeinschaft zwischen Christus und den Gliedern seines Leibes. In der Feier der Eucharistie sammelt, lehrt und erhält Christus die Kirche. Es ist Christus, der zum Mahl einlädt und ihm vorsteht. In den meisten Kirchen wird diese Leitung durch einen ordinierten Amtsträger bezeichnet und repräsentiert.

Kommentar: Das Neue Testament sagt sehr wenig über die Ordnung der Eucharistie. Es gibt keine expliziten Belege für die Leitung der Eucharistie. Schon bald ist deutlich, daß ein ordinierter Amtsträger die Feier leitet. Wenn das ordinierte Amt einen Bezugspunkt für die Einheit des Lebens und Zeugnisses der Kirche darstellen soll, ist es angemessen, daß einem ordinierten Amtsträger diese Aufgabe übertragen werden sollte. Sie ist unmittelbar verbunden mit der Aufgabe, die Gemeinschaft zu leiten, d. h. über ihr Leben zu wachen (episkopé) und ihre Wachsamkeit im Blick auf die Wahrheit der apostolischen Botschaft und das Kommen des Gottesreiches zu stärken.

B. Ordiniertes Amt und Autorität

15. Die Autorität des ordinierten Amtsträgers ist begründet in Jesus Christus, der sie vom Vater (Mt 28,18) empfangen hat und der sie durch den Heiligen Geist im Akt der Ordination verleiht. Dieser Akt findet innerhalb einer Gemeinschaft statt, die eine bestimmte Person öffentlich anerkennt. Weil Jesus kam, „um zu dienen" (Mk 10,45; Lk 22,27), bedeutet ausgesondert werden, zum Dienst geweiht zu werden. Da Ordination vor allem eine Aussonderung mit Gebet um die Gabe des Heiligen Geistes ist, ist die Autorität des ordinierten Amtes nicht als Besitz des Ordinierten zu verstehen, sondern als eine Gabe für die fortdauernde Erbauung des Leibes, in dem und für den der Amtsträger ordiniert worden ist. Autorität hat den Charakter der Verantwortung vor Gott und wird in Zusammenarbeit mit der ganzen Gemeinschaft ausgeübt.

16. Daher dürfen ordinierte Amtsträger weder Autokraten noch unpersönliche Funktionäre sein. Obwohl sie auf der Grundlage des Wortes Gottes zu einsichtsvoller und fürsorgender Leitung berufen sind, sind sie an die Gläubigen in wechselseitiger Abhängigkeit und Zusammenarbeit gebunden. Nur wenn sie Antwort und Anerkennung der Gemeinschaft suchen, kann ihre Autorität vor Entstellungen durch Isolation und Herrschaft geschützt werden. Sie manifestieren und üben die Autorität Christi in der Weise aus, in der Christus selbst die Autorität Gottes der Welt offenbarte: indem sie ihr Leben der Gemeinschaft völlig widmen. Die Autorität Christi ist einzigartig. „Er lehrte sie mit Vollmacht (exousia) und nicht so wie ihre Schriftgelehrten" (Mt 7,29). Diese Autorität ist eine Autorität, die von der Liebe für „die Schafe, die keinen Hirten haben" (Mt 9,36), geleitet wird. Sie wird durch sein Leben des Dienens und entscheidend durch seinen Tod und seine Auferstehung bestätigt. Autorität in der Kirche kann nur authentisch sein, wenn sie diesem Modell zu entsprechen sucht.

Kommentar: Zwei Gefahren müssen hier vermieden werden. Autorität kann nicht ohne Rücksicht auf die Gemeinschaft ausgeübt werden. Die Apostel achteten auf die Erfahrung und das Urteil der Gläubigen. Andererseits darf die Autorität der ordinierten Amtsträger nicht so eingeschränkt werden, daß diese von der allgemeinen Meinung der Gemeinschaft abhängig werden. Ihre Autorität liegt in ihrer Verantwortung, den Willen Gottes in der Gemeinschaft zum Ausdruck zu bringen.

C. Ordiniertes Amt und Priestertum

17. Jesus Christus ist der einzigartige Priester des Neuen Bundes. Christi Leben wurde als Opfer für uns alle gegeben. Im abgeleiteten Sinne kann die Kirche als Ganze als eine Priesterschaft beschrieben werden. Alle Glieder sind berufen, ihr ganzes Sein „als ein lebendiges Opfer" darzubringen und für die Kirche und das Heil der Welt zu beten. Die ordinierten Amtsträger stehen wie alle Christen sowohl zum Priestertum Christi als auch zum Priestertum der Kirche in Beziehung. Aber sie können zu Recht Priester genannt werden, weil sie einen besonderen priesterlichen Dienst erfüllen, indem sie das königliche und prophetische Priestertum der Gläubigen durch Wort und Sakramente, durch ihre Fürbitte und durch ihre seelsorgerliche Leitung der Gemeinschaft stärken und auferbauen.

Kommentar: Das Neue Testament verwendet niemals die Ausdrücke „Priestertum" oder „Priester" (hiereus), um das or-

hoben (u. a. Betonung des Unterschiedes zwischen dem „Amts- oder sakramentalen Priestertum und dem Allgemeinen Priestertum der Getauften", der Notwendigkeit, Priesteramtskandidaten in Seminaren zu formen, die Bekräftigung des Zölibates).

23. Febr.: Die Gemeinsame Katholisch-Lutherische Kommission verabschiedet eine Stellungnahme zur **Confessio Augustana** (s. S. 121): in der Rechtfertigungslehre wie auch im Verständnis von Kirche und Herrenmahl bestehe eine tiefe Gemeinsamkeit; auch das Bischofsamt – als den lokalen Ämtern übergeordneter Dienst der Einheit und Leitung – sei im Sinn der Conf. Aug. wesentlich für die Kirche. – Noch offene Probleme: die Zahl der Sakramente, das Papsttum, verschiedene Aspekte der episkopalen Struktur und des Lehramts der Kirche.

18. März: Zum Gründonnerstag, dem „Fest des Priesters", veröffentlicht Johannes Paul II. ein Rundschreiben über die **Eucharistie,** das die Theologie des Meßopfers für das geistliche Leben und die Pastoral entfaltet.

22. Mai: Die Deutsche Bischofskonferenz veröffentlicht eine Erklärung über das Verhältnis der **Kirche zum Judentum.** Sie will „die gegenseitige Kenntnis und Achtung fördern". Ausdrücklich wird betont, daß der Tod Christi „weder allen damals lebenden Juden ohne Unterschied noch den heutigen Juden zur Last (zu) legen" ist; auch dürfe man die Juden „nicht als von Gott verworfen oder verflucht darstellen, als sei dies aus der Hl. Schrift zu folgern". Jede Form des Antisemitismus und der Diskriminierung widerstreite dem Geist des Christentums.

4.–8. Juni: Zum **86. Deutschen Katholikentag** kommen statt der erwarteten 35 000 Teilnehmer mehr als 85 000, die Mehrzahl davon Jugendliche und junge Erwachsene (ca. 70% jünger als 30 J.). – Parallel zu den offiziellen Veranstaltungen findet erstmals ein „Katholikentag von unten" statt, organisiert von Gruppen, welchen es „um die Mitentscheidung des Laien in der Kir-

che" geht und um die gesellschaftspolitische Verantwortung der Kirche.

26. Sept.: Bischofssynode in Rom zum Thema **„Familie".** Ihr Ergebnis ruft in der Öffentlichkeit, aber auch bei einigen Bischöfen, eher Enttäuschung hervor: Wiederholung früherer Aussagen über die auf Zeugung ausgerichtete Sexualität; das Verbot der Geburtenregelung mit künstlichen Mitteln (Bekräftigung von „Humanae vitae"); die Nichtzulassung verheirateter Geschiedener zu den Sakramenten außer bei voller Enthaltsamkeit.

15.–19. Nov.: Der Besuch Johannes Pauls II. in der Bundesrepublik hinterläßt auch bei den evangelischen Christen die Ermutigung, auf dem ökumenischen Weg weiterzugehen. Der Papst verspricht die Einsetzung einer gemeinsamen Kommission zur Klärung theologischer Differenzen. – Auch Skeptiker sind von der Persönlichkeit des Papstes beeindruckt, dessen Wirkung ‚in der offensichtlichen Identität von Gestalt und Glaube in dieser Person' beruhe.

1981 15. März: In Würzburg erstes öffentliches Bundestreffen des vor dreieinhalb Jahren gegründeten ‚Komitees zur **Verteidigung der Christenrechte'.** Die 7800 Mitglieder (zwei Drittel Katholiken, ein Drittel Protestanten) wollen sich „für eine Kultur der Freiheit" in der Kirche einsetzen. Sie „anerkennen aber diejenige kirchliche Autorität, die im Geiste Jesu Christi den Menschen dienen will".

Eine ähnliche Gruppe, die „Association for the Rights of Catholics in the Church" existiert seit zwei Jahren in den USA und ist dabei, eine ‚Charta' der Rechte des Christen zu entwerfen.

20.–24. April: Viertes Treffen der **Basisgemeinden Brasiliens** in Itaici (300 Teilnehmer aus 71 Diözesen, darunter mehrere Bischöfe mit Kardinal Lorscheider). Die Themen: Aufgaben und Pflichten der Mitbestimmung in der Kirche; Solidarität am Wohnort; Mitarbeit in der Politik; Einsatz für die Gerechtigkeit in der Arbeits-

dinierte Amt oder den ordinierten Amtsträger zu bezeichnen. Im Neuen Testament bleibt dieser Ausdruck einerseits dem einzigartigen Priestertum Jesu Christi vorbehalten und andererseits dem königlichen und prophetischen Priestertum aller Getauften. Das Priestertum Christi und das Priestertum der Getauften haben jeweils die Funktion des Opfers und der Fürbitte. Wie Christus sich selbst geopfert hat, so bringen Christen ihr ganzes Sein „als ein lebendiges Opfer" dar. Wie Christus fürbittend vor dem Vater eintritt, so treten Christen fürbittend für die Kirche und das Heil der Welt ein. Dennoch dürfen die Unterschiede zwischen diesen beiden Arten des Priestertums nicht übersehen werden. Während Christus sich selbst als einzigartiges Opfer ein für allemal für das Heil der Welt hingab, müssen die Glaubenden ständig das als eine Gabe Gottes empfangen, was Christus für sie getan hat.

In der Alten Kirche wurden die Ausdrücke „Priestertum" und „Priester" allmählich dazu benutzt, das ordinierte Amt und den Amtsträger als Leiter der Eucharistie zu bezeichnen. Sie unterstreichen die Tatsache, daß das ordinierte Amt auf die priesterliche Realität Jesu Christi und der ganzen Gemeinschaft bezogen ist. Wenn man diese Begriffe in Verbindung mit dem ordinierten Amt verwendet, unterscheidet sich ihre Bedeutung in entsprechender Weise vom Opferpriestertum des Alten Testamentes, vom einzigartigen erlösenden Priestertum Christi und vom korporativen Priestertum des Volkes Gottes. Paulus konnte von seinem Dienst sagen: „... um wie ein Priester den Dienst am Evangelium Gottes zu versehen, damit die Heiden ein Opfer werden, das Gott wohlgefällig ist, geheiligt durch den heiligen Geist" (Röm 15,16).

D. Das Amt von Männern und Frauen in der Kirche

18. Wo Christus gegenwärtig ist, sind menschliche Schranken durchbrochen. Die Kirche ist berufen, der Welt das Bild einer neuen Menschheit zu vermitteln. In Christus ist nicht Mann noch Frau (Gal 3,28). Frauen wie Männer müssen ihren Beitrag zum Dienst Christi in der Kirche entdecken. Die Kirche muß den Dienst erkennen, der von Frauen verwirklicht werden kann, ebenso wie den, der von Männern geleistet werden kann. Ein tiefergehendes Verständnis des umfassenden Charakters des Dienstes, das die gegenseitige Abhängigkeit von Männern und Frauen widerspiegelt, muß noch breiter im Leben der Kirche zum Ausdruck kommen. Obwohl die Kirchen sich in dieser Notwendigkeit einig sind, ziehen sie daraus unterschiedliche Folgerungen bezüglich der Zulassung von Frauen zum ordinierten Amt. Eine zunehmende Zahl von Kirchen hat entschieden, daß weder biblische noch theologische Gründe gegen die Ordination von Frauen sprechen, und viele von ihnen haben inzwischen Frauen ordiniert. Viele Kirchen sind jedoch der Meinung, daß die Tradition der Kirche in dieser Hinsicht nicht geändert werden darf.

Kommentar: Diejenigen Kirchen, die Frauen ordinieren, tun dies aus ihrem Verständnis des Evangeliums und des Amtes heraus. Es beruht für sie auf der tiefen theologischen Überzeugung, daß es dem ordinierten Amt der Kirche an Fülle mangelt, wenn es auf ein Geschlecht beschränkt ist. Diese theologische Überzeugung wurde verstärkt durch ihre Erfahrung in den Jahren, in denen sie Frauen in ihr ordiniertes Amt einbezogen haben. Sie haben erfahren, daß die Gaben der Frauen so breit gestreut und vielseitig sind wie die der Männer und daß ihr Amt vom Heiligen Geist in ebenso vollem Maße gesegnet ist wie das Amt der Männer. Keine Kirche hat Anlaß gehabt, ihre Entscheidung zu überprüfen.

Diejenigen Kirchen, die Frauen nicht ordinieren, meinen, daß die Macht einer 1900jährigen Tradition, die gegen die Ordination der Frauen spricht, nicht ausgeklammert werden darf. Sie glauben, daß eine solche Tradition nicht als Mangel an Respekt für die Beteiligung der Frauen in der Kirche abgetan werden kann. Sie glauben auch, daß es theologische Gesichtspunkte gibt im Blick auf die Natur des Menschseins und der Christologie, die ihren Überzeugungen und ihrem Verständnis für die Rolle der Frauen in der Kirche am Herzen liegen.

Die Diskussion dieser praktischen und theologischen Fragen sollte in den verschiedenen Kirchen und christlichen Traditionen durch gemeinsame Studien und Überlegungen in der ökumenischen Gemeinschaft aller Kirchen ergänzt werden.

(Der Inhalt der folgenden Kapitel ist gekürzt wiedergegeben.)

III. Formen des ordinierten Amtes

Das dreifache Amt von Bischöfen, Presbytern und Diakonen bildete sich im 2.–3. Jahrhundert als Struktur für das ordinierte Amt in der ganzen Kirche heraus. Das Neue Testament selbst beschreibt nicht eine einheitliche Amtsstruktur, die als Modell oder bleibende Norm für jedes zukünftige Amt in der Kirche dienen könnte. (Im weiteren werden Leitlinien zur

welt. – Die Zahl der Basisgemeinden in Brasilien übersteigt die 80 000.

13. Mai: Auf dem Petersplatz in Rom wird Papst **Johannes Paul II.** durch Pistolenschüsse schwer verletzt. Der Attentäter, der 23jährige Türke Ali Agca, gibt später an, im Auftrag des bulgarischen Geheimdienstes gehandelt zu haben.

12. Mai 1982: In Fatima (Portugal) dringt der spanische Priester Juan F. Crom, ehemaliges Mitglied der Traditionalistenbewegung um Bischof Lefebvre, mit einem Bajonett auf den Papst ein, unter dem Ruf: „Nieder mit dem Papst, nieder mit dem Zweiten Vatikanischen Konzil!"

Nov.: Kardinal Joseph Ratzinger, seit 1977 Erzbischof von München, wird Leiter der päpstlichen Glaubenskongregation (früher „Heiliges Offizium" genannt).

1982 Jan.: Die in Lima (Peru) versammelte „Kommission für Glauben und Kirchenverfassung" des Ökumenischen Rates der Kirchen veröffentlicht, unter Mitarbeit katholischer Theologen, eine **Konvergenzerklärung über „Taufe, Eucharistie und Amt".** Wesentliche theologische Übereinstimmungen seien erzielt worden. – Die einzelnen Kirchenleitungen werden aufgefordert, in den nächsten zwei Jahren zu dem ‚Lima-Papier' Stellung zu nehmen.

März: Die **Anglikanisch-Römischkatholische Gesprächskommission** (1970 ins Leben gerufen) legt nach den Dokumenten über die „Eucharistielehre" (1971), über „Amt und Ordination" (1973) und „Autorität in der Kirche I" (1976) ihren Abschlußbericht „Autorität in der Kirche II" vor. Gemeinsame Erklärung: „Es ist (dennoch) denkbar, daß ein Primat des Bischofs von Rom dem Neuen Testament nicht widerspricht und Teil von Gottes Absicht bezüglich der Einheit und Katholizität der Kirche ist, wenn man auch gleichzeitig zugeben muß, daß die neutestamentlichen Texte keine genügende Grundlage dafür bieten." Und: „Volle sichtbare Gemeinschaft zwischen unseren zwei Kirchen

kann nicht erreicht werden ohne gegenseitige Anerkennung von Sakramenten und Amt, unter gleichzeitiger gemeinsamer Annahme eines universellen Primates, der, eins mit dem bischöflichen Kollegium, im Dienst der ‚koinonia' steht."

Nach einer kritischen Stellungnahme der Glaubenskongregation (29. 3. 82) lauten die ersten eingehenden Gutachten – so die Bischöfe von USA und von England und Wales im Nov. 1984 – positiv: das Dokument stimme in seiner Substanz mit dem Glauben der kath. Kirche überein. Inzwischen wurde eine neue Gesprächskommission ins Leben gerufen. – Das Treffen zwischen Erzbischof Robert Runcie und Papst Johannes Paul II. am 29. Mai 1982 in Canterbury führte zu einer weiteren Annäherung.

10. Okt.: Heiligsprechung des polnischen Franziskanerpaters **Maximilian Kolbe.** Im Konzentrationslager von Auschwitz war er an die Stelle eines zum Hungertod verurteilten Familienvaters getreten. Er starb 47jährig am 14. 8. 1941.

1983 29. Sept.–29. Okt.: „Versöhnung und Buße im Sendungsauftrag der Kirche" lautet das Thema der Römischen Bischofssynode. Sie will der Krise des Bußsakramentes (Rückgang der Einzelbeichte, fehlendes Sündenbewußtsein, Unsicherheit in den Bußformen) entgegenwirken.

11. Dez. 1984: Ein gleichlautendes Apostolisches Schreiben Johannes Pauls II. versteht sich als Schlußdokument der Synode (die von der Vollversammlung verabschiedeten Erklärungen wurden nicht veröffentlicht).

Nov.: Zum 500. Jahrestag der Geburt **Martin Luthers** würdigt der Papst in einem Brief „die tiefe Religiosität" des Reformators, der „von brennender Leidenschaft für die Frage nach dem ewigen Heil getrieben war". Auch kündet er an, daß er am 3. Adventssonntag in der Kirche der deutschen Lutheraner in Rom im Rahmen eines evangelischen Gottesdienstes eine Predigt halten werde.

27. Nov.: Das neue Kirchenrecht tritt in Kraft. Im Vergleich zur ersten Fassung von 1917 be-

Ausübung des ordinierten Amtes erstellt und die Funktionen von Bischöfen, Presbytern und Diakonen umschrieben.) Neben dem ordinierten Amt, das selbst ein Charisma ist, steht eine Vielzahl vom Heiligen Geist gewirkter Charismen, die das Leben der Gemeinschaft bereichern.

IV. Sukzession in der apostolischen Tradition

Es sollte unterschieden werden zwischen der apostolischen Tradition der Gesamtkirche – die Kontinuität in den bleibenden Merkmalen der Kirche der Apostel (wie Verkündigung des Evangeliums, Taufe, Eucharistie, Dienst an den Armen) – und der Sukzession des apostolischen Amtes. „Innerhalb der Kirche hat das ordinierte Amt eine besondere Aufgabe, den apostolischen Glauben zu bewahren und zu vergegenwärtigen. Die geordnete Weitergabe des ordinierten Amtes ist daher ein wirksamer Ausdruck der Kontinuität der Kirche durch die Geschichte. Sie betont auch die Berufung des ordinierten Amtsträgers als Hüter des Glaubens."

V. Die Ordination

Die Ordination bezeichnet „ein Handeln Gottes und der Gemeinschaft, durch das die Ordinierten durch den Geist für ihre Aufgabe gestärkt und durch die Anerkennung und Gebete der Gemeinde getragen werden." Die Ordination durch Handauflegung findet sich bereits in den ersten Gemeinden, es wäre aber falsch, nur eine Form von Ordination als allein gültig herauszustellen. Gott kann „zölibatär lebende wie verheiratete Menschen für das ordinierte Amt in Dienst nehmen". Die ursprüngliche Verpflichtung zum ordinierten Amt „sollte gewöhnlich ohne Vorbehalt und Zeitbegrenzung vorgenommen werden. Eine Beurlaubung von diesem Dienst ist jedoch nicht unvereinbar mit der Ordination."

VI. Auf dem Weg zur gegenseitigen Anerkennung der ordinierten Ämter

„Unter den Fragen, an denen besonders gearbeitet werden muß, wenn sich Kirchen auf die gegenseitige Anerkennung der Ämter zubewegen, ist die der apostolischen Sukzession von besonderer Bedeutung. Kirchen können in ökumenischen Gesprächen ihre jeweiligen ordinierten Ämter anerkennen, wenn sie sich gegenseitig gewiß sind in ihrer Absicht, das Amt von Wort und Sakrament weiterzugeben in Kontinuität mit der apostolischen Zeit. Der Akt der Weitergabe sollte in Übereinstimmung mit der apostolischen Tradition geschehen, die die Anrufung des Heiligen Geistes und die Handauflegung einschließt." – Die Verwirklichung einer solchen gegenseitigen Anerkennung sollte öffentlich verkündet werden. „Die gemeinsame Feier der Eucharistie wäre zweifellos der Ort für einen solchen Akt."

(Aus: Taufe, Eucharistie und Amt. Konvergenzerklärungen der Kommission für Glauben und Kirchenverfassung des Ökumenischen Rates der Kirchen, Paderborn ⁶1983, S. 29 ff.)

schränkt sich der neue **Codex Iuris Canonici** auf 1752 statt 2414 Rechtsbestimmungen (Canones).

1984 3. März: Die **Lutherisch-Katholische Kommission** verabschiedet das Dokument „Einheit vor uns", in dem konkrete Vorschläge für Schritte zur Kircheneinheit, vor allem über ein gemeinsames Bischofsamt, gemacht werden.

30. März: † Karl **Rahner** (geb. am 5. 3. 1904 in Freiburg im Breisgau). Der Jesuit und Professor der Dogmatik ist nicht nur durch seine umfangreiche wissenschaftliche Arbeit weltweit geachtet, sondern ebenso durch sein nie ermüdendes, loyales und zugleich kritisches Engagement für einen Strukturwandel der Kirche.

Juni: Der Besuch des Papstes beim **Ökumenischen Rat der Kirchen** (in Genf) während seiner Reise in die Schweiz (12.–17. 6.) gilt als offizielles Signal für die weitere Zusammenarbeit der kath. Kirche mit dem ÖRK, dem sie formell nicht angehört (wohl aber in einzelnen Kommissionen gleichberechtigt vertreten ist).

19. Okt.: In **Polen** wird der Priester **Jerzy Popiełuszko** (37) von der Geheimpolizei entführt und erschlagen. In seinen Predigten war er gegen die Unterdrückung der Arbeiter (Verbot der Gewerkschaft Solidarnosc im Dezember 1981) und gegen die Verletzung der Gerechtigkeit eingetreten. – Das weltweite Aufsehen zwingt die Regierung zu einem Prozeß gegen die Mörder.

15. Nov.: Die Generalsynode der **Church of England** spricht sich mit einer Mehrheit von 307 zu 183 Stimmen dafür aus, die rechtlichen Voraussetzungen für die Zulassung von Frauen zum Priesteramt zu schaffen. (In den anglikanischen Tochterkirchen gibt es zur Zeit 619 weibliche Priester, davon 474 in den USA und 97 in Kanada).

28. Dez. 1984 – 1. Jan. 1985: Das siebte Europäische Jugendtreffen der Gemeinschaft von **Taizé** findet diesmal in Köln statt unter Teilnahme von über 20000 Jugendlichen.

1985 8. Mai: Der – neben Gustavo Gutiérrez – herausragende Vertreter der „Befreiungstheologie" **Leonardo Boff** (geb. 1938) Mitglied des Franziskanerordens und Professor für Dogmatik in Petrópolis, Brasilien) gibt bekannt, daß Rom ihm ein Schweigegebot auferlegt hat. – Die Glaubenskongregation hatte im vergangenen Jahr gerügt, die Gesellschaftsanalyse der Befreiungstheologie bediene sich marxistischer Begriffe und übertrage das Klassenkampfschema auf das Kirchenverständnis.

24. Juni: Das Sekretariat für die Einheit der Christen veröffentlicht „Hinweise für eine richtige Darstellung von Juden und **Judentum** in der Predigt und in der Katechese der katholischen Kirche." Die ständige Anwesenheit des jüdischen Erbes im katholischen Glauben soll bewußt gemacht werden.

8.–19. Aug.: Während seiner dritten **Afrikareise** wendet sich der **Papst** auf dem Eucharistischen Kongreß in Nairobi nachdrücklich gegen die Rassendiskriminierung. – Gegenüber afrikanischer Stammestraditionen betont er den Wert und die Unauflöslichkeit der Einehe, die „künstliche" Geburtenkontrolle bezeichnet er als lebensfeindlich. – Besondere Beachtung finden die Begegnungen mit Vertretern des Islam, darunter ein Treffen mit mehreren Tausend Jugendlichen im Stadion von Casablanca.

7.–10. Okt.: Erste Sitzungsperiode der **Rottenburger Diözesansynode.** Ihr Thema ist die „Weitergabe des Glaubens an die kommende Generation".

4. Nov. – 8. Dez.: Eine außerordentliche **Bischofssynode** in Rom befaßt sich mit den Entwicklungen seit dem 2. Vatikanischen Konzil. – Um in der Weltkirche die Einheitlichkeit der theologischen Grundlagen zu gewährleisten, soll ein gemeinsamer Katechismus geschaffen werden, der den nationalen Katechismen als Norm dient.

Register

Im Text verwendete Abkürzungen:

DS = H. Denzinger – A. Schönmetzer, Enchiridion Symbolorum, Definitionum et Declarationum de rebus fidei et morum, Barcelona - Freiburg - Rom [36]1976.

PL = Patrologia Latina, hrsg. v. J. P. Migne, 217 Bde. u. 4 Reg.-Bde., Paris 1878–90.